Ubuntu

Python

Machine Learning

Deep Learning

BIG DATA

빅데이터 & 인공지능

with 생물정보학

우분투와 파이썬으로 구현하는 빅데이터와 AI

양우진 지음

iCox
Education by Sympathy

빅데이터 & 인공지능
with 생물정보학

초판 1쇄 인쇄   2019년 06월 20일
초판 1쇄 발행   2019년 06월 30일

지은이   양우진
펴낸이   한준희
펴낸곳   (주)아이콕스

기획/편집   다온미디어
디자인   이지선
영업지원   김진아
영업   김남권, 조용훈

Education by Sympathy

주소   경기도 부천시 중동로 443번길 12, 1층(삼정동)
홈페이지   http://www.icoxpublish.com
이메일   icoxpub@naver.com
전화   032-674-5685
팩스   032-676-5685
등록   2015년 7월 9일 제 2017-000067호
ISBN   979-11-6426-056-0

생물정보학의 배경 지식을 갖추기 위해서는 생물학 중에서는 유전학과 분자 생물학을, 정보학 중에서는 통계와 컴퓨터 과학이 필요합니다. 그런데 실상 두 분야에 공통적으로 관심이 있는 사람이 흔치 않습니다. 이과 진학자 중에는 수학이 어려워서 생물학과를 선택하거나 반대로 수학이 좋아서 진로를 정했는데 통계학은 포기하는 경우도 있죠. 생물학과 컴퓨터 과학은 자연과학의 울타리 안에서 서로 가장 멀리 있는 것처럼 보입니다.

빅데이터와 인공 지능에 대한 관심은 그야말로 폭발적입니다. 그런데 막상 데이터 처리나 인공 지능과 관련된 책을 구해서 읽어 보면 깊은 좌절감에 빠질지도 모릅니다. 대략 목차만 봐도 컴퓨터 과학 전공자가 배우는 과목이 대부분을 차지하죠. 게다가 데이터 과학은 데이터 자체에 대한 이해를 많이 요구하기 때문에 이론은 물론이고(데이터 구조론과 처리 등이 실제로 모든 종류의 데이터에 대한 사례를 알려 주는 것은 아니므로) 실제로 다양한 데이터를 다뤄 본 경험이 중요합니다.

박사 과정의 면접에서 '센트럴 도그마(Central Dogma)'에 대한 질문을 받았는데, 그때는 들어본 적도 없는 용어라서 "모른다"는 답을 했습니다. 지금 와서 생각해 보면 유전체에 대해서 하나도 모르는 상태라는 것을 실토한 것이나 마찬가지였죠. 데이터 과학 분야의 지식이 있으니, 생물학을 열심히 배우겠다는 다짐을 하고 수년간 노력의 결실로 암 세포에서 관찰되는 많은 돌연변이 중 어느 것이 진짜 원인인지 알아내는 방법을 제안하기에 이르렀습니다. 어쩌면 원인 돌연변이들의 특성을 머신 러닝으로 알아낼 수 있을 것이라는 아이디어에 암유전체학의 도움을 받아서 어떤 원인 돌연변이가 있으며 학습 가능한 특성에는 어떠한 것들이 있는지 밝힐 수 있었습니다.

처음부터 모든 것을 갖추지 않아도 되고, 당장은 알고리즘을 구현하지 못해도 생물정보학을 시작할 수 있습니다. 하지만 정보학으로 가능한 작업이 무엇인지를 알아야 하겠죠. 서로 다른 두 종류의 데이터를 연결해서 새로운 데이터를 만들 수 있다는 것을 알아야 하듯이 말이죠. 일일이 알고리즘을 설계하고 직접 구현하기가 어렵기 때문에 툴을 사용하면 됩니다. 다만, 툴을 쓰면서 정보학 지식에 대해서 필요성을 느끼고 지속적으로 갖춰 가야 합니다. 실제로 데이터 더미에서 불필요한 부분을 없애는 것과 정렬 작업 중에 어느 것을 먼저 할지 판단하지 못하는 경우가 허다합니다. 한 번은 공동 연구를 제안받았는데, 알고 보니 데이터에 빈칸이 하나 들어가 있는 것을 몰라서 프로젝트 진행이 막혔고, 어쩔 수 없이 공동 연구할 사람을 찾는 것이었습니다. 남들이 다 사용하는 툴도 사용하다 막힐 때가 많은데, 조금만 자료 구조에 대한 개념이 있어도 안 해도 될 고생을 하는 것이 안타까웠습니다. 환경을 다 갖추고도 문제를 몰라서 교착 상태에 빠지는 것을 막고, 처음 시작하는 사람도 나침반을 갖고 길을 나서는 것처럼 이 책을 통해 통로와 출구를 찾는 데 도움이 되기를 기대합니다.

저자 양 우 진

01 생물정보학의 데이터

들어가기

본 장에서는 생물정보학의 의의와 관련 분야에 대한 개요를 알아보고, 앞으로의 빅데이터 분석 기법을 위해 해당 분야 데이터의 의미 및 분석 방법들을 살펴보게 됩니다. 우선 천천히 읽으면서 이후 과정에 대한 이해를 넓혀 가시기 바랍니다.

Bioinformatics

생물정보학

big data

Genomics

Genomes Project

RNA

Omics Data

1. 장별 목표

주요 학습 단위별로 구성된 장의 시작부에는 해당 장에서 반드시 익혀야 할 목표들을 명확히 제시하여 독자 여러분들이 스스로 학습 스케줄을 관리할 수 있도록 구성하였습니다.

여기서 주의해서 봐야 할 것은 '--excute'의 옵션으로 들어갈 문자열에 따옴표(")를 사용해야 할 경우, 따옴표 안에 따옴표가 또 있다는 것인데요. 이때는 ₩" 형식으로 '문자열 안의 따옴표'임을 명시한 것입니다.

> **NOTE**
>
> **관계형 데이터베이스**
>
> SQL은 '구조적 데이터 질의 언어(Structured Query Langage)'의 약자로 관계형 DB(RDB)에서 자료를 처리하는 구문입니다. 어느 DB에서나 기본적으로 제공하고 있긴 한데, DBMS에 따라 사용하는 SQL에는 조금씩 차이가 있습니다. 상업용 DBMS로 유명한 '오라클'과 오픈 소스 DBMS인 'MySQL' 모두 표준과 조금 다른 문법을 가지고 있습니다. 하지만 다행히도 'SELECT' 등 데이터를 가져오는 구문은 크게 다르지 않습니다. 만약 자신만의 DB를 유지/관리해야 한다면 좀 더 알아볼 필요가 있습니다.
>
> DB에는 모든 데이터가 테이블로 구성되어 있다고 생각하면 쉽습니다. 각 테이블의 열은 '필드(field)'라고 부르는데, '한 세트의 필드'로 구성된 테이블의 한 행은 '레코드(record)'라고 부릅니다. DB를 처음 만들 때에는 빈 테이블을 만들어 넣는데, 내용이 비었어도 그 안에 어떤 필드가 들어갈지 구성해 두어야 합니다. 이 구성을 흔히 '스키마(scheme)'라고 부릅니다. SQL의 테이블 조작을 위한 명령어에는 'CREATE(생성), DROP(삭제), ALTER(변경)' 등이 있는데 SQL에서 키워드(SELECT 등)는 소문자로 써도 동작합니다. 그런데 유난히 대문자로 쓰는 경우가 많죠. 최고 관리자가 DROP 명령어를 쓰면 테이블이 통째로 날아가 버립니다.
>
> 만들어진 테이블의 값을 변경하기 위해 사용하는 명령어는 'INSERT(입력), DELETE(삭제), UPDATE(수정)'가 있는데, INSERT는 필수 필드를 다 채워서 한 레코드씩 입력하게 됩니다. DELETE는 특정 조건에 맞는 레코드들을 모두 없앨 수 있기 때문에 WHERE를 써서 조건을 제대로 넣어 주지 않으면 원하지 않는 데이터가 사라질 수도 있습니다. UPDATE 역시 마찬가지로 특정 조건의 레코드에서 필드값을 수정하게 되기 때문에 WHERE를 쓰지 않으면 한 테이블에 들어 있는 모든 데이터가 수정되는 비극이 벌어집니다.
>
> 데이터를 수정하지 않고 읽기만 하는 대부분의 사용자들은 'SELECT' 명령만 알면 됩니다. 하지만 DB를 제대로 사용하려면 SELECT 문이 가장 걸림돌이라고들 하죠. 한 테이블의 특정 조건에 맞는 데이터만 읽어 오는 명령은 크게 어렵지 않지만, 실제로는 여러 테이블에 엮여 있는 데이터 중에서 특정 조건을 검색하는 경우가 더 많기 때문입니다.

SQL을 사용하는 데이터베이스를 흔히 '관계형 DB'라고 합니다. 이는 큰 데이터 덩어리를 여러 테이블로 쪼개서 저장하고, 테이블 사이의 관계를 이용해서 검색하기 쉽게 만들어 겠는데요. 예를 들어 '변이(snp)'와 관련된 유전자를 관리하는 DB에 'snp_id, chromosome, position, gene_id, gene_name' 등 이렇게 5개 필드로 구성된 테이블이 필요하다고 합시다.

이를 하나의 테이블로 구성하기 위해서는 모든 레코드에 5개 필드를 채워 주어야 합니다. 한 snp와 여러 gene이 관련되어 있다면 모든 조합에 대한 데이터가 필요하죠. 그런데 snp마다 위치는 동일하고 gene_id와 gene_name도 일대일 관계입니다. 즉, 하나의 snp와 여러 gene이 관련되면 데이터의 중복 문제가 생기

2. NOTE 및 TIP

본문 중 추가적인 설명이 필요한 개념의 경우 곳곳에 배치된 NOTE 박스로 정리하여, 부가적인 정보를 제공하거나 특정 용어들에 대한 적당한 예를 들어 보다 상세하게 설명함으로써 독자분들의 이해를 도울 수 있도록 하였습니다.

3. 실무 과정 및 생생한 어드바이스

본 책의 경우, 특정 언어의 문법을 학습하거나 구현을 위한 코드 체계를 열거하여 진행하는 것이 아니라 생물정보학을 소재로 빅데이터의 수집부터 그에 대한 분석 과정까지의 방법론적인 부분들을 다루게 되므로, 저자의 연구 과정에서 얻은 팁과 조언들을 과정 중간에 녹임으로써 보다 생생한 실무적 경험이 가능하도록 구성되었습니다.

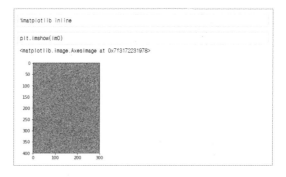

요즘 여기저기서 딥러닝 인력을 확보하기 위해 비상이 걸렸습니다. 그런데 딥러닝의 가장 큰 수요처 중 하나가 바로 이미지 분석입니다. 딥러닝을 하기 위해서는 먼저 파일로 저장된 이미지를 읽어서 NumPy 배열로 만들게 됩니다. 딥러닝은 수천개 이상의 이미지를 동시에 입력해서 학습을 하는데, 때문에 이 NumPy 배열들을 하나의 큰 배열로 묶어 두게 됩니다. 일부 이미지는 크기를 바꾸거나 노이즈를 입히는 등 가공해야 할 수도 있습니다. 중간 중간에 이미지가 제대로 가공되는지를 확인해야 하는 경우도 많습니다.

또 한 가지, 최근 딥러닝에 많이 사용되는게 TensorFlow 입니다. 여기서 구현하는 연산도 NumPy 와 비슷한 경우가 많습니다. 그래서 NumPy 를 잘 다루면 TensorFlow 의 연산의 흐름도 쉽게 이해할 수 있습니다. 지면상 짧게 소개만 했지만, NumPy 의 여러 기능들을 잘 알아두시면 여기저기서 쓰임이 많을 것입니다.

2.3 | 통계적 유의성을 검증하자

2.3.01 통계적 유의성

통계는 수학에 자신 있는 사람들에게도 난감한 도구입니다. 하물며 수학을 피해 전공을 선택한 사람들에게는 통계를 따로 공부할 마음의 여유가 없겠죠. 하지만 생물학 분야에선 연구의 타당성을 뒷받침하기 위해 통계가 중요하고 대다수 논문들의 비교 그래프를 보면 *, **(유의성의 정도 표시)가 붙어 있는 것을 볼

※ 예제 자료실 : 깃 허브 (Git-Hub)

https://github.com/wugene/Bioinfo_beginner

> 책 속에서 다루게 되는 개별 예제들을 올려두게 될 자료실입니다. 환경을 구성하거나 테스트한 후에는 기본적인 방법론을 위주로 다루는 본 책의 구성 상 특정 예제 프로그램을 프로그래밍하며 진행하지는 않으므로 별도의 완성 예제는 없지만, 환경 구성과 테스트에 쓰이게 될 짧은 예제들이라도 정리해 제공해 드리고자 합니다. 더불어 저자분께서 추후 관련 자료들을 등록하실 수 있으므로 주기적으로 들러 새로운 내용이 없는지 확인해 주세요.

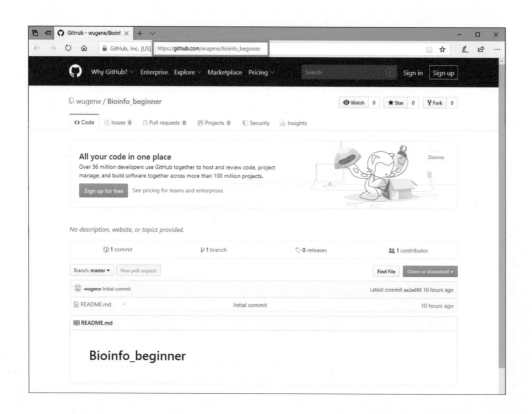

※ 종류별 링크 모음

1000 Genomes Project	http://www.internationalgenome.org/data-portal/sample
Anaconda	https://www.anaconda.com/
awk (utility)	https://www.gnu.org/software/gawk/
bash	https://www.gnu.org/software/bash/
Bedtools (utility)	https://bedtools.readthedocs.io/en/latest/
ENCODE project	https://www.encodeproject.org/
GPU 프로그래밍	https://developer.nvidia.com/cuda-downloads
Keras	https://keras.io/
MNIST	http://yann.lecun.com/exdb/mnist/
NumPy	https://www.numpy.org/
Pandas	https://pandas.pydata.org/
SAM (file format)	http://samtools.sourceforge.net/
tabix (utility)	http://www.internationalgenome.org/category/tabix/
TensorFlow	https://www.tensorflow.org/
ubuntu	https://ubuntu.com/
UCSC Genome Browser	https://genome.ucsc.edu
vi, vim (utility)	https://www.vim.org/
wget (utility)	https://www.gnu.org/software/wget/
★ 3.1 머신 러닝 관련	https://scikit-learn.org/stable/

01 생물정보학의 데이터

들어가기　　본 장에서는 생물정보학의 의의와 관련 분야에 대한 개요를 알아보고, 앞으로의 빅데이터 분석 기법을 위한 해당 분야 데이터의 의미 및 분석 방법들을 살펴보게 됩니다. 우선 천천히 읽으면서 이후 과정에 대한 이해를 넓혀 가시기 바랍니다.

1.1 | 생물정보학과 빅데이터

1.1·01 생물정보학

생물정보학(Bioinformatics)은 수학과 통계, 컴퓨터 과학을 이용하여 방대한 양의 생물학 관련 데이터를 분석하고 유전자의 발현과 같은 생명 현상을 이해하기 위해 등장했습니다.

학문의 역사는 꽤 오래되었지만 본격적으로 조명을 받기 시작한 것은 10여년 전에 불과한데요. 바로 30억 쌍의 염기로 구성된 인간 유전체의 서열을 모두 밝히는 야심찬 프로젝트로 알려진 '인간 게놈(Genome) 프로젝트'와 큰 관련이 있습니다. 그동안 실험 방식으로 다음 염기가 무엇인지 하나씩 찾느라 연구가 수십 년이 걸릴 위기에 처했지만, '샷건 시퀀싱' 기법이 제안되면서 단 몇 년으로 작업을 압축할 수 있었습니다. 참고로 '샷건' 방식은 인간의 유전체를 마구 조각내서 일단 시퀀싱한 다음, 그 조각들을 퍼즐처럼 맞추는 기법입니다. 이는 퍼즐의 수만 수십억 개에 달하는 방법이기에, 사람이 직접 하는 대신 컴퓨터를 사용하면서 정보학의 위력을 보여준 큰 사건이었죠.

게놈 프로젝트는 또 다른 방식으로 생물정보학에 영향을 주기도 했는데, 인간 게놈 프로젝트의 완성을 통해 인간 유전체의 위치 정보를 확보하게 됨으로써 연구의 패러다임을 바꾸었다는 평가를 받았죠. 질병 관련 유전자 연구를 예로 들면, 인간의 유전자 지도가 만들어지기 이전에는 '유전자 검사'나 '시퀀싱(염기 서열 분석)'에 많은 비용이 부과되고 RNA의 서열 정보가 유전체의 어느 부분과 관련되었는지를 바로 알아내기가 그만큼 어려웠습니다.

특정 질병에 관련된 단백질을 알아내기 위해서는, 발현된 특정 단백질을 찾는 '항원-항체' 반응을 이용한 단백질 검출 방법을 쓸 수밖에 없었는데, 수만 종에 달하는 단백질을 모두 확인해 보려면 해당 항체를 종류별로 다 갖추어야 합니다. 따라서 해당 질병과 관련성이 가장 높을 것으로 예상되는 몇몇 단백질에 대해서만 확인이 이루어질 뿐이었던 것이죠.

그런데 게놈 프로젝트 이후로는, 'RNA 시퀀싱'만 거쳐도 특정 질병과 관련된 유전자를 알아낼 수 있게 된 것입니다. 게놈 프로젝트를 위해 탄생한 시퀀싱 기술 덕분에 과정은 자동화되었으며 비용은 급격히 저렴해졌습니다. 그래서 가설을 세우고 유력한 후보에 대해 실험을 하는 대신, 일단 비용이 낮은 시퀀싱을 먼저 수행한 다음 데이터를 처리하면 모든 RNA에 대한 정보를 얻을 수 있습니다. 대신 세포에서 RNA를 모두 뽑아내어 시퀀싱을 하게 되면 한 번에 수억 줄에 이르는 엄청난 데이터가 만들어지기 때문에 이 데이터를 분석하는 것이 큰 숙제가 되어 버렸죠. 따라서 이 부분을 해결하기 위해서는, 여러 가지 정보학 기법들이 필요합니다.

오믹스(Omics)

유전체의 정보를 잘 다룰 수 있게 되면서 유전자 한두 개의 기능을 밝히는 데에서 나아가, 유전자 전부를 변수로 삼아 생명 현상을 설명하려는 과학자들이 많은데요. 이렇게 '유전체 전체의 정보를 처리하는 과정'을 일컬어 **오믹스(체학)**라고 합니다. 유전자(gene)를 한데 묶은 것이 '유전체(genome)'이고, 이 유전체를 다루는 연구 분야가 바로 '유전체학(genomics)'인 것이죠.

참고로 유전체 외에도 '후성유전체(epigenome), 전사체(transcriptome), 단백체(proteome)' 등을 다루는 연구 분야가 있으며, 게놈 프로젝트의 결과물인 유전체 정보만으로는 생명 현상을 제대로 이해할 수 없다는 것을 알게 된 과학자들은 생명 현상을 좌우하는 다른 변수들을 찾기 위해 보다 다양한 데이터를 생산하고 또 융합하여 이용하고 있기 때문에 **멀티오믹스(multi-omics)**라고 부르는 분야도 활발합니다.

당연하게도 오믹스의 데이터 규모는 아주 방대한데요. 말하자면, 인간 세포 하나의 유전체 정보만 해도 수십억 개의 DNA 서열을 가지고 있는데, 세포 종류별로 DNA에 붙어 있는 많은 '부가 정보(후성 유전체에서 다루는)'가 다르기 때문에 이를 모두 데이터로 만들게 되면 규모는 더욱 불어나죠. 게다가 인간 개체 간에도 유전자에 많은 차이가 있기 때문에 이를 모두 기록하려면 엄청난 수가 되는데요. 몇 명의 인간 유전체에서 시작한 '게놈 프로젝트'부터 수천 명의 유전체를 해독하는 최근의 '1000 유전체 프로젝트', 인간의 수백 가지 세포 종류에서 다양한 후성유전체 정보를 생산하는 'ENCODE 프로젝트'에 이르기까지 국제적 컨소시엄 규모의 다양한 프로젝트에서 데이터가 쏟아져 나오면서 각 개인과 세포별 데이터를 모두 수집하고 있습니다.

오믹스 데이터에 대해 먼저 이해하고 있으면 연구를 시작할 때 상당히 유리합니다. 예를 들어, 질병과 관련된 단백질을 찾기 위해 동물을 대상으로 실험을 하려면 우선 후보가 될 단백질을 정해야 하는데 후보를 정확히 선정할수록 시도 횟수를 늘리지 않아도 조기에 만족스러운 결과를 얻을 수 있겠죠.

지금은 여러 세포에 대해 종류별로 단백질 발현 정보를 찾아볼 수 있고, 해당 단백질을 발현시키는 데에 영향을 미칠 수 있는 요소를 '후성유전체'나 '전사체' 정보로부터 찾을 수 있는데, 데이터가 다양할수록 더 좋은 결과가 나오기 마련입니다.

> **NOTE**
>
> **1000 유전체 프로젝트(1000 Genomes Project)**
>
> 2008년 1월에 영국과 미국, 중국이 합작하여 3년 내에 다양한 인종으로 구성된 인간 1000명의 유전체를 해독한 국제 프로젝트이다. 인간 게놈 프로젝트 이후 가장 큰 규모의 유전체 프로젝트로, 한두 명의 게놈 지도를 해석하는 것이 아니라 빠른 속도로 많은 사람의 유전체를 한꺼번에 해석하여 변이체학의 기초를 이룰 수 있는 매우 귀중한 자료를 만들겠다는 것이다. 일반인이 쉽게 찾을 수 있도록 자료를 공개한다.

이 프로젝트는 궁극적으로 $1000 유전체 프로젝트나 $0 유전체 프로젝트의 기초가 될 것으로 기대를 모았다.

궁극적으로 유전학, 약리학, 의학, 생화학, 진화유전학, 생물정보학 등에 도움을 줄 것으로 예상한다.

By wikipedia

1.1.02 빅데이터

"빅데이터(Big Data)의 세상이 되었다"는 것은 이미 지난 이야기입니다. 빅데이터의 개념은 여러 곳에서 찾아볼 수 있는데, 위키피디아를 인용하자면 다음과 같습니다.

https://ko.wikipedia.org/wiki/빅_데이터

빅데이터는 데이터를 수집, 관리하고 처리하는 소프트웨어의 수용 한계를 넘어서는 크기의 데이터라고 볼 수 있습니다. 빅데이터의 사이즈는 단일 데이터 집합의 크기가 수십 테라바이트에서 수 페타바이트에 이르며, 그 크기가 끊임없이 변합니다.

요약하자면 '엄청 크고, 다양하며, 변화하는 데이터'라는 것인데요. 빅데이터와 관련된 글을 보면 3V 라는 용어를 쉽게 찾을 수 있는데, '3V'란 빅데이터의 특징을 데이터의 '양(Volume)', 데이터 입출력의 '속도(Velocity)', 데이터 종류의 '다양성(Variety)'으로 정의하는 것이죠. 그 뒤로도 다양한 'V'들이 추가되어 '5V', 이어서 '6V'로까지 확장-정의되고 있습니다. 그 중에서 가장 중요하게 볼 개념이 바로 '가치(Value)'입니다. 데이터를 처리하는 '목적'이 분명해야 하기 때문이죠.

그렇다면 빅데이터 시대의 데이터는 이전과 비교하여 무엇이 다를까요? 불과 10여 년 전만 해도 물리학 현상에 대한 실험을 할 때에는, 예를 들어 "지구의 중력 가속도가 일정하다"는 가설을 증명하려고 높이를 조금씩 높여가며 쇠공을 떨어뜨려서 바닥에 도달하는 데에 걸리는 시간을 측정하는 실험을 했습니다. 데이터는 떨어뜨리는 '높이'와 '시간'의 관계로 측정되었죠. 실험을 많이 할수록 정확도가 높아지겠지만, 시간이 많이 걸리니까 몇 번만 실험을 해보고 데이터를 생성합니다. 이렇게 간단한 실험 결과만으로도 지구의 중력 가속도는 일정하다는 가설을 확인할 수 있기 때문에 그렇게 복잡한 데이터를 모으지 않아도 되었습니다. 이런 방식으로 가설로부터 시작된 통제된 데이터를 생산한 뒤 통계학이나 수학의 도움으로 모델을 만드는 것입니다.

그런데 예컨대 '포털 사이트의 실시간 인기 검색어를 통해 사회 현상을 알아내는 과정'의 경우는 가설에 바탕한 데이터 생산과는 완전히 다른 차원의 문제입니다. 데이터를 통제해서 만들어 낼 수가 없기 때문에 따로 데이터를 수집해 와야 합니다. 그리고 포털의 인기 검색어는 순위가 계속 바뀌고, 수백만 명 이상의 사람들이 생성해 내는 중이기 때문에 일목 요연하게 정리하기도 쉬운 일이 아닙니다. 오타가 있거나 특정 사건을 여러 가지 단어(키워드)로 검색하는 것은 또 어떻게 처리해야 할까요? 요구 사항에 따라 다양한 처리 방법이 필요할 수밖에 없습니다.

이런 가운데 새롭게 기대를 모은 기술이 바로 '딥러닝(Deep Learning)'입니다. '검색어'와 특정 '사회 현상'은 둘 다 수학적으로 표현하기 어렵죠. '어떤 단어가 갖는 여러 특징(긍정이냐 부정이냐, 사람과 관련 있나 등)'과 '사회 현상의 특징(개인적, 경제 문제, 지역 문제, 정치성)'을 정량적으로 나타내고, 이것을 통계 모델로 만드는 것은 결코 쉬운 작업이 아닐 겁니다. 그래서 보다 정교해진 딥러닝을 통해 이 관계를 학습하고 예측하게 하는 것이죠.

생물학 데이터의 경우 역시 마찬가지로, 그동안 가설에 따라 '실험군'과 '대조군'으로 나누어 실험한 결과를 비교하여 통계적으로 차이가 있다고 밝히는 연구들은 모두 '가설에 바탕한 통제된 데이터'를 생성해 왔습니다. 하지만, 최근의 생물정보학은 대부분 이미 공개된 각종 데이터를 가공해서 관련성을 찾아내는 것부터 시작합니다. 그리고 이 과정에는 전통적인 머신러닝 기법뿐만 아니라 딥러닝 역시 활발히 도입되고 있죠.

'빅데이터'와 '딥러닝'의 조합은 무지막지하게 쌓여 있던 데이터에서 특정한 '가치'를 찾는 데 많은 도움을 주고 있는데요. 물론 데이터만 입력하면 인공지능이 알아서 다 처리할 것으로 기대하는 것은 아직 미래의 일입니다. 가치 있는 데이터를 얻기 위해서는 여러 '알고리즘'과 '인공지능' 기술을 사용할 수 있어야 하고, '원본(Raw)' 데이터를 가져와 저장하고, 인공지능이 알아들을 수 있게 깔끔한(tidy) 데이터로 가공할 수 있어야 하죠.

최근의 인공지능 기술은 '언어를 해석하는' 기술과 '이미지를 인식하는' 기술을 중심으로 발전하고 있는데, 생물학과 의학 데이터는 형식이 달라 기존 모델을 바로 적용할 수 없는 경우가 많습니다. 따라서, '데이터에 알맞은 인공지능 모델을 만들 수 있는' 능력이 반드시 필요합니다.

빅데이터의 저장

데이터를 다운받아서 저장할 때, 수 테라바이트(TB) 이내의 데이터는 보통의 하드디스크(HDD)를 쓰면 되지만, 그 이상이 되면 저장 공간에 대한 고려를 해야 합니다. 암 관련 연구에서 환자의 유전체 정보는 보통 한 사람당 수 TB를 훌쩍 넘어가기 때문에 바로 저장할 수 없어서 여러 HDD에 나눠 저장을 하게 되는데, 이게 상당히 번거로운 일입니다.

이럴 때 가장 쉽게 생각할 수 있는 것은 여러 개의 HDD를 합쳐서 하나로 보이게 하는 기술입니다. 흔히 '레이드(RAID)'라고 불리는 기술을 쓰면 수십여 개의 HDD를 묶어서 수백 TB짜리 HDD 한 개처럼 쓸 수 있는데요. 이는 서버에서 흔히 이용되는 방식이며, 최근 개인용으로 활용되기도 하는 'NAS(Network Attached Storage)'에서도 쓰입니다.

더 좋은 점은 데이터를 여러 HDD에 분산할 수 있기 때문에 읽기/쓰기(I/O) 속도가 더 빨라진다는 것인데요. 여기에도 물론 부작용은 있는데, 큰 자료를 여러 개 하드에 자료를 분산해서 넣다가 HDD 중 하나가 망가지면(서버와 같은 경우 1년에 한두 번은 겪는 일입니다) 자료 전체를 못쓰게 될 수도 있다는 점이죠. 이런 문제를 해결하기 위해 다양한 RAID 기법이 사용되는데 'RAID 0', 'RAID 5' 등과 같이 숫자로 표시되는 종류가 있습니다. 참고로 10개 정도의 10TB HDD를 'RAID 6'로 묶어서 사용하는 것을 추천합니다.

이후 RAID로도 감당하기에 벅찰만큼 큰 용량이 필요하거나, 얼마나 큰 용량이 필요할지 가늠이 어려운 경우에는 RAID보다는 '하둡(HADOOP)' 등 **클라우드 기반 기술**을 도입해야 합니다. 빅데이터 관련 기술을 찾아보면 이 '하둡'이라는 용어를 자주 만나게 되어 자연스레 "빅데이터를 다루려면 이것도 알아야 되나?"라는 괜한 부담이 일기도 하지만 '초대형 데이터 처리 서버'를 구성해야 하는 입장이라면 모를까, '데이터 분석'만을 위해서는 굳이 알아 둘 필요는 없습니다. 하둡에 들어 있는 데이터를 읽으려고 하면, 그 인터페이스(처리 명령 방식)만 알고 있으면 되죠.

그리고 많은 데이터를 네트워크로 연결한 여러 노드(node)에 분산해 두기 때문에, 일괄 처리를 위해 데이터를 특정 서버로 모으는 것은 매우 비효율적입니다. 따라서 데이터를 먼저 분산 처리한 다음 한 곳으로 모을 수 있는 구조를 가지고 있는데요. 가령 특정 단어가 들어간 웹 페이지의 숫자를 세야 할 때, 데이터를 중앙 서버로 옮겨와서 카운팅 프로그램을 돌리는 것이 아니라 각 노드에서 숫자를 센 다음 중앙 서버로 옮겨와 합치는 것이죠. 물론 단순하게 설명하긴 했지만 이를 제대로 쓰려면 복잡하긴 한데요. 그만큼 어떠한 정보학 기술이든, 지금 처리하려는 데이터의 형태에 따라 도입 여부를 잘 따져봐야 합니다.

1.2 | 개발 환경은 어떻게 마련하나?

1.2.01 리눅스에서 시작하자

리눅스는 대량의 데이터를 다루는 데에 가장 적합한 작업 환경을 제공합니다. 생물정보학에 필요한 수많은 소스 코드와 실험 데이터들이 이미 공개되어 있고, 저널에 논문을 게재할 때 공개를 조건으로 하는 경우가 많기 때문에 저자에게 직접 데이터를 요청하는 것도 가능합니다. 이렇게 얻은 오픈 소스 코드는 현재 배포 중인 **우분투(ubuntu)**라는 리눅스 공개 운영체제를 설치하여 실행해 볼 수 있습니다. 참고로 서버에서 종종 사용하는 'CentOS'는 프로그램 설치 방식이 익숙하지는 않지만 환경 설정만 잘 해주면 리눅스와 유사한 환경으로 사용할 수 있습니다.

리눅스를 쓰는 또 다른 이유는 '셸 스크립트(shell script)' 사용의 편리성 때문인데, 특히 데이터를 여러 형식으로 변경하거나 그 속에서 특정 데이터를 추출할 때 유용합니다. '파이썬(Python)'으로도 구현할 수 있지만 용량이 큰 파일을 다룰 때에는 셸 스크립트를 작성해서 작업하면 됩니다. 그 중에서 가장 널리 쓰이는 것은 'bash'라고 하는 셸 스크립트인데, 윈도우10 버전도 존재합니다. 다만 스크립트에서 호출하는 모든 프로그램은 윈도우 환경에 맞게 '컴파일(당연한 이야기지만 운영체제가 다르면 실행 파일이 제대로 수행되지 않는다. 아이폰과 안드로이드 앱을 떠올려 보라)'과 '설정'이 되어 있어야 하는데, 실패하는 경우가 많기 때문에 처음 시작하는 사람은 어렵게 느낄 수도 있겠네요.

> **NOTE**
>
> ### 리눅스 배포판
>
> 리눅스는 원래 '커널'을 지칭합니다. 여기에 여러 가지 '디바이스 드라이브'나 '패키지'를 추가해서 윈도우와 같은 편리한 운영체제를 지원하기 위해, 대중적으로 많이 사용하는 PC나 서버에 가장 필요한 것만 포함시킨 버전이 바로 '배포판'입니다.
>
> 가장 많이 쓰였던 배포판은 '레드햇(RedHat)'인데요. 원래 리눅스는 프리웨어로 공개되었으며 포함된 대부분의 소스 코드를 무료로 배포합니다. RedHat 역시 처음에는 무료로 배포되다가 상용 개발자가 많아지자 기업체와 기관 등이 비용을 부담해서라도 소스 코드 유지 관리를 해줄 것을 요구하게 되었고 그 결과 현재의 RedHat은 '기업용' 버전으로만 배포되고 상업용이 되었죠. 그런데 기업용 RedHat이라 할지라도 역시 라이선스는 프리웨어라서 무료로 배포할 수 있습니다. 이런 식으로 만들어진 것이 바로 'CentOS'로서, '지원 서비스를 받을 수 없는 RedHat 버전'이라고 볼 수 있습니다.
>
> 따라서 CentOS 사용자는 혹여 RedHat을 쓰는 곳에서 일하게 되더라도 무난히 적응할 수 있을 것입니다. 다만, 우분투가 인터넷에서 자료를 찾기에 훨씬 수월하기 때문에 개인의 경우 대부분 우분투를 고려하게 됩니다.

우분투를 설치하는 방법은 윈도우와 유사합니다. 일반적으로 '데스크탑' 버전을 설치하는데, 추천하는 버전(그림에서는 18.04 LTS)을 설치하면 됩니다. 다음의 주소로 이동하여 설치할 수 있습니다.

https://www.ubuntu.com/download/desktop

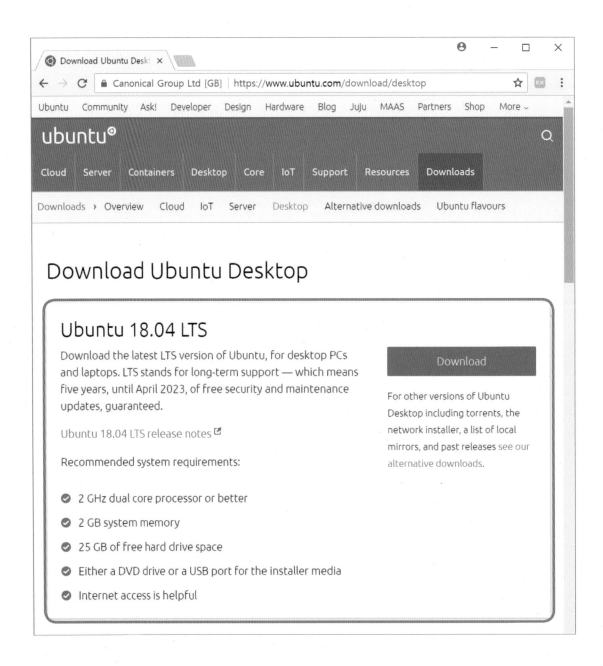

우분투는 해마다 4월과 10월, 두 번에 걸쳐 새로운 버전을 발표하는데 '18.04'는 18년 4월에 발표한 버전을 뜻합니다. 그리고 격년으로 'LTS'라고 하는 장기간 지원(Long-Term Support) 버전을 발표합니다. LTS가 아닌 것들은 다음 버전이 나올 때쯤이면 더 이상 업데이트를 지원하지 않을 수도 있기 때문에, 특별한 경우가 아니면 LTS를 설치합니다.

2020년 4월에 다음 LTS가 나올 예정이므로 그 전까지는 18.04 버전을 사용하는 것이 좋겠죠. 위 사이트의 설치 방법을 따르거나, "우분투 18.04 LTS USB 설치"로 검색하면 좋은 가이드를 찾을 수 있습니다.

리눅스 설치의 마무리 과정에서는 '사용자 등록'과 '권한'을 정합니다. 사용자 확인 절차를 거치면 설치와 동시에 **root 계정**과 **일반 사용자 계정** 하나를 자동으로 추가합니다. 여기서 'root 계정'은 이 시스템의 가장 최상위 권한을 가진 계정으로 '슈퍼 유저'로도 불리는데, 이 권한으로 시스템 내의 모든 작업이 가능합니다.

권한이 막강한 만큼, 이 사용자로 접속해서 작업을 하다가는 큰 낭패를 볼 수도 있는데요. 예를 들어, "rm −rf /" 명령어를 입력하면 시스템의 모든 파일이 즉시 지워집니다. 혹시라도 파일 정리를 하다가 실수를 하거나, 누군가 암호를 알아내기라도 하면 비극이 발생할 수도 있겠죠. 따라서 보안을 위해서 원격에서 root 계정으로 접속하는 경로는 대부분 막아 놓았습니다.

만약 이 경로를 해제하고 싶으면 "root 계정 원격 접속"을 검색해 봅니다. root로 접속하면 [/root]를 홈 디렉토리로 사용하게 됩니다만, 필자는 root 접속은 개인적으로 권하고 싶지 않습니다.

이제 root 계정과 함께 등록되는 '일반 사용자 계정'의 권한을 살펴보죠.

우리가 윈도우에서 파일이나 폴더 변경을 시도하다 보면 "관리자 권한으로 실행할 것인지" 묻는 메시지가 뜰 때가 있습니다. 이때 우분투의 경우 '관리자 권한'이 필요하다면 'sudo'를 사용하면 되는데요. 일반 계정 접속 시에 "ls /root"를 써넣으면 "ls: cannot open directory '/root': Permission denied"라는 에러가 화면에 표시되는데, "sudo ls /root"를 입력하고 이어서 요구되는 암호를 'root가 아닌 사용자의 암호'를 넣어 줘도 root의 권한으로 ls 명령이 작동함을 확인할 수 있습니다.

이처럼 관리자 권한이 필요할 때에는 관리자를 직접 호출하거나, 'sudo' 권한을 요청합니다. 일반 유저를 'sudoer'로 만들려면 [/etc/sudoers] 파일을 수정하는데, 이때에도 다음과 같이 sudo를 사용합니다.

```
$ sudo cat /etc/sudoers
#
# This file MUST be edited with the 'visudo' command as root.
#
# Please consider adding local content in /etc/sudoers.d/ instead of
# directly modifying this file.
  (중략)
# User privilege specification
root    ALL=(ALL:ALL) ALL
test    ALL=(ALL:ALL) ALL
```

```
# Members of the admin group may gain root privileges
%admin ALL=(ALL) ALL
# Allow members of group sudo to execute any command
%sudo    ALL=(ALL:ALL) ALL
# See sudoers(5) for more information on "#include" directives:
#includedir /etc/sudoers.d
```

여기에 내가 사용할 ID를 추가해 주면 관리자인 root와 같이 sudo를 쓸 수 있습니다. 'visudo'라는 유틸리티도 같은 일을 해주니, 필요하면 찾아보세요.

```
내ID    ALL=(ALL:ALL) ALL
```

참고로 위 명령행 중 "%sudo~" 행의 의미는 'sudo' 그룹에 속하는 사용자들에게 sudo 권한을 주라는 것으로, 그룹에 대한 이야기는 뒤에 사용자 등록 방법과 함께 설명하겠습니다.

```
$ sudo adduser test
[sudo] password for wooyang:
Adding user `test' ...
Adding new group `test' (1001) ...
Adding new user `test' (1001) with group `test' ...
Creating home directory `/home/test' ...
Copying files from `/etc/skel' ...
Enter new UNIX password:
Retype new UNIX password:
passwd: password updated successfully
Changing the user information for test
Enter the new value, or press ENTER for the default
        Full Name []:
        Room Number []:
        Work Phone []:
        Home Phone []:
        Other []:
Is the information correct? [Y/n] y
```

개인 계정을 새로 만들 때에는 기본 옵션 그대로 해 주어도 문제는 없지만, 공용 서버의 경우에는 고려할 것이 많습니다. 추가적인 옵션은 'man'을 통해서 찾아볼 수 있으며, 계정을 삭제할 때에는 'deluser'를 사용합니다. 계정을 없앨 때 홈 디렉토리를 함께 지우는 것 역시 옵션으로 지정할 수 있습니다.

새로 만든 계정으로 재접속을 해도 되지만, 'su' 명령을 사용하면 사용자 전환을 바로 할 수 있습니다. 'su 계정' 명령을 사용하면 사용자 권한만 바꾸고, 'su − 계정'을 쓰면 권한과 환경을 바꾸고 위치까지 이동해 줍니다. 새로 접속한 것과 같은 효과를 볼 수 있습니다.

```
user@server:~$ su - test
Password:
test@server:~$
```

한편 계정의 패스워드를 바꿀 일이 있을 때에는 'passwd' 명령을 사용합니다. 보통 서버 관리자에게 계정을 요구하면 무작위로 초기화시킨 패스워드와 함께 계정을 제공하는데, 이때 필요한 명령입니다.

```
$ passwd
Changing password for test.
(current) UNIX password:
Enter new UNIX password:
Retype new UNIX password:
passwd: password updated successfully
```

이 명령 다음에 아이디를 쓰면 다른 사람의 패스워드를 바꿀 수도 있습니다. 그 사람의 패스워드를 몰라도 sudo 권한이 있다면 가능합니다. 암호를 잃어버렸을 때 관리자(sudoer 이상의 권한)에게 문의하면 새로 초기화시켜 줄 수 있습니다.

이제 group 에 대해서 알아보겠습니다. 먼저, 디렉토리의 내용을 보기 위해 'ls −al' 명령을 사용해 봅시다.

```
$ ls -al
total 32
drwxr-xr-x 4 test test 4096 Nov 12 15:23 .
drwxr-xr-x 6 root root 4096 Nov 12 15:06 ..
```

```
-rw------- 1 test test    5 Nov 12 15:21 .bash_history
-rw-r--r-- 1 test test  220 Nov 12 15:06 .bash_logout
-rw-r--r-- 1 test test 3771 Nov 12 15:06 .bashrc
drwx------ 2 test test 4096 Nov 12 15:23 .cache
drwx------ 3 test test 4096 Nov 12 15:23 .local
-rw-r--r-- 1 test test  655 Nov 12 15:06 .profile
```

위와 같이 '파일 이름'이 맨 마지막에 나타납니다. 맨 첫 열에 'drwx-' 등으로 이루어진 문자열은 각 파일에 접근할 수 있는 권한을 말합니다.

모두 10개의 문자로 이루어져 있는데, 첫 문자는 'd' 또는 '-'인데, 'directory 여부'를 알려줍니다. 나머지 9 개 문자는 총 3부분으로 나눌 수 있고, 각각 순서대로 [이 파일의 소유자가 가진 권한], [이 파일의 소유 그룹에 속한 사용자가 가진 권한], [이 서버의 모든 사용자가 가진 권한] 등을 뜻합니다.

또한 각 부분은 'rwx'로 구성되는데요. 'r'은 read 권한, 'w'는 write 권한, 'x'는 excute 즉 '실행' 권한이 있음을 의미합니다. 이때 해당하는 자리에 '-'가 오게 되면 "그 권한이 없다"는 의미입니다.

예제의 '.bashrc' 파일을 살펴보면 '-'가 처음에 나왔으므로 [디렉토리]가 아니라는 것이며, 그 다음에는 'rw-'가 나타났으므로 "이 파일의 소유자는 이 파일을 읽고(r) 쓰기(w)를 할 수 있지만 실행(e)시킬 수는 없다"고 해석할 수 있습니다. 그 다음 세 자리는 'r--'입니다. 즉, 이 파일의 소유 그룹은 '오직 읽기(r)만' 할 수 있는 것이죠. 마지막 세 자리 역시 'r--'이므로 모든 사용자는 이 파일을 읽을 수 있습니다.

권한 다음에는 '파일의 소유자(owner)'와 '소유 그룹'이 나오는데, 현재는 그룹과 소유자의 이름이 같아서 구별이 안 되네요. 하지만 'test 사용자'도 있고, 'test 그룹' 역시 존재한다는 사실을 알아 두세요.

공용 서버를 사용하다 보면 다양한 사람들을 위한 계정이 존재하게 됩니다. 보통은 서버 관리자를 위한 그룹이 가장 먼저 필요한데요. 초보자가 서버 환경을 바꾸다가 데이터를 몽땅 날리기라도 하면 큰일이니까 일부만 관리할 수 있도록 권한을 할당해 주어야 합니다. 일반적으로는 관리자 여러 명을 그룹으로 묶은 다음, 해당 그룹에게 권한을 주는 식이죠.

또 그룹은 다양한 권한을 가진 계정을 만들기 위해서도 필요합니다. 외부 접속자에게 파일을 주기 위한 계정도 있고, 객원 연구원들을 위한 계정도 있고, 특정 프로젝트를 같이 하는 사람들이 공유하는 계정도 있습니다. 어떤 파일은 모든 사용자가 사용할 수 있어야 하지만, 특정 그룹만 읽고 쓸 수 있는 파일을 지정해야 할 필요가 있습니다. 몇 명 안 된다면 불편을 감수하며 그냥 쓸 수도 있겠지만, 사용자 계정이 많아지면 권한 관리가 필요하겠죠.

예제를 통해 '그룹을 만들고(groupadd)', '사용자를 그룹에 추가(gpasswd)'해 보겠습니다. 관리자 권한이 필요한 일이기 때문에 sudoer에 속한 계정에서 작업을 해야 합니다.

```
$ sudo groupadd TEST
[sudo] password for wooyang:

$ sudo gpasswd -a test TEST
Adding user test to group TEST
```

이제 계정을 바꿔서 사용자가 어떤 group에 속하는지 알아보겠습니다.

```
$ su - test
Password:

$ groups
test TEST
```

파일 하나의 소유자를 '변경(chown)'해 보겠습니다. 소유자 변경할 때 '사용자:그룹' 묶음으로 지정해 주면 됩니다.

```
$ chown test:TEST .bashrc
$ ls -al
total 32
drwxr-xr-x 4 test test 4096 Nov 12 15:23 .
drwxr-xr-x 6 root root 4096 Nov 12 15:06 ..
-rw------- 1 test test   75 Nov 12 16:09 .bash_history
-rw-r--r-- 1 test test  220 Nov 12 15:06 .bash_logout
-rw-r--r-- 1 test TEST 3771 Nov 12 15:06 .bashrc
drwx------ 2 test test 4096 Nov 12 15:23 .cache
drwx------ 3 test test 4096 Nov 12 15:23 .local
-rw-r--r-- 1 test test  655 Nov 12 15:06 .profile
```

이제 .bashrc 파일은 'TEST' 그룹의 모든 사용자가 읽을 수 있게 되었습니다. 그런데 권한을 보니, 모든 사용자가 어차피 읽을 수 있는 파일이었네요. '모드 변경(chmod)' 명령을 통해 소유자와 그룹을 제외한 다른 사용자(other)에게서 읽기 권한(read)를 빼 버리겠습니다. 그리고 그룹(group)에게는 '쓰기(write)' 권한을 새로 부여해 보죠.

```
$ chmod o-r .bashrc
test@omicsGPU:~$ ls -al .bashrc
-rw-r----- 1 test TEST 3771 Nov 12 15:06 .bashrc
$ chmod g+w .bashrc
$ ls -al .bashrc
-rw-rw---- 1 test TEST 3771 Nov 12 15:06 .bashrc
```

권한에는 다양한 조합이 가능합니다. 그리고 '+/−' 형식이 아니라 전체 권한을 한방에 지정해 주는 옵션도 있죠. 예를 들어 'chmod 777'과 같이 8진수를 쓰는 방법도 있습니다. 다양한 상황에 맞게 추가로 알아둘 필요는 있겠지만, 앞의 예제만으로도 파일 권한을 충분히 이해할 수 있을 거라고 봅니다.

1.2 03 여러 종류의 셸(Shell)

리눅스에 접속하면, 맨 처음에 '$'로 끝나는 프롬프트를 보게 됩니다. 커서를 깜박이면서 대기하다가 사용자가 입력한 명령어를 실행해 주는 것이 바로 **셸$**입니다. 사용자가 접속하면 권한에 따라 설정된 '셸의 종류'와 '홈 디렉토리'를 읽어서 해당 셸 프로그램을 실행합니다. 간단히 말해서, 셸은 명령어를 처리해 주는 사용자 인터페이스 프로그램입니다. 1995년에 규정된 국립 국어원의 외래어 표기법에 따라 '셸'로 표기합니다.

유닉스(Unix)가 처음 나왔을 때 제공한 것이 '본 셸(Bourne shell)'인데, 오랫동안 기본 셸로 사용되어 왔습니다. 그래서 sh 라고 쓰면 원래 본 셸을 의미하는데 불편한 점이 많았기 때문에 다수의 셸 프로그램들을 개발하였고, 알파벳을 앞에 붙여 'ash, csh, zsh' 등으로 부릅니다. 현재 리눅스에 접속하면 가장 많이 볼 수 있는 것은 바로 'bash'입니다. **배시**라고 부르며 'Bourne−again sh'의 약자입니다. 지금 접속해 있는 셸이 무엇인지는 다음과 같이 확인할 수 있습니다.

```
$ echo $SHELL
/bin/bash
```

혹시 bash 가 아닌 다른 셸이 뜬다면 이 책의 예제를 사용할 수 없을 수도 있습니다. 그때는 관리자에게 접속 셸을 bash 로 바꿔달라고 요청하거나, '슈퍼 유저' 권한이 있을 경우라면 직접 변경하면 되겠죠. **여기서 팁 하나!** 'bash'를 명령어로 입력하면 일단 bash 에 접속한 것과 같은 효과가 있습니다. 로그인할 때 기본 셸을 하나 띄우고, 그 셸 위에서 bash 가 돌아가는 셈이죠. bash 도 일종의 프로그램이라는 걸 기억해 둡시다.

bash 를 많이 쓰는 이유는 그 막강한 기능 때문인데, 이것만으로도 간단한 프로그래밍이 가능합니다. **배시 스크립트 프로그래밍**(bash script programing)을 익혀 두면 꽤 요긴한데요. 예를 들어 다음과 같은 식으로 한 디렉토리 내의 모든 '.bed' 파일을 '.BED' 파일로 한꺼번에 바꿀 수 있죠.

```
$ for i in `ls *.bed`; do mv $i ${i%.*}.BED; done
```

이를 프로그램으로 만들어서 명령어처럼 쓸 수도 있는데요. 다음과 같이 'bash 스크립트'를 만들어 봅니다.

```
#! /bin/bash
for i in `ls *.bed`
do
newFileName="${i%.*}.BED"    # ${i%.*} 는 $i에서 확장자(.bed)를 뺀 문자열
mv $i $newFileName
done
```

첫 줄의 '#!'는 이 스크립트를 수행할 프로그램을 지정합니다.

지금부터 bash 는 새로운 bash 를 하나 실행 시킨 뒤에 다음 행의 명령어들을 넘깁니다. 만약 '#!/usr/bin/python'을 쓰고 다음 행에 python script 를 사용하면, bash 는 Python 프로그램을 실행시키고 다음 행에 입력된 명령어들을 Python 으로 넘겨 줍니다. 그러면 셸에서 그 프로그램을 직접 실행할 수 있게 되죠.

예전에 만든 셸 스크립트들을 보면 '#!/bin/sh'라고 되어 있는 경우가 많은데, 전에는 [/bin/sh]가 [/bin/bash]로 링크되어 있었고 오랜 기간 익숙해져 버린 탓에 bash 스크립트에도 sh 을 지정해 놓은 것이죠.

그런데 최근 우분투에는 [/bin/sh]가 [/bin/dash]로 링크되어 있기 때문에 종종 에러가 발생합니다. bash 에 강력한 기능이 많은 대신 속도가 느려서, "간단한 스크립트 정도는 그보다 단순한 셸인 [dash(ash 의 Debian 버전)]로 실행시키라"는 우분투의 배려인데, 가끔 이것 때문에 고생하는 사람들이 있습니다. 혹시 예전에 쓰던 스크립트가 실행이 안 될 경우라면 링크를 다시 한 번 확인합니다.

대부분의 접속은 bash로 처리합니다. 예전에는 편하게 쓰던 'bash 명령어(특히 'tab 자동 완성' 기능과 같은 유저 편의 기능)'들을 dash가 제공하지 않는 경우가 많기 때문이죠. 그리고 스크립트를 만드는 데에도 bash 가 훨씬 좋은 기능을 많이 지원합니다. 참고로 윈도우10에서도 bash를 지원하고 있습니다. 일단 bash를 배워 두면 도움이 되겠죠. 스크립트의 첫 줄에는 [#!/bin/bash]를 명시해야 한다는 점 잊지 마세요.

1.2.04 셸의 명령어

리눅스로 데이터를 처리하기 위해서는 'bash를 띄운 터미널'을 써야 합니다. 그래픽 인터페이스로는 아무 래도 자유도가 떨어집니다. 셸에서 필수적인 명령어들을 살펴보겠습니다.

먼저 접속을 한 다음 가장 먼저 해보는 것이 바로 'ls'입니다. "현재 디렉토리 내의 파일 목록을 보여달라"는 명령이죠. 처음 접속하면 홈 디렉토리에 위치합니다.

```
$ ls -al
total 24
drwxr-xr-x 3 test test 4096 Nov 12 12:18 .
drwxr-xr-x 6 root root 4096 Nov 12 12:17 ..
-rw-r--r-- 1 test test  220 Nov 12 12:17 .bash_logout
-rw-r--r-- 1 test test 3771 Nov 12 12:17 .bashrc
drwx------ 2 test test 4096 Nov 12 12:18 .cache
-rw-r--r-- 1 test test  655 Nov 12 12:17 .profile
```

보통 처음 계정이나 디렉토리를 만들고 'ls'라고 키보드로 치면 아무것도 나타나지 않죠. 그 이유는 '.(dot)' 로 시작하는 파일은 대개 시스템 파일 등으로 사용되기 때문에 일종의 '숨김 파일'처럼 취급하기 때문인데 요. 그래서 '-a(all)' 옵션을 주어야 보이게 됩니다. 그리고 '-l(long)' 옵션은 "모든 정보를 다 자세히 보여 달라"는 뜻입니다.

우선 파일 목록 중에 눈여겨볼 부분은 '.(dot)'과 '..(double dot)'입니다. 각각 [현재의 디렉토리]와 [부모 디 렉토리]를 의미하는데요. 사용자들은 보통 'ls'보다 'ls -al' 명령을 많이 입력하게 됩니다. 게다가 디렉토 리와 파일을 구분하고 실행 가능한 파일과 링크 등 각 구성 요소들의 속성까지 구분하여 출력하자면 '-F' 옵션까지 붙여 'ls -alF' 명령을 사용하기도 하죠. 이렇게 매번 타이핑하는 과정이 너무 귀찮으므로 우분투 를 설치하면 기본적으로 'ls -alF' 명령을 'll'로 alias(별칭) 처리해 두곤 합니다. 그래서 필자의 경우는 습관 적으로 'll'을 타이핑합니다.

작업을 하려면 여러 파일을 다운받아야 할 텐데, 홈 디렉토리에 전부 저장을 하면 정리가 안 될 테니, 현재 디렉토리의 밑에 새로 빈 디렉토리를 만들 때 사용하게 되죠. 현재 디렉토리의 구성을 살펴보고 확인하는 절차인 것이죠.

또한 'alias'는 긴 명령어 중 자주 쓰는 것들을 별칭으로 지정할 때 사용합니다. [별칭 명령어='긴명령어'] 형식으로 지정해서 쓸 수 있고, 'alias'라고만 입력하면 현재 지정된 목록을 전부 보여주죠.

```
$ alias abc='echo abc'
$ abc
abc
$ alias
alias abc='echo abc'
alias alert='notify-send --urgency=low -i "$([ $? = 0 ] && echo terminal || echo error)"
"$(history|tail -n1|sed -e '\''s/^\s*[0-9]\+\s*//;s/[;&|]\s*alert$//'\'')"'
alias egrep='egrep --color=auto'
alias fgrep='fgrep --color=auto'
alias grep='grep --color=auto'
alias l='ls -CF'
alias la='ls -A'
alias ll='ls -alF'
alias ls='ls --color=auto'
```

단, 셸에서 지정한 alias는 셸을 빠져나가는 순간 없어지므로 새로 접속할 때에도 사라지지 않게 하려면 셸에 들어올 때마다 실행되는 비밀 파일인 '.bashrc' 안에 alias 명령을 넣어 둡니다. 또한 앞서 언급한 것처럼, 작업하려면 여러 파일을 다운받아야 할 텐데 홈 디렉토리로 한꺼번에 저장하면 정리가 안 되겠죠. 따라서 새로 빈 디렉토리를 현재 디렉토리의 아래에 만들려면 다음과 같이 명령합니다.

```
$ mkdir TEST
```

참고로 지울 때에는 'rmdir'을 쓰면 되는데, 비어 있는 디렉토리만 삭제할 수 있습니다. 그럼 이제 새로운 디렉토리로 '이동(cd, change directory)'해 볼까요?

```
$ cd TEST
```

```
$ ll
total 8
drwxrwxr-x 2 test test 4096 Nov 12 12:45 ./
drwxr-xr-x 4 test test 4096 Nov 12 12:45 ../
```

텍스트 위주인 셸 환경에서는 내가 어느 디렉토리에 있는지 정확한 위치가 혼동될 때가 많습니다. 그럴 때에는 'pwd' 명령어로 위치를 확인해 줍니다.

```
$ pwd
/home/test/TEST
```

그럼 이제 이 위치(디렉토리) 아래에 새로운 파일을 만들어 보겠습니다. 그리고 'll' 명령으로 디렉토리를 바로 조회해 보죠.

```
$ echo ABC > new_file
$ ll
total 12
drwxrwxr-x 2 test test 4096 Nov 12 12:47 ./
drwxr-xr-x 4 test test 4096 Nov 12 12:45 ../
-rw-rw-r-- 1 test test    4 Nov 12 12:47 new_file
```

새 파일이 생겼죠? 그 파일 안의 내용이 무엇인지 확인해 보면 이렇습니다.

```
$ cat new_file
ABC
```

파일에 어떤 내용이 들어 있는지를 보기 위해서는 'cat' 명령을 흔히 사용하는데, 파일의 모든 내용을 화면에 프린트해 줍니다. 그런데 빅데이터 분석에 사용할 파일은 수 MB 이상이기 때문에 프린트로 내용을 확인하는 것은 불가능합니다. 주로 파일 첫 부분을 보고 어떤 형식인지 확인하는 경우가 많죠. 그래서 cat 보다는 'head'를 많이 사용합니다. 다음은 [~(홈 디렉토리)] 아래에 위치한 '.bashrc' 파일의 첫 부분을 찾아보는 예제입니다.

```
$ head ~/.bashrc
# ~/.bashrc: executed by bash(1) for non-login shells.
# see /usr/share/doc/bash/examples/startup-files (in the package bash-doc)
# for examples

# If not running interactively, don't do anything
case $- in
    *i*) ;;
        *) return;;
esac
```

만약 로그 파일과 같이 시간대별로 기록된 데이터의 경우라면, '마지막 부분'이 더 중요하기 때문에 head 의 반대인 'tail'을 씁니다.

```
$ tail -n3 /var/log/bootstrap.log
Processing triggers for initramfs-tools (0.122ubuntu8) ...
Processing triggers for ureadahead (0.100.0-19) ...
Processing triggers for resolvconf (1.78ubuntu2) ...
```

또한 파일을 복사할 경우에는 'cp' 명령어와 함께 '원본 파일의 이름'과 '새 파일의 이름'을 사용하면 됩니다.

```
$ cp new_file old_file
$ ls
new_file  old_file
```

아울러 '복사'가 아닌 '이동'으로 파일을 옮길 때에는 'mv' 명령을 사용합니다. 이름만 바꿀 때에도 사용할 수 있죠. 참고로 mv 명령은 디렉토리도 이동시킬 수 있습니다.

```
$ mv old_file backup_file
```

```
$ ls
backup_file  new_file
```

파일을 지우고 싶을 때는 'rm'을 사용합니다. 디렉토리도 지울 수 있습니다만, 이때는 옵션이 필요하죠.

```
$ rm backup_file
$ ls
new_file
```

인간 유전체 데이터와 같이 여러 프로젝트에서 필요한 파일이 있을 수 있습니다. 그때마다 파일을 복사해서 쓰면 너무 많은 공간을 차지하게 되겠죠. 윈도우에서 쓰던 '바로가기'와 같이 다른 곳에 위치한 파일이 현재 디렉토리에 위치한 것처럼 쓸 수 있도록 해주는 명령이 존재하는데요.

```
$ ln -s new_file n
$ ll
total 12
drwxrwxr-x 2 test test 4096 Nov 12 13:10 ./
drwxr-xr-x 4 test test 4096 Nov 12 12:45 ../
lrwxrwxrwx 1 test test    8 Nov 12 13:10 n -> new_file
-rw-rw-r-- 1 test test    4 Nov 12 12:47 new_file
```

'ln'의 경우 '-s' 옵션을 많이 씁니다. 이는 다른 파일을 링크할 때 '하드 링크'가 아닌 **심볼릭 링크**를 쓰라는 지시입니다. '심볼릭 링크'는 윈도의 바로 가기 기능과 유사하기 때문에 우리에게 더 익숙합니다. 원본 파일의 위치 정보만 가지고 있다가 읽기나 쓰기를 할 때 그 파일을 찾아 쓰는 것이죠.

만약 원본 파일이 삭제되면, 그 링크가 남아는 있지만 실제로 사용할 수는 없겠죠. 반면 '하드 링크'는 원본 파일의 일부 사본을 생성하는데, 사실상 같은 내용을 공유하는 여러 개의 파일처럼 사용합니다. 하드 링크는 심볼릭 소프트 링크와 비슷하게 사용할 수 있지만, 가장 큰 차이는 '원본이 삭제되어도 링크가 있다면 파일 내용은 그대로 남아있다는 점'입니다. 대부분의 경우는 '-s' 옵션을 주고 쓰시면 문제가 없습니다. 그리고 ln 명령을 사용하면 하나의 물리적 파일을 여러 군데에서 사용하는 셈이 되기 때문에 읽는 용도로만 사용하는 것은 문제가 되지 않습니다.

가끔 빅데이터 분석 작업을 하다 보면, 하드디스크 용량이 부족해서 갑자기 컴퓨터 작동에 문제가 생기는 경우가 있습니다. 결과를 프린트할 때 사소한 버그로 하루 종일 파일에 쓰기를 해서 결국 오류가 났는데, "현재 하드디스크를 얼마나 쓰고 있는지" 알 수 있는 명령이 있습니다. 이때 옵션인 '-h(human-readable)'를 쓰지 않으면 너무 큰 숫자가 나오므로 필수적으로 넣어야 합니다.

```
$ df -h
Filesystem                  Size  Used Avail Use% Mounted on
udev                        126G     0  126G   0% /dev
tmpfs                        26G   19M   26G   1% /run
/dev/mapper/ubuntu--vg-root 791G  423G  329G  57% /
```

서버를 쓴다면 가끔 관리자가 용량 확보를 위해 파일을 좀 지워달라고 요청할 수도 있습니다. 내가 얼마나 점유하고 있는지 알고 싶다면 'du' 명령을 사용하면 되죠. 옵션 '-h'는 df와 같고 '-s'는 요약해서 보여달라는 의미입니다. 다음은 현재 디렉토리와 그 자식 디렉토리의 모든 파일 크기의 합계를 알기 위한 명령입니다.

```
$ du . -hs
1.7G    .
```

다음은 서버의 CPU 나 memory 를 얼마나 사용하고 있는지를 알 수 있는 명령어입니다.

```
$ top

top - 12:50:30 up 7 days, 17:55,  3 users,  load average: 0.02, 0.01, 0.00
Tasks: 558 total,   1 running, 557 sleeping,   0 stopped,   0 zombie
%Cpu(s):  0.0 us,  0.0 sy,  0.0 ni,100.0 id,  0.0 wa,  0.0 hi,  0.0 si,  0.0 st
KiB Mem : 26403718+total, 25849528+free,  4140304 used,  1401612 buff/cache
KiB Swap: 13410304+total, 13410304+free,        0 used. 25889281+avail Mem

  PID USER      PR  NI    VIRT    RES    SHR S  %CPU %MEM     TIME+ COMMAND
16456 test      20   0   42228   4180   3132 R   0.7  0.0   0:00.22 top
```

우리가 다룰 데이터는 '파일' 형태로 들어 있으므로, 이번에는 파일 편집기를 살펴봅니다. 일단 데이터를 처리하려면 파일을 편집할 수 있어야겠죠.

우분투를 설치해 보면 로그인을 할 때부터 MS 윈도우와 비슷한 GUI(graphic user interface)를 만나 볼 수 있습니다. 리눅스는 윈도우의 '메모장(notepad)'과 비슷하지만 프로그래밍에 편리하고 좋은 기능이 많은 'gedit'라는 파일 편집기를 제공하죠. 하지만 서버를 사용하거나 원격으로 리눅스에 접속해서 작업을 하고 싶을 때에는 'ssh'를 써서 접속하는데, 이때는 텍스트 유저 인터페이스(TUI)를 사용합니다. GUI에서는 직관적으로 사용하기 쉽게 마우스 커서가 보이고 이리 저리 옮길 수도 있어서 여러 기능들을 버튼이나 메뉴로 클릭하면 되겠지만, TUI 환경에서는 키보드로만 모든 것을 해결해야 합니다.

명령어 입력은 텍스트로 해도 큰 문제가 없지만, 스크립트를 만들려면 파일을 수정해야 하는데 이게 생각보다 까다롭습니다. 셸이 처음 나왔을 때는 '라인 에디터(ed)'를 썼는데, "몇 번째 줄을 프린트하라"는 명령과 "몇 번째 줄 아래에 한 줄을 추가하라"는 등의 작업을 모두 명령어로 써야 하는 방식이었죠. 이걸 쓰면서 스트레스를 견디다 못한 'Bill Joy'라는 프로그래머가 편리하게 만든 것이 흔히 사용되는 'vi' 편집기이고, 많은 계량을 거쳐 'vim'이 vi를 대체하였죠. 지금은 대부분 리눅스에서 vi라고 입력하면 vim이 나타납니다.

첫 화면에 "VIM – Vi IMproved"라고 나타납니다. 이 화면에서 'hello'라고 입력하면, 'hell'까지는 아무 일도

일어나지 않다가 마지막 'o'를 치는 순간 화면이 바뀝니다. 사실 vi 종류들은 처음에는 '편집 가능' 상태가 아닙니다. '명령 대기' 상태에서 [O]키를 누르면 그때부터 '편집 가능' 상태로 바뀌는 것이죠. [O]키는 "현재의 행 다음부터 편집을 시작하라"는 명령입니다. vi를 쓰려면 이런 [O]키와 같은 명령을 따로 외워야 하고, 이런 점이 불편합니다.

일반 텍스트 편집기에 비해서 vi는 키보드로만 활용해도 아주 많은 기능을 할 수 있게 만들어졌습니다. 일종의 '단축키'와 같은 역할을 하기 때문에 편집 속도가 매우 빠르죠. 예를 들어 '다른 이름으로 파일 저장하기'를 실행하고 싶을 때, 메모장 같은 편집기는 [파일 메뉴 〉 다른 이름으로 저장 〉 파일 이름 입력]을 거쳐야 하지만 vi에서는 ":w 파일명"을 치면 되죠. 하지만 단축키로만 모든 것을 해야 하기에 초보자가 쓰기에는 그만큼 버거울 수밖에 없죠. 그래도 셸에서 텍스트 기반으로 써야 하는데 이만한 에디터는 없으므로 기본 편집기로 사용되는 vi 편집기의 기본 사용법 정도는 숙지해 두기 바랍니다. 파이썬에서 자주 사용되는 'jupyter notebook'도 vi와 비슷한 사용법이 있고, 또 파일 편집을 vi로 할 수 있도록 제공하기도 합니다.

그밖에 vi보다 쉬운 에디터로는 'nano'가 있습니다.

vi와는 달리 키보드를 누르면 그대로 입력되고, 명령은 [컨트롤(Ctrl)]키를 누르도록 되어 있죠. 중요한 단축키는 편집기 화면 하단에 설명이 나오기 때문에 당황스럽지 않습니다. 메모장 정도의 기능은 충분히 지원하죠.

아무래도 텍스트(TUI)보다는 그래픽 인터페이스(GUI)를 쓰고 싶을 때 알아 두면 좋은 팁이 하나 있는데, 바로 'X11 포워딩(forwarding)'입니다. 리눅스에서 '새로운 창을 하나 띄우는 것' 등은 'X 서버'라는 창 관리자를 통해야 하는데, 이 X 서버가 동일하게 설치된 컴퓨터끼리는 서로 상대방에게 창을 띄워 줄 수 있는 기능입니다. 이때 꼭 서버와 내 PC에 X가 동작하고 있는지 확인해야 하는데요. 대체로 모니터를 연결했을 때 그래픽 화면이 나오면 X가 동작 중이라는 뜻인데, 텍스트만 나타난다면 GUI를 아예 설치하지 않은 서버일 것입니다. 그리고 서버 쪽의 sshd에 'X11 forwarding' 기능이 켜져 있는지를 확인해야 합니다. 우분투라면 다음과 같이 설정 파일에서 X11 관련 기능이 있는지 확인해 볼 수 있습니다.

```
$ grep X11 /etc/ssh/sshd_config
X11Forwarding yes
```

```
X11DisplayOffset 10
```

리눅스 PC 에서 서버에 접속할 때 'ssh'를 사용하는데, 'ssh −X 사용자@서버' 형태로 '−X' 옵션을 주면 서버의 창을 내 PC 에 띄울 수 있습니다. 접속해서 'gedit'을 써 보세요.

그럼 윈도우 환경에도 X 서버를 깔면 똑같이 진행할 수 있지 않을까요? 물론입니다. 주로 쓰이는 '윈도우용 X 서버'로는 'Xming'이 있죠.

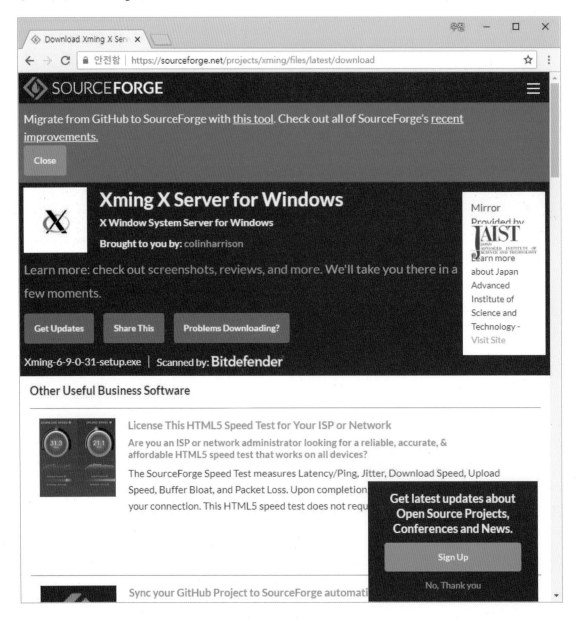

설치 후 원격 서버로 ssh 접속을 할 때, X11 forwarding 기능을 활성화해 주면 되는데요. 윈도우에서 많이 쓰는 터미널 접속 프로그램 'putty'에는 새로운 세션을 만들 때 이 옵션을 켤 수 있는 기능이 포함되어 있습니다.

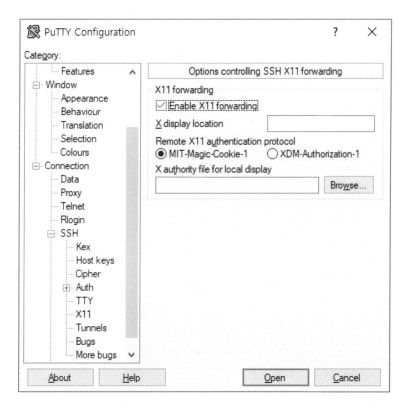

접속 후, 서버에서 gedit 를 실행해 봅시다.

```
$ gedit

(gedit:20118): dconf-WARNING **: failed to commit changes to dconf: Error spawning command line
'dbus-launch --autolaunch=2d81ee31bb33d98d006f891e59ec841d --binary-syntax --close-stderr': Child
process exited with code 1

(gedit:20118): dconf-WARNING **: failed to commit changes to dconf: Error spawning command line
'dbus-launch --autolaunch=2d81ee31bb33d98d006f891e59ec841d --binary-syntax --close-stderr': Child
process exited with code 1
```

그러면 접속한 내 PC 에서 새 창이 뜨면서 gedit 가 실행되는 것을 볼 수 있습니다.

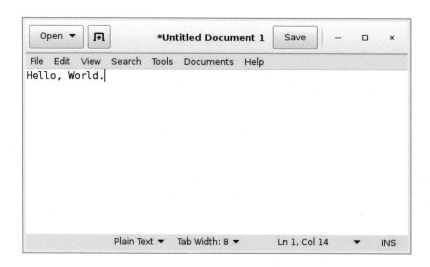

'생물정보 데이터 분석'에 주로 쓰이는 도구는 **파이썬(Python)**과 R 입니다. 특히 'R'은 통계 처리를 위해 만들어진 것으로, 유전체 분석을 위한 툴을 많이 제공하죠. 원하는 데이터의 위치만 알려주면 해당 유전자 이름을 찾아주고, '마이크로어레이(Microarray)' 구조로 된 데이터를 입력하면 자동으로 의미가 있는 유전자를 분석해 주는 패키지를 가지고 있습니다. 게다가 새로운 분석법이 만들어지면 R 패키지로 제공하므로 아주 유용합니다.

R 의 강점은 '데이터프레임(dataframe)'이라는 자료구조를 사용해서 데이터를 일목요연하게 처리하는 방식에서도 드러나는데요. 일반 프로그래밍 언어로 데이터를 처리할 때에는 'for, while'과 같은 반복(iteration) 구문을 사용하는데 반해, R 은 데이터 중심의 독특한 문법을 제공해 줍니다. 무엇보다 R 이 가진 장점은 결과를 '그래프'를 통해 시각화할 수 있다는 것입니다. 따라서 많은 경우에 '파이썬'과 '셀 스크립트', 'C++' 중 무엇으로 분석을 하더라도 최종 결과물은 R 의 'ggplot' 패키지를 이용하죠. R 이 제공하는 깔끔하고 유연한 그래프는 다른 툴보다 막강합니다.

무엇보다 파이썬을 먼저 배울 것을 추천합니다. 파이썬은 R 보다 처리 속도가 빠르고 확장성이 뛰어난 데에다, '딥러닝' 같은 인공지능 기술을 사용하는 경우에는 성능 차이가 더 크게 벌어집니다. 게다가 파이썬은 몇몇 생물정보학 패키지를 제외한 R 의 대부분의 기능을 대체해 가고 있죠. 이미 R 의 장점이었던 DataFrame 과 통계 패키지들이 'Pandas(R 의 data.frame 을 본떠서 만든 패키지)', 'SciPy 라이브러리'에 구현되어 있고, 'Plotnine' 같은 라이브러리는 R 의 ggplot 그래프 문법까지 대체합니다.

그리고 R 보다 파이썬 사용자가 더 많기 때문에 문제가 생겼을 때 해결책을 찾아보기가 쉽습니다. 무엇보다 다양한 분야의 개발자들이 사용하는 언어이기 때문에 최신 기술들은 파이썬을 통해 먼저 구현되고 또 최적화됩니다. 현재 딥러닝에 가장 많이 사용하는 구글의 'TensorFlow(텐서플로)'도 C++로 작성되었으며 파이썬을 지원합니다. 혹시 생물학 데이터 처리에 특화된 R 패키지로 작업을 하더라도 다양한 머신러닝을 이용하고 싶으면 파이썬으로 작업을 해야 합니다.

1.2·07 파이썬으로 개발 환경 만들기

아나콘다(Anaconda)를 설치해서 파이썬을 쉽게 사용할 수 있습니다. 참고로 기본(vanilla) 파이썬만 설치했다면 최근에 널리 쓰이는 유용한 패키지들은 따로 하나씩 설치해야 합니다. 'Anaconda'는 가장 유명한 파이썬 배포판이고, 데이터 분석을 위해 사용되는 필수 패키지를 파이썬과 함께 제공합니다. 그리고 리눅스와 윈도우 어떤 환경에든 설치가 가능하며, 배포판에 포함되지 않은 패키지들은 자체 패키지 설치 관리자인 'pip' 기능을 이용해서 추가로 설치할 수 있습니다.

다음 주소(https://www.anaconda.com/download)에서 다운로드하세요.

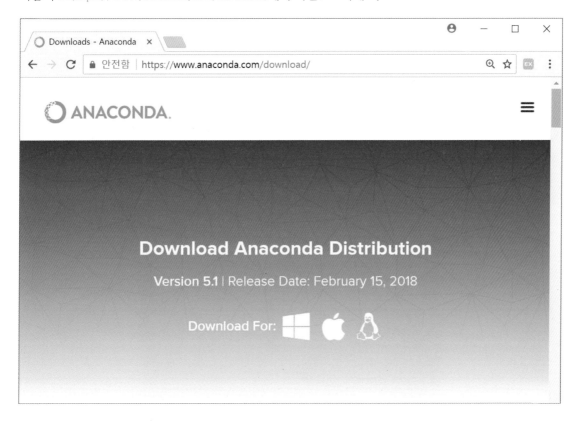

리눅스에 Anaconda 를 설치하려면, 앞에서 언급한 사이트에서 'sh' 파일을 다운받아 실행합니다.

```
$ sh Anaconda3-5.1.0-Linux-x86_64.sh

Welcome to Anaconda3 5.1.0

In order to continue the installation process, please review the license
agreement.
Please, press ENTER to continue
>>>
```

별도의 옵션 없이 기본 설치만 해도 무난하게 끝날 것입니다. 설치가 끝난 뒤 파이썬을 실행합니다.

```
$ python
Python 3.6.4 |Anaconda, Inc.| (default, Jan 16 2018, 18:10:19)
[GCC 7.2.0] on linux
Type "help", "copyright", "credits" or "license" for more information.
>>>
```

개인 PC에 윈도우용으로 설치하면 간단한 데이터 처리를 바로 실행해 볼 수 있고, 만약 PC에 CUDA를 지원하는 GPU(Nvidia社의 그래픽 카드)가 설치되어 있으면 딥러닝도 가능합니다. 우분투에 CUDA 드라이버를 설치하다가 오류가 생기면 윈도우를 사용하게 될 수도 있겠죠.

윈도우에 Anaconda를 설치하면 다음과 같은 앱들이 설치됩니다.

이제, Anaconda Prompt로 들어가서 파이썬을 실행시키면 됩니다.

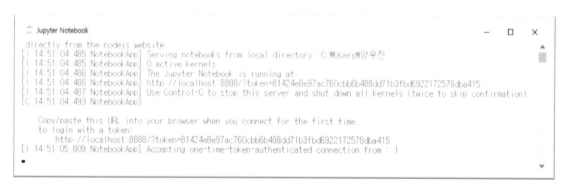

사실 텍스트 기반의 파이썬 코딩은 쉽지 않은데요. 데이터를 입력받아 확인하고 결과를 시각화 하는 일들부터 어렵습니다. 그래서 요즘은 'Jupyter notebook'이라는 웹 기반 인터렉티브 개발 환경을 많이 사용하죠. R을 사용한 경험이 있으면 'R-studio'의 설치와 같다고 이해하면 됩니다. 코드 실행 중의 결과도 즉시 알수 있고 화면에 그래프도 그릴 수 있으며, 이 기능은 Anaconda에 이미 포함되어 있습니다.

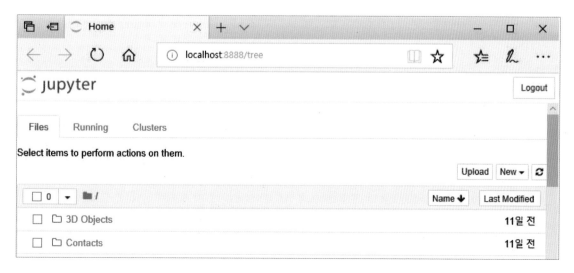

Jupyter notebook은 아무래도 윈도우 환경에서 좀 더 사용이 편리합니다. Anaconda를 통해 설치된 앱 중에 Jupyter notebook을 클릭해 주면 자동으로 두 개의 창이 뜨는데, 하나는 '텍스트 창 서버'이고 나머지는 '브라우저 창의 클라이언트'입니다.

마찬가지로 리눅스에서도 해봅니다. 먼저 jupyter notebook을 실행시켜서 서버를 켭니다.

```
$ jupyter notebook
[I 14:46:36.217 NotebookApp] JupyterLab alpha preview extension loaded from
; …
[I 14:46:36.221 NotebookApp] The Jupyter Notebook is running at: https://localhost:8888/
[I 14:46:36.221 NotebookApp] Use Control-C to stop this server and shut down all kernels (twice to
skip confirmation).
```

서버 실행 화면을 보면 브라우저의 접속 주소가 위와 같이 출력됩니다. 만약 우분투 데스크탑에서 웹 브라우저를 실행할 수 있으면, 저 주소를 넣으면 되죠. 하지만 우분투를 서버로 사용하면서 원격으로 접속하려면 추가 설정이 필요합니다. 먼저 원격에서 아무나 접속하지 못하게 '암호'를 설정해야 하고, '원격 접속이 가능하도록' 설정해 주어야 합니다. 'jupyter ubuntu server setup'나 'Jupyter 원격 설정' 등을 검색해서 문서를 참고하세요.

서버-클라이언트 모델이 조금 복잡해 보이기는 하지만, 설정만 해 두면 이보다 편할 수가 없습니다. PC에서 작업하던 파일을 연구실 서버에 옮겨서 해 볼 수도 있고, 이때는 서버가 리눅스든 아니든 상관이 없습니다. 스마트폰 웹 브라우저로 서버에 접속해서 뭔가를 시도해 볼 수도 있습니다.

> **NOTE**
>
> ### 서버와 클라이언트
>
> '서버'라고 하면 아주 큰 컴퓨터 정도로 생각하기 쉬운데, 쉽게 말해서 항시 대기 상태로 특정 서비스를 제공해 주는 시스템은 다 서버라고 부릅니다. 24시간 편의점이라고 생각하면 될까요? 클라이언트는 서버에게 뭔가를 요청하는 프로그램입니다. 웹 서버를 생각해 보면, 웹 브라우저가 바로 클라이언트 역할을 한다는 것을 알 수 있습니다.
>
> 클라이언트가 서버에게 무언가를 요청할 때는 미리 약속된 요청 서식이 필요한데, 이것을 프로토콜이라고 부릅니다. 브라우저에서 웹 서버에 파일을 요청할 때는 'http'라는 프로토콜을 사용하게 됩니다. 서버는 많은 클라이언트를 처리하느라 덩치가 큰 편인데요. 그렇다고 서버가 항상 복잡하지는 않습니다. 특히 웹 서비스에서는 서버보다 클라이언트가 훨씬 복잡한 일을 하고 있습니다. 서버는 요청에 따라 하드디스크에서 파일을 읽어서 내줄 뿐인데, 클라이언트에서는 화면에 창을 띄우고 특정 위치에 이미지를 뿌려 주는 것처럼 많은 일을 하는 것이죠.
>
> 클라이언트가 원격 서버에 뭔가를 요청하기 위해서는, 그 서버의 주소를 알아야 합니다. 이때 사용하는 것이 'IP 주소'와 'port 번호'죠. IP 주소는 '0'부터 '255' 사이의 수 4개로 구성되는데, 이 주소는 사람이 외우기에 힘들기 때문에 'example.com'과 같이 도메인 네임을 사용하기도 하는데, 이를 위해서 이름을 주소로 변경해 주는 전문 서버가 또 별도로 존재합니다.

또한 각 프로토콜마다 기본 port 번호가 정해져 있는데, 일례로 'http'는 80번 포트입니다. 가령 'http://example.com'을 웹 브라우저에 주소로 입력하면 먼저 '이름을 IP 주소로' 변경하는 작업을 거치고, http의 기본 port 번호인 '80'을 사용해서 http 규약에 맞게 서비스를 요청합니다.

1.3 | 빅데이터는 어디서 구하나?

특정 유전자의 기능을 알기 위해 웹에서 검색을 하는데, 암세포에서 발견된 돌연변이 100만 개의 특성을 뽑겠다고 이걸 일일이 찾아볼 수는 없겠죠. 이럴 때는 유전체 전체에 해당하는 데이터를 확보해서 처리해야 합니다. 대부분 데이터는 가공되지 않고 원본이 그대로 있을 가능성이 높습니다. 데이터가 준비되어 있지 않다면 웹에서 직접 내려받을 수 있습니다.

다행히도 생물정보학 데이터는 공유가 많이 되어 있습니다. 천 명이 넘는 사람의 유전체 정보를 시퀀싱해서 생산한 '1000 Genome Project'나 세포 종류별로 후성 유전체 정보를 모아둔 'ENCODE 데이터' 모두 국제 컨소시엄에서 웹에 올려 두었습니다. 그런 사이트를 찾아 내가 필요한 데이터를 다운로드하면 됩니다.

유전체 데이터의 파일 형식은 대체로 'bed' 파일이나 'tsv, csv' 등의 텍스트 파일로 되어 있습니다. 크기가 커서 압축해 놓은 경우도 있고, 제작자에 의해 독특한 파일 형식으로 만들어진 파일도 있습니다. 가끔은 데이터베이스 주소를 알려주면서 SQL로 데이터를 가져가게 해놓은 곳도 있습니다. 이제부터 데이터를 구할 방법을 알아보겠습니다.

> **NOTE**
>
> **유전자 발현 조절과 전사조절 인자(TF)**
>
> 질병이나 개인의 피부 색깔 같은 형질(phenotype)은 어떻게 결정될까요?
>
> 세포 안에 있는 단백질의 기능에 따라 형질도 달라집니다. 단백질의 기능에 이상이 생기면 질병이 나타납니다. 유전 서열에 따라 유전자 단백질을 구성하는 아미노산이 달라지는데, 이 단백질이 제 역할을 못하게 되면서 질병의 원인을 제공합니다. 그동안 밝혀진 많은 유전질병의 상당수가 이에 해당하죠.
>
> 최근에 많은 주목을 받고 있는 암이나 뇌 관련 정신질환과 관련된 유전 서열의 차이는 단백질의 아미노산을 바꾸지 않는 경우가 허다합니다.

무엇인가가 그 단백질의 발현(expression, 생성과 비슷한 뜻)을 방해하는 것이죠. 유전자로부터 단백질을 만들기 위해서는 전사(transcription, DNA를 RNA로 배껴적기)와 번역(translation, RNA로 부터 단백질을 생성)의 단계를 거쳐야 하는데 도중에 방해를 받으면 형질이 달라지거나 질병을 일으킬 수 있습니다. 이 과정을 유전자 발현 조절이라고 합니다.

이 유전자의 발현 조절에 큰 영향을 미치는 것이 바로 전사조절 인자(TF, transcription factor)입니다. TF는 특별한 서열을 가진 DNA에 붙을(binding) 수 있어서 유전자 발현을 도와 주는 역할을 하는데, 돌연변이가 발생해서 그 서열을 바꿔버리면 결국에는 발현에 영향을 미칩니다.

1.3.01 웹에서 내려받기

웹 페이지에 링크된 파일을 다운받아서 얻게 되는 많은 파일들은 '스크립트'로도 가능한데요. '유전체에 TF가 바인딩되는 부분을 모두 찾아내는' 작업을 예로 들어 보겠습니다. 'ENCODE 프로젝트'에서 여러 종류의 유전체에 TF 들을 바인딩시켜서 'ChIP-seq'을 한 데이터가 있습니다. 다행히도 'ucsc genome browser' 사이트에서 'bed' 형식으로 다운로드할 수 있습니다.

https://genome.ucsc.edu/ENCODE/downloads.html

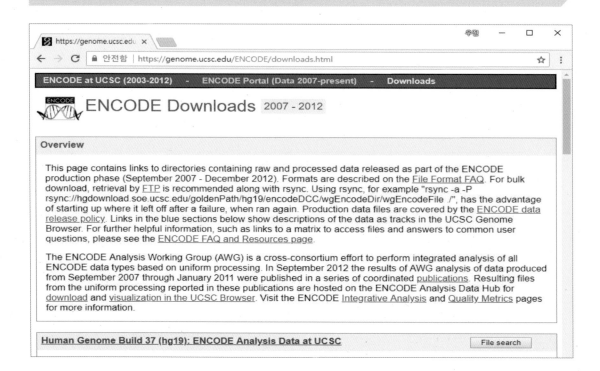

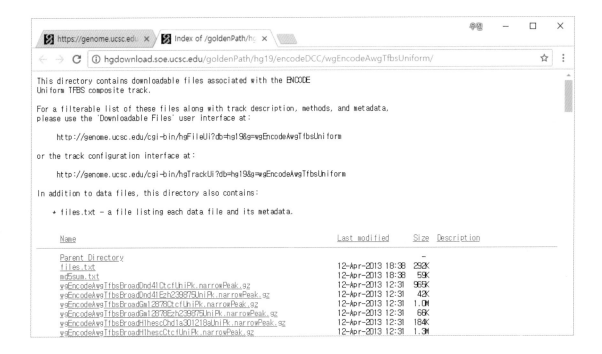

HTTP와 HTML

HTTP는 웹에서 모든 파일들(HyperText)을 전송(Transport)하는 규약(Protocol)입니다. 브라우저에 웹 페이지 주소(URL)를 넣으면, 어느 서버에 있는 어떤 파일인지를 알아내서 서버에 파일을 보내 달라는 요청을 하죠. 이 요청서의 '서식'에 해당하는 것이 바로 'HTTP' 프로토콜입니다. 대부분 사용자가 웹 페이지를 검색할 때는 깊이 알 필요가 없습니다. 하지만 스크립트를 써서 일괄 다운을 받았는데 한두 개가 전송이 안 되는 문제가 생겼을 때, 그 '예외 처리'를 위해 오류를 해석할 수는 있어야 하겠죠. 예를 들어 'bed 파일 전송'을 요청했는데, "404 Not Found" 에러를 받으면 그 파일은 실제로 없는 파일이기 때문에 포기해야 합니다. 그런데 "503 Service Temporarily Unavailable" 에러를 받으면 잠시 후 다시 시도해 보도록 하며, 이런 오류 상황들을 'HTTP 상태 코드'라고 부릅니다. (위키피디아 참조)

HTML은 하이퍼텍스트 마크업 언어(HyperText Markup Language)의 약자로, 웹 브라우저가 화면에 띄우기 위한 파일 형식입니다. 기본적으로는 텍스트만 있어도 웹 브라우저가 출력을 해 줍니다. ⟨b⟩처럼 꺾쇠 괄호에 들어 있는 것을 '태그(tag)'라고 하는데, 텍스트의 서식을 지정하고 이미지를 끼워 넣거나 다른 URL로 링크하라는 등 다양한 의미를 가진 요소입니다. ⟨b⟩는 "그 이후의 텍스트는 굵은 bold 체로 표시하라"는 뜻이고, ⟨/b⟩는 "⟨b⟩ 태그를 해제하라"는 뜻입니다. 또한 우리가 웹 페이지의 특정 요소를 클릭하여 다른 페이지로 넘어가는 것은 그 부분에 ⟨a href="링크된 페이지"⟩ 태그가 적용되었기 때문입니다. 이 태그와 ⟨/a⟩ 사이에 묶인 부분을 클릭하면 링크된 페이지로 넘어가는 것이죠. 다운로드 파일 역시 ⟨a⟩ 태그를 사용합니다. 어떤 bed 파일이 링크되어 있는 부분을 클릭하면, 그 bed 파일을 웹 브라우저로 불러옵니다. 웹 브라우저는 그 파일이 html 등 자신이 해석하여 표시할 수 있는 형식일 경우엔 웹 페이지 형태로 띄워주고, 그렇지 않으면 다운로드받도록 처리합니다.

몇 개의 TF에 대해서 특정 세포만을 대상으로 데이터를 사용할 생각이라면 하나씩 다운로드해도 되겠지만, 이 프로젝트에서는 '유전자 사이의 조절 정보'를 필요로 하기 때문에 다음 파일들을 전부 받아 왔습니다. [파일 이름]을 클릭할 때 다운이 시작되는 이유는 그 이름에 '웹 주소'가 링크되어 있기 때문인데, 웹 브라우저 화면은 사용자가 보기 쉽도록 윈도우에 그려진 것일 뿐 실제로 컴퓨터가 인식하는 것은 소스 코드죠. 브라우저에서 '소스 코드 보기'를 해보면 다음과 같은 글자들이 출력됩니다. 우리가 스크립트를 사용하려면 이 소스 코드 부분을 해석해야 하죠.

```
<pre><a href="?C=N;O=D">Name</a><a href="?C=M;O=A">Last modified</a><a href="?C=S;O=A">Size</a>
<a href="?C=D;O=A">Description</a><hr><a href="/goldenPath/hg19/encodeDCC/">Parent Directory</a>
        <a href="files.txt">files.txt</a>12-Apr-2013 18:38   292K
        <a href="md5sum.txt">md5sum.txt</a>12-Apr-2013 18:38    59K
        <a href="wgEncodeAwgTfbsBroadDnd41CtcfUniPk.narrowPeak.gz">생략</a>
        <a href="wgEncodeAwgTfbsBroadDnd41Ezh239875UniPk.narrowPeak.gz">생략</a>
```

여기서 '⟨a href='로 시작하는 링크가 보이는데, 바로 다운받을 파일의 이름입니다. 보통 주소는 'http://~'로 시작하고 서버 이름도 존재해야 완전한 이름이죠. 여기서는 그 부분이 생략되어 있는데 이 경우는 주소 표시창의 디렉터리를 그대로 사용합니다. 이제 '⟨a href=' 뒷부분을 모두 가져와서 그 앞에 'http://…'를 붙여 주면 다운받을 주소 리스트가 됩니다. 즉, 맨 첫 번째 링크인 'files.txt' 파일의 경우라면 그 전체 주소 (URL)는 다음과 같겠죠.

http://hgdownload.soe.ucsc.edu/goldenPath/hg19/encodeDCC/wgEncodeAwgTfbsUniform/files.txt

---

NOTE

후성유전체 데이터는 어떻게 만들어지나

유전체나 후성유전체 데이터를 찾아보면 RNA-seq나 ChIP-seq, DNase-seq 처럼 seq으로 끝나는 것들이 많습니다. 이런 이름을 가진 데이터들은 여러 방법으로 구한 DNA나 RNA 조각을 시퀀싱해서 얻은 데이터입니다. 세포 내의 모든 RNA를 수집해서 시퀀싱을 하면 RNA-seq이 됩니다. RNA는 DNA로 부터 전사(transcription)한 것인데, 시퀀싱을 통해 어느 유전자가 전사된 것인지를 밝혀내면 유전자 발현 정보를 알 수 있고, 이는 거의 모든 세포에 대해 생산되는 필수 자료라고 할 수 있습니다.

ChIP(Chromatin Immunoprecipitation)은 특정한 단백질만 항체를 붙여서 뽑아낸(Immunoprecipitation) 후에, 그 단백질에 붙은 DNA(또는 RNA) 조각들의 시퀀스를 알아낸 것입니다.

이렇게 하면 어떤 서열에 어떤 단백질이 붙는지 알 수 있겠죠. 그리고 그 시퀀스를 매핑해보면 유전체의 어느 위치에 그 단백질이 있는지도 알 수 있습니다. 유전자의 발현에 TF가 중요한 역할을 하기 때문에 중요한 TF들에 대한 ChIP-seq 데이터가 활발히 생산되고 있습니다.

DNase는 DNA를 분해하는 효소입니다. 그런데 다른 단백질들이 보호하고 있는 DNA는 분해하지 못합니다. 그래서 DNase-seq로 분해되지 않은 DNA들의 시퀀스를 구할 수 있습니다. 분해되지 않는 것보다는 분해되는 시퀀스가 더 중요한데, 분해되는 부분은 다른 단백질이 붙을 수 있다는 것을 의미하기 때문에 open chromatin으로 불립니다. TF들도 주로 이런 부분에 붙습니다. 그래서 이 데이터를 가장 비중있게 사용합니다.

ChIP 실험은 세포 종류별, TF 종류별로 생산해야 하기 때문에 아무래도 비용이 많이 들고 데이터 종류도 많을 수 밖에 없습니다. 반면 DNase 실험은 세포를 종류 별로만 생산하면 됩니다. 머신러닝 기법을 이용하면 DNase 결과에서 TF바인딩을 예측할 수도 있기 때문에 ChIP-seq은 우선순위가 많이 밀려나게 됩니다. 최근에는 단일 세포(single cell) 시퀀싱 데이터가 많이 생산되는데 이 때도 DNase와 비슷한 성격의 데이터인 ATAC-seq가 RNA-seq과 함께 많이 생산됩니다.

1.3.02 스크립트로 데이터 긁어오기

우리는 파이썬으로 html(웹 페이지 소스)을 해석하여 '파일 링크'를 추출하고 저장할 수 있습니다. 특정 URL로부터 파일을 읽어 와 파일 형태로 다시 저장하는 것도 가능하고, 특히 'BeautifulSoup' 패키지는 html을 아주 쉽게 해석할 수 있게 해줍니다. 셸 스크립트를 사용할 수 없는 경우라면 이 방법을 사용해야 하는데, 필요하다면 'file download with beautifulsoup'를 검색해 보기 바랍니다.

자, 그럼 배시(bash) 스크립트를 만들어서 다운받는 방법을 알아보죠. 웹에서 파일을 다운로드하는 유틸리티로는 'wget, curl' 등이 있는데, URL만 알고 있다면 파일을 받을 수 있습니다. 참고로 파일을 받을 때에는 'wget'이 더 편리합니다. 먼저 wget이 문제없이 작동하는지를 테스트해 보고, 이상이 없으면 패키지를 설치합니다. 윈도우 환경에서 구동시킨 셸에서는 'wget.exe'라는 실행 파일을 따로 설치하면 됩니다.

```
$ wget http://www.example.com/
```

그러면 "'index.html' saved"라는 메시지가 나타나죠. wget은 지정한 주소에 해당하는 파일을 다운받습니다. '/' 형태로 끝나는 주소에 해당하는 파일은 대부분 'index.html'인데요. 이제 TF 데이터가 대량으로 링크 걸려 있는 주소를 넣어서 다운받아 보겠습니다.

```
$ wget http://hgdownload.soe.ucsc.edu/goldenPath/hg19/encodeDCC/wgEncodeAwgTfbsUniform/
```

이번에는 'index.html.1' 파일이 저장되었습니다. 원래는 'index.html'로 다운받아야 하는데, 이미 같은 이름의 파일이 있는 경우에는 이름을 바꿔서 다운받게 되죠. 파일들을 다 다운로드했다고 생각했는데 이름이 바뀌어 있어 말썽이 되기도 하기 때문에 각별히 주의해야 합니다.

저장된 'index.html.1' 파일을 편집기로 열어 보면 소스 코드를 그대로 볼 수 있습니다. 그리고 여기서 '〈a href'로 시작하는 'narrowPeak.gz' 파일들도 볼 수 있죠. 이제 이 파일 이름들을 수집하여 리스트를 만들면 됩니다. 소스 코드를 보니 파일 이름들이 모두 큰따옴표("")로 둘러싸여 있고, '같은 위치'에 있음을 알 수 있죠. 각 라인을 '큰따옴표' 기준으로 나눈 다음에 두 번째 항목만 파라미터로 취하라고 하면 되겠군요. 그 다음 'gz'으로 끝나는 줄만 뽑아 주면 되겠습니다.

```
<a href="files.txt">files.txt</a>12-Apr-2013 18:38   292K
<a href="md5sum.txt">md5sum.txt</a>12-Apr-2013 18:38    59K
<a href="wgEncodeAwgTfbsBroadDnd41CtcfUniPk.narrowPeak.gz">생략</a>
<a href="wgEncodeAwgTfbsBroadDnd41Ezh239875UniPk.narrowPeak.gz">생략</a>
```

이처럼 받아야 하는 파일이 같은 파일 형식으로 되어 있으면 편해집니다. 우선 각 라인에서 큰따옴표를 기준으로 자른 다음에, 두 번째 요소만 잘라내 보겠습니다. 다음과 같이 실행해 봅니다.

```
$ cut -d"\"" -f2 index.html.1
```

여기서 'cut'이 바로 "일부만 잘라내라"는 뜻이고, 자르는 기준은 '-d'로 지정해 주었는데 큰따옴표(")를 넣었습니다. 이를 따옴표로 싸 줘야 하는데, 따옴표는 특수한 문자라서 앞에 '₩(\)'까지 넣어 주어야 합니다. 잘라낸 다음에 두 번째 항목만 가져오라는 뜻으로는 '-f2' 옵션을 지정해 줍니다. 그러면 다음과 같은 결과를 볼 수 있습니다.

```
files.txt
md5sum.txt
wgEncodeAwgTfbsBroadDnd41CtcfUniPk.narrowPeak.gz
```

```
wgEncodeAwgTfbsBroadDnd41Ezh239875UniPk.narrowPeak.gz
```

불필요한 파일도 존재합니다. 필요한 파일은 이름이 'gz'로 끝나는 압축 파일 형태죠. 텍스트에서 특정 문자열이 들어있는 것만 프린트하라는 명령어가 'grep'인데요. 파이프(|)를 이용하여 붙입니다.

```
$ cut -d"\"" -f2 index.html.1 | grep "gz$" > list
```

뭔가 암호같아 보이지만 cut 명령의 결과가 '파이프(|)' 뒤쪽으로 넘어가고, grep 는 이렇게 넘어온 텍스트에서 'gz'으로 끝나는($은 라인의 끝을 표시) 라인들만 list 에 저장하게 되죠.

```
wgEncodeAwgTfbsBroadDnd41CtcfUniPk.narrowPeak.gz
wgEncodeAwgTfbsBroadDnd41Ezh239875UniPk.narrowPeak.gz
```

그 결과 list 에는 'gz'으로 끝나는 파일들만 저장됩니다. 만약 이 중에서 특정 TF 에 대한 리스트만 받고 싶다면 grep 로 한번 더 걸러 주면 되죠. 이제 list 를 이용하여 wget 으로 다운로드할 수 있습니다.

```
$ wget -i list --base=http://hgdownload.soe.ucsc.edu/goldenPath/hg19/encodeDCC/wgEncodeAwgTfbsUniform/
```

'–i' 옵션을 사용해서 list 에 들어 있는 파일을 다운받게 되는데, 웹에서 파일을 다운로드하려면 전체 URL을 다 알고 있어야 하기 때문에 모든 파일이 함께 위치하고 있는 주소를 'base'를 지정합니다.

지금까지는 여러 유틸들의 기능을 설명하기 위해 여러 단계를 거쳤는데, 사실 wget 에는 막강한 기능이 있습니다. 바로 해당 웹 페이지에서 링크된 모든 파일들을 전부 다운로드하는 기능이죠.

```
$ wget -e robots=off -r -l1 --no-parent -A.gz
```

가장 중요한 옵션인 '–r'은 'recursive(반복되는)'를 의미합니다. 즉, "링크된 것을 다 받으라"는 뜻이죠. 이때 링크된 파일에 다시 링크가 있으면 그것 역시도 다 다운로드하게 되는데, 그래서 1번 이상은 깊이 들어

가지 말라는 옵션이 바로 '-l1'입니다. 이는 '레벨 1'까지만 들어가라는 뜻이고, '--no-parent' 옵션은 혹시 더 위로 올라가는 링크가 있더라도 무시하라는 뜻입니다. '-A' 옵션은 "뒤에 나오는 확장자만 accept 하라"는 뜻이며, 마지막으로 '-e robots=off' 옵션은 해당 웹 페이지의 '로봇 방지'를 무시하고 다운받으라는 뜻입니다. wget 의 설명서를 한 번 읽어 보시면 다양한 상황에서 보다 쉽게 다운받을 수 있습니다. 이미 받은 파일을 건너뛰라는 '-nc' 옵션 등 유용한 옵션이 많습니다. 많은 파일을 받아야 하는데 중간에 끊어지거나 오류로 건너뛴 파일이 있을 때 쓰면 좋겠죠.

최근에는 '인간 게놈 프로젝트(Human Genome Project)'를 확장시킨 '1000 Genomes Project'가 유전체 변이 데이터를 생산하였는데요. 원래 인간 게놈 프로젝트는 '사람의 표준적인 염기 서열'을 알아내는 것이 목적이었습니다. 그런데 사람마다 염기 서열에 차이(변이)가 있고, 이에 따라 얼굴 모습이나 질병에 걸릴 가능성(형질) 등이 변화하기 때문에 유전체의 어느 부분이 어떤 형질에 영향을 주는지를 연구하기 위해서는 다양한 인간의 유전체 정보가 필요합니다. 그래서 1000 Genomes project 의 경우에는 다양한 인종으로 구성된 인간 1000명 이상의 유전체를 해독하는 국제적 프로젝트이고, 모든 데이터가 공개되어 있습니다.

이 데이터의 중요한 쓰임 중 하나는, 개인의 일부 유전 변이 데이터만으로 전체 유전 변이를 유추하는 데에 있습니다. 사람의 유전체에서 변이를 모두 찾으려면 'WGS(Whole Genome Sequencing)'을 해야 하는데, 일부 변이만 검출하는 것은 훨씬 비용이 저렴한 'DNA 마이크로어레이(microarray)'만으로도 충분하죠. 그동안 연구해 온 '유전 변이와 질병의 관계를 밝히는 연구(GWAS, Genome-wide association study)'에는 수십만 명을 대상으로 한 케이스도 있는 만큼 WGS 를 사용할 수는 없어서 부분적 변이 정보만 생산하여 연구를 한 것입니다. 질병과 관련이 있는 전체 변이를 대상으로 원인 관계를 찾는 연구를 수행하면서 1000 Genomes 데이터를 유용하게 사용했었죠.

이 역시 한두 개의 변이 데이터만 사용하려면 웹 페이지를 이용할 수 있지만, 대량의 작업을 수행하기 위해서는 다운로드를 받아야 합니다. FTP 형태로 제공하고 있는데, wget 을 이용하면 쉽게 전체를 받을 수 있습니다.

이 데이터를 전부 다 받으면 10GB가 훌쩍 넘어갑니다. 속도가 느린 편이기 때문에 분석할 때마다 이 데이터를 다 받아야 한다면 부담스럽죠. 데이터 중 일부만 다운받기 위해서는 'tabix'를 사용합니다.

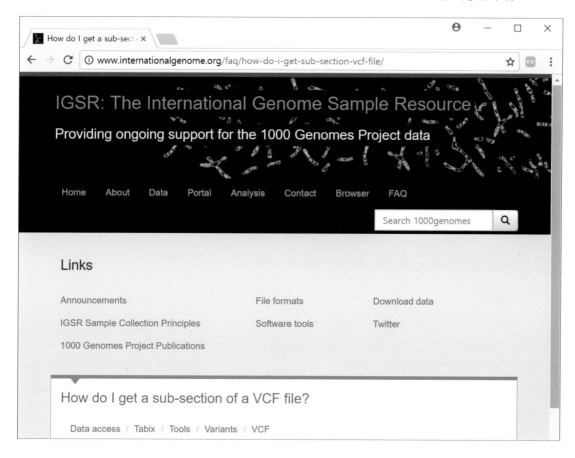

```
$ tabix -h ftp://ftp.1000genomes.ebi.ac.uk/vol1/ftp/release/20130502/ALL.chr2.phase3_shapeit2_
mvncall_integrated_v5a.20130502.genotypes.vcf.gz 2:39967768-39967768
```

옵션으로 '-h'를 붙이면 '헤더' 부분을 포함합니다.

```
##fileformat=VCFv4.1
##FILTER=<ID=PASS,Description="All filters passed">
##fileDate=20150218
##reference=ftp://ftp.1000genomes.ebi.ac.uk//vol1/ftp/technical/reference/phase2_reference_assembly_
sequence/hs37d5.fa.gz
```

```
##source=1000GenomesPhase3Pipeline
##contig=<ID=1,assembly=b37,length=249250621>
##contig=<ID=2,assembly=b37,length=243199373>
##contig=<ID=3,assembly=b37,length=198022430>
##contig=<ID=4,assembly=b37,length=191154276>
;    헤더부분 중략

2    39966811    esv3590439  G   <CN0>   100 PASS    AC=1;AF=0.000199681;AN=5008;CIEND=-3,4;CI
2    39967768    rs11124691  T   A   100 PASS    AC=2426;AF=0.484425;AN=5008;NS=2504;DP=18448;
```

일반적인 'VCF' 파일과 같은데, 옵션으로 넣은 일부분만을 다운로드하는 것을 볼 수 있습니다. 이를 파일로 저장하기 위해서는 '>'를 써서 '넘겨주기(리다이렉트, redirect)'를 해야 하는데, 리다이렉트와 관련된 내용은 뒷부분인 **2.2.1 여러 데이터 형식** 파트에서 따로 설명하도록 하겠습니다.

> **NOTE**
>
> ### 유전 변이의 종류와 1000 유전체 프로젝트
>
> 휴먼게놈 프로젝트로 인해 인간이 공통으로 가지고 있는 DNA서열에 대해서 알게 되었습니다. 대부분의 인간은 30억 염기 서열의 거의 같은 유전 서열을 가지고 있습니다. 그런데, 완전히 똑같지는 않고 사람마다(실제로는 세포마다) 수백만 곳 정도에서 차이가 납니다. 이런 것들을 뭉뚱그려 변이(variation)라고 부릅니다. 이 변이에 의해서 눈색깔도 변하고 키도 변하고, 암세포도 만들어지는 것입니다.
>
> 변이에도 여러 종류가 있습니다. 가장 공통적으로 나타나는 변이는 다형성(polymorphism)이라고 부릅니다. 인구의 1% 이상이 가지고 있는 경우를 주로 부릅니다. 한 집안이나 부족에서만 발견되는 변이도 있습니다. 희귀 변이(rare variant)라고도 부릅니다. 부모의 정자나 난자에서 생기는 바람에 그 자식에게만 물려주게 된 변이(germline mutation, 생식세포 돌연변이)도 있는데, 한두 명만 가지고 있는 경우도 있기 때문에 개인 유전체를 모두 알아야만 발견할 수 있습니다. 더욱 극단적인 경우로 한 사람의 일부 세포만 가지고 있는 변이(somatic mutation, 체세포 돌연변이)도 있습니다. 암세포가 이런 돌연변이 때문에 생긴 것입니다.
>
> 질병과 유전변이의 연구에는 SNP(스닙)를 많이 사용합니다. DNA 염기서열에서 하나의 염기서열 차이를 보이는 변이를 SNP(Single Nucleotide polymorphism, 단일 핵산염기 다형성)이라고 하는데, 다형성이라는 말에서 알수 있듯이 인류의 1% 이상이 이 부분에 변이를 가지고 있기 때문에 질병 걸린 사람과 아닌 사람의 유전체를 조사해서 통계를 낼 수가 있기 때문에 선호됩니다. GWAS(genome-wide association study)라는 연구가 바로 이 SNP과 질병과의 통계적 관계를 밝히는 연구입니다. 전 인류 중에서 한 두명만 가지고 있는 희귀한 변이는 통계적 가치가 없기 때문에 사용하기 어렵습니다. GWAS의 결과를 보면 SNP중에서 대표적인 것 약 100만개만 따로 뽑아서 질병과의 관계를 밝히고 그 중 가장 의미 있는 것을 보고하고 있는 것을 알 수 있습니다.

SNP가 인간의 생김새나 질병을 연구하는데 필요하지만, 인류가 얼마나 많은 SNP을 가지고 있는지는 확실하지 않습니다. 수천명을 대상으로 유전 서열을 알아내서 1% 이상이 공유하고 있는 SNP을 찾아보면 어떨까요? 한 사람의 유전 서열 전체를 완전히 알아내는 것은 돈이 많이 드는 일입니다. 그래서 휴먼게놈 프로젝트처럼 국제 프로젝트로 추진한 것이 1000 유전체 프로젝트입니다. 개인이 가진 변이 하나 두개가 아닌 유전체처럼 변이의 전체를 다루는 변이체학(Variomics)을 가능하게 하였습니다.

1.3.03 HTTP로 요청하기

정해진 데이터의 링크를 통해, 웹에서 통째로 다운받을 수 있다면 데이터를 얻는 데 큰 어려움은 없을 겁니다. 보통 수준의 실험 결과들은 '특정 위치에서 어떤 신호가 발견되었다' 정도로 단순하기 때문에 웹 페이지에서 바로 다운받을 수가 있는데요. 그런데 수만 개에 이르는 '유전자 분포'와 수십만 개의 '유전 변이 분포의 일치도'와 같이 조합이 2개 이상이 되면 곤란한 일이 생깁니다.

모든 조합에 대한 데이터를 미리 생산해서 저장해 놓을 수가 없기 때문이죠. 그리고 직접 새로운 데이터 처리 기법을 개발했어도, 여러 옵션이 있어 매 실험마다 결과가 달라진다고 하여 모든 가능한 옵션에 대해서 표를 제공할 수는 없는 일입니다. 이런 경우, 웹 페이지로 만들어 두고 일일이 요청을 받아서 데이터를 제공하게 되는데요. 웹에서 데이터를 전송받으려면 'Ensembl genome browser'를 사용하게 됩니다. 다음의 주소로 들어가 보면 특정 ID에 겹치는 곳들을 모두 추출하는 방법을 찾을 수 있습니다.

https://rest.ensembl.org/documentation/info/overlap_id

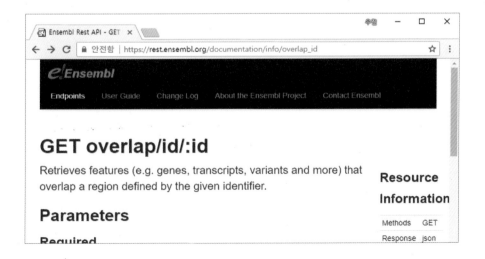

이 웹 페이지는 아주 친절하게 쉬운 예제와 각 언어별로 어떻게 데이터를 가져올 수 있는지 보여줍니다. 파이썬이나 각자 선호하는 언어로 찾아보세요. 다음은 웹에서 데이터를 가져오는 가장 전형적인 예제입니다.

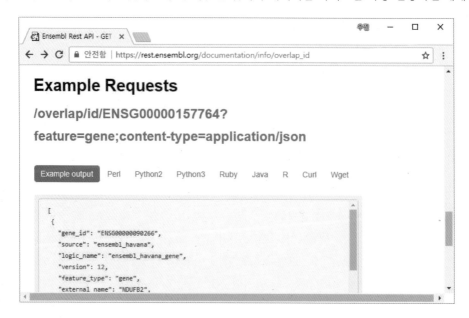

우선 주소창을 보면 "https://rest.ensembl.org"라는 '서버 주소'가 보이는데요.

이어 "/overlap/id/ENSG00000157764"까지가 링크된 URL 이죠. 여기에 '?'가 붙고 'feature=gene;content-type=application/json'이 들어가는데 이 부분은 'REST' API 의 'GET' 메소드를 호출하기 위해 옵션을 넘겨주는 부분입니다. 서버 이름에 'rest'가 들어 가는 이유가 여기에 있죠. 링크를 눌러 보겠습니다.

결과는 엄청 복잡해 보이지만, 괄호 안을 잘 보면 [{이름:값, 이름:값, …}, {…}] 형식인 것을 볼 수 있습니다. 이 형식은 'JSON'이라고 불리는 데이터 표현법인데요. URL 을 호출할 때 content-type 을 'application/json'으로 해달라고 REST 를 통해 요청했기 때문에 해당하는 형식으로 출력된 것입니다. 만약 'bed' 파일로 출력받고 싶으면 이렇게 요청하면 됩니다.

> https://rest.ensembl.org/overlap/id/ENSG00000157764?feature=gene;content-type=text/x-bed

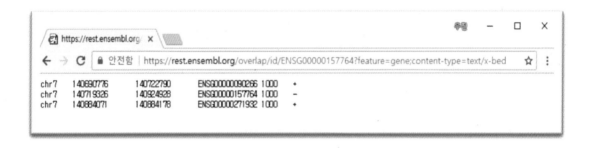

이 링크를 그대로 wget으로 호출해서 저장해 보면 다음과 같습니다. 여기서 주의할 점은, bash에서 ';(세미콜론)'은 여러 명령어를 연속으로 쓸 때 구분하기 위해 약속된 '특수 기호'이기 때문에, 일반 문자로 쓸 때에는 반드시 '₩(\)'를 붙여 주어야 한다는 점입니다.

```
$ wget https://rest.ensembl.org/overlap/id/ENSG00000157764?feature=gene\;content-type=text/x-bed
; (로그 생략)
'ENSG00000157764?feature=gene;content-type=text%2Fx-bed' saved [144/144]
```

특이한 이름으로 저장되었습니다. URL의 마지막 부분과 "?"가 포함된 부분이 모두 파일 이름이 되었네요. 이유는 웹 서버에서 결과를 넘겨줄 때 '지정된 파일명'이 없었기 때문입니다. 특히 REST API를 이용하게 되면 호출할 때마다 다양한 결과가 나올 수 있기 때문에 저장될 파일 이름은 wget에서 '-o' 옵션으로 지정해 주는 것을 추천합니다. 결과는 웹 페이지에서 본 것과 같습니다.

```
$ cat ENSG00000157764\?feature\=gene\;content-type\=text%2Fx-bed
chr7    140690776       140722790       ENSG00000090266 1000    +
chr7    140719326       140924928       ENSG00000157764 1000    -
chr7    140884071       140884178       ENSG00000271932 1000    +
```

같은 작업을 파이썬에서도 할 수 있는데, 여기서는 JSON을 다루기가 훨씬 편합니다. Ensembl에서 제공하는 코드를 그대로 돌려 봅니다.

```
import requests, sys
server = "https://rest.ensembl.org"
ext = "/overlap/id/ENSG00000157764?feature=gene"

# 웹페이지를 가져오는 부분
r = requests.get(server+ext, headers={ "Content-Type" : "application/json"})
if not r.ok:
  r.raise_for_status()
sys.exit()

# 웹페이지를 JSON형식으로 변경
decoded = r.json()
print(repr(decoded))
```

여기에 pandas 의 DataFrame 이 간소할 것 같아서 추가 작업을 해봤습니다. 다음을 보면 한눈에 들어오죠.

```
from pandas import DataFrame

DataFrame(decoded)
```

	assembly_name	biotype	description	end	external_name	feature
0	GRCh38	protein_coding	NADH:ubiquinone oxidoreductase subunit B2 [Sou...	140722790	NDUFB2	
1	GRCh38	protein_coding	B-Raf proto-oncogene, serine/threonine kinase ...	140924928	BRAF	
2			RNA, U6 small			

NOTE

GET 과 POST

HTTP를 이용해서 서버에 여러 값을 전달할 때 'REST API'라는 것을 사용하는데, API 메소드는 크게 'GET'과 'POST'가 있습니다. GET 방식에서는 URL에 '?'가 붙고 뒤에 '변수=값' 쌍이 '&'로 연결되어 여러 개가 들어가는 형식으로 데이터를 보냅니다. 서버에 URL을 요청하면서 '?' 뒤에 있는 데이터를 전달하는 것인데, 사용법이 단순해서 간단한 변수 정도를 보낼 때 적합합니다. GET이 더 편하지만, 글자수에 제한이 있고 URL이 길어 보이기 때문에 긴 내용은 보낼 수 없습니다.

만약 게시판에 긴 글을 쓰는 경우 이 글을 어떤 방식으로든 서버에 보내야 하는데, GET으로는 보낼 수 없기 때문에 새로운 방법을 생각해야 합니다. 이때 필요한 것이 바로 'POST' 메소드죠. 서버에 보내는 데이터가 주소창에는 보이지 않고, 'HTTP request' 시에 이어서 보내는 방식입니다. 주소창에 보이지 않기 때문에 회원 로그인을 할 때의 암호도 POST를 통해 보내고, 사진을 올린다든지 등의 바이너리 파일을 올릴 때에도 이를 사용합니다.

인터넷 뉴스 같은 것을 공유하고 싶을 때는 URL 주소를 복사해서 보내줄 텐데, 아무 뉴스 기사나 한 번 열어 보기 바랍니다. 분명 URL 뒤에 '?'와 '&'로 이 뉴스를 찾기 위한 아이디를 지정한 것이 보일 겁니다. 바로 GET을 쓰기 때문에 가능한 것이죠. 만약 뉴스를 찾는 데이터를 POST로 보내도록 만들었다면, 그 주소를 다른 사람에게 보내 봐야 같은 뉴스 페이지로 들어올 방법이 없습니다. 이렇게 GET은 URL의 일부처럼 '같은 입력에 같은 출력이 나올 때', 즉, '유일성'과 '지속성'이 있을 때 사용하기를 권장합니다. Ensembl과 같은 GET을 쓰는 페이지는 wget으로 다운받아도 될 정도로 단순하기 때문에 bash에서도 쉽게 다운받을 수 있고 자동화도 쉬운 반면, 데이터를 받기 위해 직접 손으로 옵션을 입력해서 POST를 사용해야 할 경우는 복잡합니다. 결과물도 텍스트가 아니라 웹 브라우저에 예쁘게 띄워 주기 위한 HTML 형식으로 오는 경우가 많죠. 이럴 때에는 HTTP와 HTML을 잘 분석하면 가능하긴 하지만, 포털의 댓글 조작 매크로만큼이나 복잡한 일이 될 수 있습니다.

1.3.04 / SQL로 다운받기

대량의 데이터를 제공하는 또 다른 방법은 'DB(데이터베이스)'를 이용하는 것입니다. 일반적으로 DB에 데이터를 저장하거나, 저장된 데이터를 검색하기 위해서는 'SQL(Structured Query Language)'을 사용해야 합니다. 제대로 쓰려면 새로운 문법을 배워야 하지만, 특정 조건의 데이터를 가져오는 정도의 명령은 예제로도 쉽게 익힐 수 있습니다.

SQL을 사용하려면 'DBMS(DataBase Management System, 데이터베이스 관리 시스템)'를 설치해야 하는데, 오픈 소스로 제공되는 mySQL이 무난하게 사용됩니다. 우분투를 설치했다면 아마 설치가 되어 있지 않을 것입니다. 서버까지는 필요 없고 클라이언트만 설치해 주면 됩니다.

```
$ mysql
The program 'mysql' can be found in the following packages:
 * mysql-client-core-5.7
 * mariadb-client-core-10.0
Ask your administrator to install one of them
$ apt-get install mysql-client-core-5.7
```

유전체 정보가 가장 다양하게 많이 있는 곳은 역시 'UCSC Genome Browser'라 할 수 있습니다. 여러 연구에서 생산된 대규모의 데이터들이 이곳의 DB에 업로드되어 있죠. 다양한 정보를 DB로 관리하고 있기 때문에 SQL을 사용하면 유전체 특정 위치의 데이터를 자유롭게 가져올 수 있습니다.

https://genome-asia.ucsc.edu/cgi-bin/hgGateway

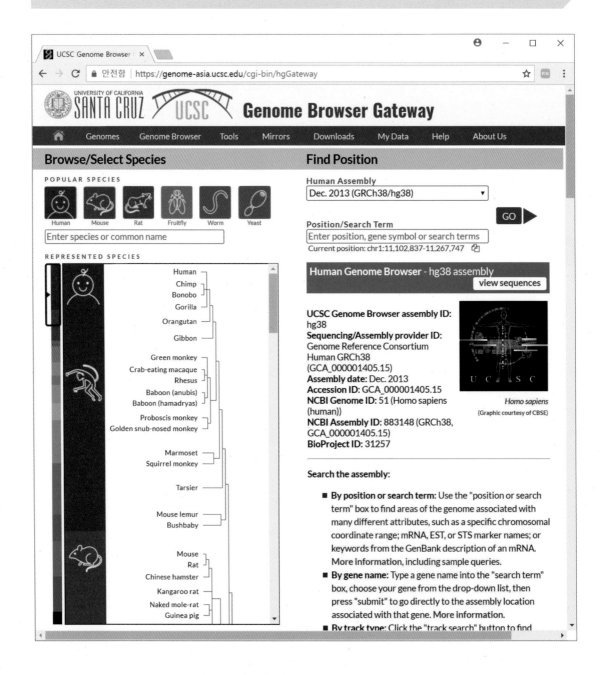

'Genome Browser'에서 디폴트값 그대로 보기를 하면 이러한 화면을 볼 수 있습니다. 유전체의 특정 부분 (여기서는 chromosome1의 11,102,837에서 11,267,747까지)에 기록된 다양한 데이터들을 그래픽으로 보여주고 있죠.

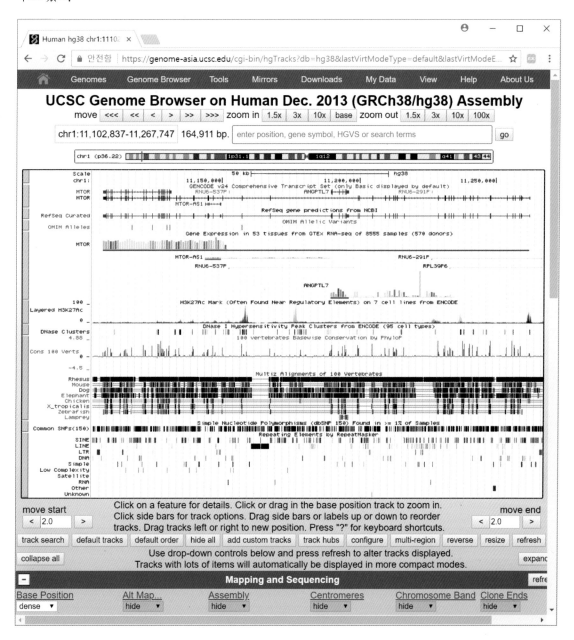

질병과 관련된 유전 변이를 하나 찾았을 때 주변에 어떤 특징이 있는지를 알아보려면 그래픽으로 보는 것도 좋죠. 하지만 질병 관련이 의심되는 1,000개의 유전 변이가 공통으로 가지는 특성을 알고 싶으면 그래프가 아니라 표로 데이터를 추출해야 합니다. Genome Browser는 표로 보여주는 페이지 역시 가지고 있습니다.

https://genome-asia.ucsc.edu/cgi-bin/hgTables

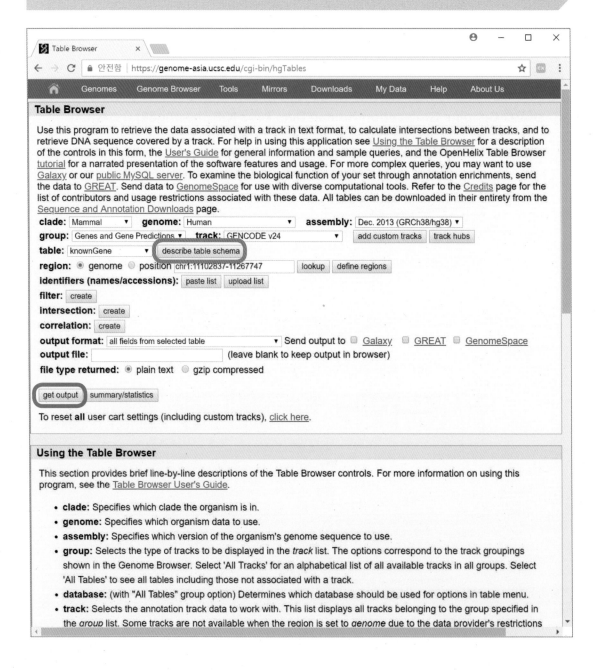

디폴트값 그대로 [get output] 버튼을 누르면 테이블이 출력되는데, 이를 '다른 이름으로 저장'하게 되면 'tsv' 파일로 저장되는 것을 확인할 수 있습니다. 참고로, 디폴트값은 '유전체 전체(region에 genome 옵션)'를 다 다운로드하는 것입니다.

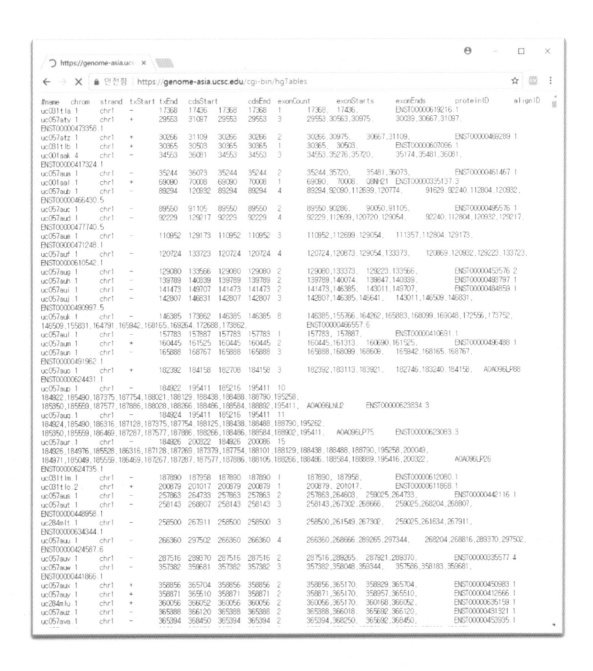

이제 SQL을 이용해서 같은 데이터를 구해 보겠습니다. 여기서 가장 먼저 확인해야 할 것은 'DB'와 'table'의 이름이고, 그 다음 이 table의 각 'field'가 어떤 형식으로 저장되어 있는지(스키마 또는 scheme로 지칭)입니다.

앞서 보여준 table browser의 table 옆에 있는 [describe table scheme] 버튼을 누르면 확인할 수 있습니다.

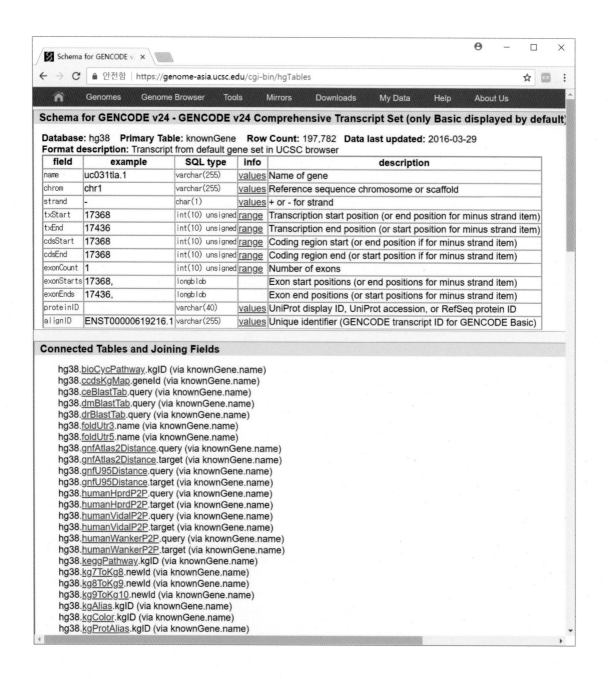

DB 의 이름은 'hg38', table 이름은 'knownGene' 그리고 'chromosome, txStart, txEnd' 등이 field 로 포함되어 있습니다. 이 table 중에서 특정 구역에 대해 값을 가져오도록 SQL 명령문을 만들어 보겠습니다.

먼저 값을 가져오는 구문은 'SELECT'로 시작하고 그 뒤에 field 이름을 콤마(,)로 구분하여 넣습니다. 그리고 FROM 과 table 이름을 써주는 것이 기본 문법입니다. 모든 field 를 다 가져 올 때는 '*'를 쓸 수 있습니다. 끝으로 SQL 은 세미콜론(;)을 써야 완성됩니다.

```
$ mysql --user=genome --host=genome-mysql.soe.ucsc.edu -A -P 3306
mysql> use hg38
Database changed
mysql> SELECT * FROM knownGene;
```

먼저 mysql 클라이언트를 실행시키는데, 이때 서버 접속을 위한 파라미터(https://genome—asia.ucsc.edu/goldenPath/help/mysql.html 참고)를 넣어 줍니다. 클라이언트를 실행한 후에는 사용할 DB 이름을 지정(use 명령)해 주고, 다음으로 SQL 구문을 써주면 완성됩니다. 특정 조건에 맞는 행(row)만 검색할 때에는 'WHERE' 구문을 추가해 주면 되죠. WHERE 뒤에는 '조건식(field 이름 값 범위, AND, OR 으로 구성)'을 작성해 줍니다.

```
mysql> SELECT * FROM knownGene
    -> WHERE (chrom="chr1") AND (txStart < 2000000) AND (txEnd > 1000000);
...결과 출력 생략
417 rows in set (0.41 sec)
```

셸 스크립트에서 mysql 클리이언트을 통해 직접 구문을 사용할 수도 있습니다. SQL 문에 '--excute' 옵션으로 넣어 주고 사용할 DB 이름을 지정(use 명령)한 후, 다음으로 SQL 구문을 써 주면 완성됩니다. 결과는 stdout(화면으로 출력)으로 나오는데 '>'를 써서 파일로 저장해 줄 수 있습니다.

```
$ mysql --user=genome --host=genome-mysql.soe.ucsc.edu -A -P 3306 -D hg38 \
--execute "SELECT * FROM knownGene WHERE (chrom=\"chr1\") AND (txStart < 2000000) \
AND (txEnd > 1000000);" > result
```

```
$ cat result
name          chrom    strand    txStart  txEnd    cdsStart  cdsEnd (생략)
uc010nyc.1    chr1     -         998961   1000172  999058    999973
uc001aci.3    chr1     -         998963   1000111  999058    999973
uc057ayq.1    chr1     +         1001137  1014541  1014004   1014478
(생략)
```

여기서 주의해서 봐야 할 것은 '--excute'의 옵션으로 들어갈 문자열에 따옴표(")를 사용해야 할 경우, 따옴표 안에 따옴표가 또 있다는 것인데요. 이때는 \" 형식으로 '문자열 안의 따옴표'임을 명시한 것입니다.

> **NOTE**
>
> ### 관계형 데이터베이스
>
> SQL은 '구조적 데이터 질의 언어(Structured Query Langage)'의 약자로 관계형 DB(RDB)에서 자료를 처리하는 구문입니다. 어느 DB에서나 기본적으로 제공하고 있긴 한데, DBMS에 따라 사용하는 SQL에는 조금씩 차이가 있습니다. 상업용 DBMS로 유명한 '오라클'과 오픈 소스 DBMS인 'MySQL' 모두 표준과 조금 다른 문법을 가지고 있습니다. 하지만 다행히도 'SELECT' 등 데이터를 가져오는 구문은 크게 다르지 않습니다. 만약 자신만의 DB를 유지/관리해야 한다면 좀 더 알아볼 필요가 있습니다.
>
> DB에는 모든 데이터가 테이블로 구성되어 있다고 생각하면 쉽습니다. 각 테이블의 열은 '필드(field)'라고 부르는데, '한 세트의 필드'로 구성된 테이블의 한 행은 '레코드(record)'라고 부릅니다. DB를 처음 만들 때에는 빈 테이블을 만들어 넣는데, 내용이 비었어도 그 안에 어떤 필드가 들어갈지 구성해 두어야 합니다. 이 구성을 흔히 '스키마(scheme)'라고 부릅니다. SQL의 테이블 조작을 위한 명령에는 'CREATE(생성), DROP(삭제), ALTER(변경)' 등이 있는데 SQL에서 키워드(SELECT 등)는 소문자로 써도 동작합니다. 그런데 유난히 대문자로 쓰는 경우가 많죠. 최고 관리자가 DROP 명령어를 쓰면 테이블이 통째로 날아가 버립니다.
>
> 만들어진 테이블의 값을 변경하기 위해 사용하는 명령에는 'INSERT(입력), DELETE(삭제), UPDATE(수정)'가 있는데요. INSERT는 필수 필드를 다 채워서 한 레코드씩 입력하게 됩니다. DELETE는 특정 조건에 맞는 레코드들을 모두 없앨 수 있기 때문에 WHERE를 써서 조건을 제대로 넣어 주지 않으면 원하지 않는 데이터가 사라질 수도 있습니다. UPDATE 역시 마찬가지로 특정 조건의 레코드에서 필드값을 수정하게 되기 때문에 WHERE를 쓰지 않으면 한 테이블에 들어 있는 모든 데이터가 수정되는 비극이 벌어집니다.
>
> 데이터를 수정하지 않고 읽기만 하는 대부분의 사용자들은 'SELECT' 명령만 알면 됩니다. 하지만 DB를 제대로 사용하려면 SELECT 문이 가장 걸림돌이라고들 하죠. 한 테이블의 특정 조건에 맞는 데이터만 긁어 오라는 명령은 크게 어렵지 않지만, 실제로는 여러 테이블에 엮여 있는 데이터 중에서 특정 조건을 검색하는 경우가 더 많기 때문입니다.

SQL을 사용하는 데이터베이스를 흔히 '관계형 DB'라고 합니다. 이는 큰 데이터 덩어리를 여러 테이블로 쪼개서 저장하고, 테이블 사이의 관계를 이용해서 검색하기 쉽게 만들어 졌는데요. 예를 들어 '변이(snp)'와 관련된 유전자를 관리하는 DB에 'snp_id, chromosome, position, gene_id, gene_name' 등 이렇게 5개 필드로 구성된 테이블이 필요하다고 합시다.

이를 하나의 테이블로 구성하기 위해서는 모든 레코드에 5개 필드를 채워 주어야 합니다. 한 snp와 여러 gene이 관련되어 있다면 모든 조합에 대한 데이터가 필요하죠. 그런데 snp마다 위치는 동일하고 gene_id와 gene_name도 일대일 관계입니다. 즉, 하나의 snp와 여러 gene이 관련되면 데이터의 중복 문제가 생기게 되죠. 만약 다른 테이블에서도 snp_id와 position 의 관계가 필요하다면 그 테이블에도 중복이 되겠죠. 저장 장소의 문제뿐만 아니라 데이터의 무결성(id 는 같은데 이름을 잘못 쓰는 경우)에도 문제가 됩니다.

관계형 DB 는 이런 경우 테이블을 최대한 중복되지 않게 쪼갭니다. 예를 들어, '(snp_id, chromosome, position)'으로 이루어진 테이블, '(snp_id, gene_id)'로 이루어진 테이블, '(gene_id, gene_name)'으로 이루어진 테이블로 쪼갤 수 있습니다. 전체 테이블을 얻으려면 세 개의 테이블을 'JOIN' 해서 사용합니다. 가령 Genome Browser 의 'hg38' DB 에는 'keggPathway'라는 테이블이 존재하는데, knownGene 테이블과 JOIN 을 할 수 있도록 같은 gene name 을 사용합니다. 다음에서 두 테이블을 JOIN 해서 원하는 데이터를 얻어 보는 예제를 보겠습니다.

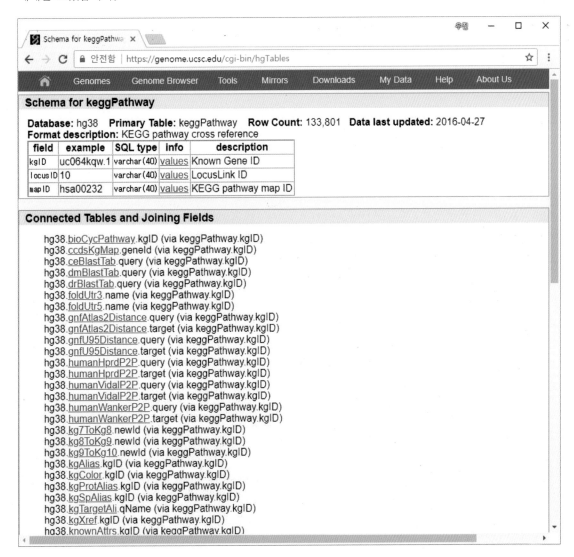

이 테이블을 knownGene 테이블과 JOIN 해서 keggPathway 의 mapID 가 'hsa00232'인 모든 gene name 을 출

력합니다.

```
$ SQL="SELECT g.name FROM keggPathway AS k JOIN knownGene AS g
WHERE k.mapID=\"hsa00232\" AND k.kgID=g.name;"
$ mysql --user=genome --host=genome-mysql.soe.ucsc.edu -A -P 3306 -D hg38 --execute="$SQL"
+------------+
| name       |
+------------+
| uc064kqw.1 |
| uc003wyw.2 |
| uc002ayr.2 |
| uc002op1.4 |
...(이하생략)...
```

'FROM keggPathway AS k JOIN knownGene AS g'라는 구문이 바로 "JOIN 으로 새로운 테이블인 것처럼 생각하고 처리하라"는 뜻입니다. 'JOIN'은 두 테이블의 각 행을 모두 조합해서 만들라는 명령인데요. 테이블 keggPathway 에 수만 개의 레코드가 있고, knownGene 에도 수만 개의 레코드가 있으므로, 결국 두 개의 곱인 수 억 개의 레코드 중에서 WHERE 조건에 맞는 것을 찾게 되는 것입니다. 이때 성능 향상을 위해 DB 서버 쪽에서 수 억 개의 모든 필드를 다 찾지 않아도 되도록 구현되어 있겠지만, 그래도 개념적으로는 이렇게 이해하면 됩니다.

JOIN 을 조금 더 효과적으로 수행하려면 JOIN 구문 뒤에 'ON' 구문을 추가해서 여러 조합 중 특정 필드가 같은 경우에만 JOIN 하도록 지정할 수 있습니다. JOIN 의 방법도 'LEFT OUTER JOIN' 등과 같이 여러 종류가 있죠. 그리고 여러 테이블을 동시에 JOIN 하는 경우 검색 성능을 올리기 위해서 사용하는 다양한 기법들도 존재합니다. '결과 데이터를 미리 특정 필드로 정렬'하거나, '가장 높은 값 몇 개만을 뽑을' 수도 있는 등 SQL 의 사용법은 매우 다양합니다. '여러 테이블을 엮어서(JOIN) 검색한다는' 기본 개념만 이해하고 있다면 문제가 생길 때마다 웹이나 DB 관련된 책에서 방법을 찾아볼 수 있을 것입니다.

SQL 은 파이썬에서도 사용할 수 있는데요. 웹에서 'MySQL python'을 검색해 보면 'PyMySQL' 등의 패키지를 추천해 줍니다. 이 경우에도 SQL 문법은 똑같으며, 다만 bash 에서 mysql 어플리케이션을 쓰는 대신 'connect, execute' 등의 메소드를 사용하죠. 결과는 파일 대신 '튜플(tuple)'로 받을 수 있습니다. 간단한 예제를 한 번 살펴보겠습니다.

```
import pymysql
```

```python
# 주어진 서버 정보를 바탕으로 connect
conn = pymysql.connect(host='genome-mysql.soe.ucsc.edu', port=3306,
                       user='genome', password='', db='hg38')

# SQL문 지정
SQL="""SELECT g.name FROM keggPathway AS k JOIN knownGene AS g
       WHERE k.mapID="hsa00232" AND k.kgID=g.name;"""

# SQL의 실행은 cursor를 통해 가능
curs = conn.cursor()
curs.execute(SQL)

# 데이터의 추출은 fetch를 통해
rows = curs.fetchall()
print(rows)

# 닫기
conn.close()
```

02 데이터 다루기

들어가기

본 장에서는 파이썬을 활용한 빅데이터 분석 과정에서 자료의 효율적인 저장을 위해 반드시 익혀야 할 자료구조를 학습하고, 저장된 데이터에 대한 효율적인 처리 기법과 함께 생물학 분야의 실험 결과를 기준하여 통계적 유의성을 검증하는 과정까지 함께 살펴보게 됩니다.

Dictionary

Pandas

Stastical Significance

Data Structure

데이터 처리

Numpy

Chi-squared Test

2.1 | 빅데이터는 어떻게 저장할까?

2.1. 01 리스트(List), 튜플(Tuple), 딕셔너리(Dictionary)

자료구조(Data Structure)는 자료를 효율적으로 이용하도록 컴퓨터에 저장하는 방법입니다. 알고리즘에 맞는 자료구조를 결정할 때에는 '프로그램의 수행 시간을 최소화시키는 방법'과 '사용 가능한 메모리의 크기'에 대해서도 고려해야 합니다. 자료구조를 다양하고 깊이 이해하면 할수록 더 좋은 프로그램을 만들 수 있겠지만, 큰 욕심을 접고 여기서는 파이썬에서 기본으로 제공하는 자료 구조에 대해 간단히 알아보도록 하겠습니다.

먼저, 가장 쉽게 사용할 수 있는 자료구조는 **배열(Array)**인데요. 배열은 '번호(인덱스, Index)'와 대응하는 데이터로 이루어져 있으며, C/C++와 같은 언어의 필수 자료구조로 활용되죠. 쉽게 아파트 구조를 생각해 보면 되겠습니다. 아파트 '몇 동 몇 호(인덱스)'에 '누가 사는지(데이터)'를 표로 만든다면, 이것이 바로 배열인 것이죠. 이는 크기가 고정되어 있고, 구조를 변형할 필요가 없을 때 유용한 방법입니다.

가령 아파트 주차 관리를 위해서 차량 번호를 관리하는 자료구조는 어떻게 만들면 될까요? 각 '동/호수'를 인덱스로 하고 '해당하는 차량 번호'를 적어둔 배열을 쓰자니, "한 집이 보유한 차량의 대수에 제한이 없다"는 문제가 있습니다. 개인적으로는 8대까지 등록한 세대도 본 적이 있으니까요. 넉넉하게 한 집당 10대씩 차를 등록할 수 있도록 배열을 만들 수도 있겠지만, 확실히 커버하지 못하거나 빈 자료 공간이 많아질 수 있으므로 효율적이지 못하죠. 그래서 필요에 따라 '길이를 줄이거나 늘릴 수 있도록' 새로운 자료구조를 만들게 되었으니, 이것이 바로 **리스트(List)**입니다.

동	호	차1	차2	차3
1	101	1101	X	X
1	102	1102	1103	X
2	101	2101	X	X
2	102	2102	8103	8202

◀ 일반적인 배열

동	호
1	101	〉 1101
1	102	〉 1102 〉 1103

| 2 | 101 | 〉 | 2101 |
| 2 | 102 | 〉 | 2102 | 〉 | 8103 | 〉 | 8202 |

◀ 리스트 구조

파이썬은 '배열'이 아니라 이 '리스트'를 기본으로 사용합니다. 내부 구현에는 상당히 차이가 있지만, 리스트를 배열처럼 사용하는 데에는 문제가 없기 때문입니다. C/C++에서 배열의 세 번째 값(인덱스 2)은 'an_array[2]' 형태와 같이 표현되는데, 파이썬에서도 역시 리스트의 세 번째 값을 'a_list[2]'로 표현하죠.

앞서 설명한 바와 같이 리스트는 중간에 자료를 끼워 넣거나 빼기도 쉽고, 맨 뒤에 추가하거나 특정 인덱스에 끼워 넣거나 빼내기 등을 지원해 주는데 이것이 배열보다 월등한 점입니다. 하지만 주차 관리에서 리스트를 이용한 방식에는 아직 문제가 남아 있는데요. 자동차 출입 관리기가 차를 한 대 통과시킬 때마다 표를 처음부터 뒤져야 하기 때문입니다. 위의 리스트 테이블의 말단에 있는 8202번 차를 찾으려면 모든 표를 다 뒤져야 하죠. 리스트는 이렇게 자료를 '순서대로 저장'할 때에는 편리하지만, 표에 어떤 값이 있는지를 '검색'할 때에는 불편합니다. 따라서 검색이 잦을 경우에는 이에 특화된 새로운 자료구조, **딕셔너리**(Dictionary)를 사용하는 것이 좋습니다.

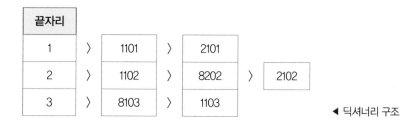

끝자리						
1	〉	1101	〉	2101		
2	〉	1102	〉	8202	〉	2102
3	〉	8103	〉	1103		

◀ 딕셔너리 구조

위 그림은 딕셔너리의 아이디어를 활용해 아파트의 차 번호를 찾기 쉽게 구성해 본 것입니다. 이제 '8202'번 차가 등록된 차인지 여부를 찾기 위해서는 인덱스로 사용된 '끝자리가 2인' 페이지만 찾아보면 되겠죠. 뿐만 아니라 다른 차를 찾을 때에도 두세 번의 시도 내에 다 찾을 수 있게 된 것입니다. 이처럼 실제의 딕셔너리는 수백만 개 이상의 자료를 대부분 한 번에 찾을 수 있도록 구현되어 있습니다. 파이썬에서도 기본 자료구조로 제공됩니다.

파이썬에서 리스트, 딕셔너리와 함께 제공되는 마지막 기본 자료구조는 **튜플**(Tuple)입니다. '튜플'은 리스트와 비슷한데, 다만 한번 만들어지면 길이를 변경하거나 값을 바꿀 수 없습니다. 한마디로 '읽기 전용 리스트'라고도 볼 수 있죠. 파이썬에서는 함수를 호출할 때와 리턴을 받을 때 튜플을 통하게 되어 있기 때문에 꼭 알고 있어야 합니다. 튜플은 리스트와 비슷하게 생겼지만 전혀 다른 개념을 가지고 있는데요. '리스트'는 그 안에 들어 있는 데이터들이 동등한 의미를 가질 때 사용되지만, '튜플'은 그 안의 데이터가 모두 모여야 하나의 의미 단위가 될 때 사용됩니다. 예를 들어 '생년월일'을 튜플로 나타내고 싶으면 (년, 월, 일)식으로 값을 묶을 수 있습니다.

열거한 것들 외에도, 파이썬에는 기타 여러 종류의 자료구조가 구현되어 있습니다. 특히 '딥러닝' 학습을 위해서는 '다차원 배열(NumPy 패키지에 포함)'을, '데이터를 표로' 만들어 두기 위해서는 'DataFrame(pandas 패키지에 포함)'을 사용하게 됩니다. 물론 이들은 파이썬의 기본 자료구조는 아니지만, 데이터를 다루기 위해서는 필수로 알아야 합니다. 이런 구조들 역시 리스트나 딕셔너리와 유사하기 때문에 기본 자료구조를 잘 이해하면 어렵지 않게 사용할 수 있을 것입니다.

2.1 02 가장 빠른 검색 방법, 딕셔너리

딕셔너리는 빅데이터를 다루는 데 있어 가장 유용한 자료구조입니다. 무엇보다 가장 빠른 탐색 방법이기 때문이죠. '키'에 해당하는 저장 위치를 바로 찾을 수 있어서 아무리 큰 테이블이라도 이론적으로는 한두 번 만에 찾아냅니다. 파이썬에서는 배열(array) 대신 딕셔너리를 사용하는 경우가 많고, 리스트 역시 흔히 딕셔너리로 대체해서 사용됩니다. 그럼, 지금부터 딕셔너리에 대해 좀더 자세히 알아보겠습니다.

'딕셔너리'는 '키(key)'들과 그에 대응하는 '값(value)'들로 구성되어 있습니다. 파이썬에서는 '{ }' 기호가 바로 딕셔너리를 뜻하는데, 안에 '키:값'의 대응 관계를 '쉼표(,)'로 구별하여 넣어 줍니다.

```
>>> 딕셔너리 = { Key1:Value1, Key2:Value2, Key3:Value3 }
```

딕셔너리는 '리스트'나 '튜플'처럼 순차적으로 데이터를 저장하지 않습니다.

미리 큰 공간을 만들어 두고, '키(Key)'로부터 저장할 곳을 결정한 뒤 그 곳에 저장합니다. 그래서 키값에 해당하는 저장 위치를 빨리 찾을 수 있는 것입니다. 저장할 곳을 결정하기 위해서는 '해쉬(hash) 함수'를 사용하는데, 이 함수는 '같은 입력'이 들어오면 '같은 출력'이 나오며 그 출력이 '무작위'로 보이는 특성을 가지고 있습니다. 그리고 '다른 입력'을 넣어도 '같은 출력'이 나올 수 있으므로 '다-대-일 함수'인 셈이죠. 앞의 주차관리 예에서는 바로 이 해쉬 함수로 자동차 번호판의 '맨 끝자리 수'를 썼다고 볼 수 있습니다. 물론 이 때는 끝자리 수가 같은 차가 많아서 사용하기에 적절치 않은 함수였죠.

이 '해쉬 함수'라는 특징 때문에 딕셔너리의 데이터에는 순서가 없습니다.

이 점이 바로 리스트와 구별되는 가장 큰 차이점인데요. 리스트에는 반드시 순서가 있기 마련이죠. 그리고 이 순서는 "변경하라"는 명령을 주기 전까지 유지됩니다. 그래서 만약 '이름'과 '학번'을 두 가지 리스트에 나눠서 같은 순서로 넣었다면, 그 두 리스트의 순서를 다시 합쳐도 이름과 학번이 정확히 일치하고 넣은 순서 역시 유지됩니다.

딕셔너리에는 순서가 없다 보니 쓰기에 까다로운 구석이 있습니다. 바로 '정확한 키값에 해당하는 값만을 찾을 수 있다는 점' 때문으로, "특정 문자열로 시작하는 키를 모두 찾으라"는 식의 검색은 곤란합니다. 또한 '키가 아닌 값 중에 무엇인가를 찾는 작업' 역시 성능을 저하시킵니다. 그리고 "100보다 크고 200보다 작은 모든 인덱스를 구하라"는 등의 '범위 검색'이 필요할 때에도 정렬된 리스트보다 성능이 나쁘죠.

또 하나, 같은 키값에는 2개 이상의 값을 넣을 수가 없습니다. {key1:value1, key2:value2, key1:value3} 형태와 같이 'key1'에 'value1'과 'value3' 2개를 중복해서 넣으면 그 중 하나만 들어가게 됩니다.

파이썬에서 딕셔너리를 쓰는 방법은 다음과 같습니다. 참고로 리스트와 비교해 보았습니다.

생성

```
>>> 딕셔너리 = {'이름':'양우진', '전화번호':'010987654'}
>>> 리스트 = [ '양우진', '010987654']
```

값 얻기

```
>>> print (딕셔너리['이름'])
>>> print (리스트[0]) # 리스트는 키가 아니라 인덱스로 찾을 수 있음
```

새 키:값 넣기

```
>>> print (딕셔너리['이름'])
>>> print (리스트[0]) # 리스트는 키가 아니라 인덱스로 찾을 수 있음
>>> 딕셔너리['주소'] = '우리집'
>>> 리스트.append('우리집') # 리스트[2] = '우리집' 이런 식은 2번 인덱스가 없기 때문에 ERROR!
```

키에 해당하는 값 지우기(키도 지워짐)

```
>>> del 딕셔너리['주소']
>>> del 리스트[2]
```

키가 딕셔너리에 존재하는지 확인

```
>>> if '주소' in 딕셔너리:
...        print (딕셔너리['주소'])
```

```
>>> if '주소' in 리스트:
...        print ('존재함')
```

이중에 ['주소' in 딕셔너리] 구문은 리스트에서도 비슷해 보이지만 큰 차이가 있습니다. 자료를 만드는 주요 요소 '키'와 '값' 중에, 딕셔너리는 '키가 존재하는지'를 찾기 때문에 아주 빠르게 동작하는 반면 리스트는 '값 중에 검색값이 존재하는지'를 찾기 때문에 모든 리스트를 다 뒤져 보게 되어 매우 느리게 동작합니다.

추가로 딕셔너리의 키로는 '문자열'이나 '숫자'뿐만 아니라 '튜플'도 사용할 수 있습니다. 유전체 정보에는 위치가 'chromosome' 번호와 'position'으로 이루어져 있는데, 이것을 키로 하여 어떤 값을 저장하고 싶을 때에는 수고스럽게 변환할 필요 없이 튜플 형태 그대로 딕셔너리에 저장됩니다.

```
>>> RSID_딕셔너리[ ('chr19', 55833664) ] = 'rs11668344'
```

딕셔너리에는 '순서'도 없고 '범위 검색'이나 '부분 검색' 역시 힘들다고 했는데, 방법이 전혀 없는 것은 아닙니다. '딕셔너리.keys()' 처럼 '키값'을 모두 얻어 온 뒤에 이 자료를 가지고 검색을 하면 되는데, 예를 들어 키가 100부터 200사이인 값을 얻고 싶으면 이렇게 할 수 있습니다.

```
>>> for k in 딕셔너리.keys():
...        if (k>100) and (k<200):
...                print(k)
```

리스트처럼 '값'에서 검색하고 싶으면 키와 비슷한 방법으로 해당 값만 가져올 수도 있습니다.

```
>>> 값들 = list(딕셔너리.values())
>>> if '양우진' in 값들:
...        print('존재')
```

또한 '키'와 '값'을 튜플로 얻는 방법도 있습니다.

```
>>> for 키, 값 in 딕셔너리.items():
...        print("딕셔너리[%s]=%s" % (키, 값) )
```

물론 이런 식으로 딕셔너리 전체를 검색하는 방법은 성능 측면에서는 바람직하지 않습니다.

딕셔너리를 잘 이용하면 데이터 변환도 쉽게 할 수 있습니다. 다음과 같은 'tf.bed' 파일이 있다고 해보죠. 이 파일은 유전체의 어느 부분에 어떤 '전사 인자(TF, transcription factor)'가 바인딩되는지를 정리해 둔 파일의 일부입니다.

먼저 파이썬에서 파일을 읽어 와서 리스트로 만듭니다.

```
>>> tf_list = [ line.strip.split('\t') for line in open("tf.bed","r").readlines() ]
```

파일의 원래 모양은 이렇습니다.

```
$ cat tf.bed
chr1   1072525 1072534 AP2B
chr1   1072534 1072543 AP2B
chr1   1110553 1110564 ALX1
chr1   1110606 1110620 AP2A
chr1   1110608 1110617 AP2B
chr1   1163754 1163763 AP2B
chr1   1163784 1163795 ANDR
chr1   1163789 1163806 ANDR
chr1   1163804 1163812 AHR
```

이제 'tf_list'의 각 행의 4번째 열에 TF의 이름이 들어가 있는데, 이것을 숫자로 변환하고자 합니다. 처음 나오는 순서대로 1번부터 순서를 매기고, 같은 이름이 또 나오면 번호를 새로 매기지 않은 채 기록해 둔 숫자를 쓰는 방법입니다. 다음과 같은 표의 방식으로 매핑을 위한 딕셔너리와 변환된 파일을 만들어 주면 좋을 것 같습니다.

딕셔너리	$ cat tf_number.bed
gene_dict = { 'AP2B' : 1, 'ALX1' : 2, 'AP2A' : 3, 'ANDR' : 4, 'AHR' : 5 }	chr1 1072525 1072534 1 chr1 1072534 1072543 1 chr1 1110553 1110564 2 chr1 1110606 1110620 3 chr1 1110608 1110617 1 chr1 1163754 1163763 1 chr1 1163784 1163795 4 chr1 1163789 1163806 4 chr1 1163804 1163812 5

이렇게 만들어 봅시다. 전략은 이렇습니다. 각 행을 읽어서 4번째 열의 값을 변수 'tf'로 지정합니다. 이 tf 가 gene_dict 에 아직 없으면, 즉 처음 나온 이름이면 등록을 해줍니다. 그 뒤에는 tf를 '키'로 하여 gene_dict 를 검색해서 그에 해당하는 '값(value)'을 가지고 와서 변경해 준 뒤 출력합니다.

먼저 '초기화(initialize)'를 진행합니다.

```
>>> gene_dict = dict()
>>> num_of_id = 0
```

그 뒤에 tf_list를 한 줄씩 읽어서 처리를 하겠습니다. 각 행에 대한 'loop'를 불러 줍니다.

```
>>> for x in tf_list:      # x는 한 행에 해당하는 리스트
... tf = x[3] # 각 행의 4번째 열(인덱스는 3)
... if tf not in gene_dict:    # 만약 tf가 gene_list의 키로 등록되지 않았으면
...     num_of_id += 1      # gene_list에 들어있는 키의 개수는 하나 늘어남
...     gene_list[tf] = num_of_id  # gene_list에 키는 tf, 값은 id의 총 개수
... new_id = gene_list[tf]          # tf가 없는 경우는 이미 처리, new_id 구해짐
... print ( x[0], '\t', x[1], '\t', x[2] '\t', new_id )  # 결과 출력
```

딕셔너리를 이용한 이름 변환은 빈번하게 사용되기 때문에, 위의 예를 bash 에서 'awk'를 사용하는 스크립트로 다시 해 보겠습니다. 딕셔너리는 awk 에서도 기본 제공하기 때문에 유용하게 사용할 수 있습니다. 사

용 문법만 다를 뿐 파이썬과 구성이 거의 같습니다.

```
$ awk '
> BEGIN { num_of_id=0; OFS="\t"}
> !($4 in gene_dict) {
>    num_of_id++;
>    gene_dict[$4] = num_of_id; }
> { print $1, $2, $3, gene_dict[$4]; }
> ' tf.bed
```

아울러 딕셔너리를 파일로 따로 저장해 두고 처리하도록 할 수도 있습니다. 앞선 예에서는 TF 이름을 숫자로 변경했는데요. 헌데 이를 다시 원래대로 되돌리려고 합니다. 다음의 두 파일이 주어질 때 'tf_number.bed'의 4번째 열을 원래의 TF 이름으로 바꿔 봅니다.

$ cat gene_dict.txt		$ cat tf_number.bed			
AP2B	1	chr1	1072525	1072534	1
ALX1	2	chr1	1072534	1072543	1
AP2A	3	chr1	1110553	1110564	2
ANDR	4	chr1	1110606	1110620	3
AHR	5	chr1	1110608	1110617	1
		chr1	1163754	1163763	1
		chr1	1163784	1163795	4
		chr1	1163789	1163806	4
		chr1	1163804	1163812	5

이번에는 'awk'를 먼저 사용해 보겠습니다. 이번에는 '숫자'를 'TF 이름'으로 바꾸는 것이기 때문에 숫자를 'key'로 사용하는 게 좋겠네요.

```
$ awk '
> NR==FNR {
>     gene_dict[$2]=$1;
>     next;
> }
```

```
> $4 in gene_dict {
>     print $1 "\t" $2 "\t" $3 "\t" gene_dict[$4];
> }
>' gene_dict.txt tf_number.bed
```

해설하자면, 이번에는 'awk'에 2개의 파일을 한꺼번에 주었습니다. 앞서 소개한 바와 같이 awk 는 라인 단위로 처리하고 두 개의 파일이 같이 들어와도 순서대로 하나인 것처럼 작동합니다. 그런데 첫 줄의 'NR'과 'FNR'을 보시면 이 두 개는 awk 의 빌트인(built-in) 변수죠. 'NR'은 전체 중에 몇 번째 줄인지를 알려주고 'FNR'은 한 파일 안에서 몇 번째 줄인지를 알려줍니다. "그 2개가 같다"는 말은 '첫 번째 파일의 행'이라는 뜻입니다.

첫 번째 파일은 딕셔너리 파일이기 때문에 파일 내용을 딕셔너리에 넣고, 추가 작업은 필요 없으니 next 를 불러서 다음 줄로 넘어갑니다. 그 뒷 부분은 두 번째 파일에서만 동작합니다. 딕셔너리에서 값을 찾아 변경하여 출력합니다.

같은 작업을 python 으로 해보겠습니다.

```
>>> gene_dict = dict()
>>> for line in open("gene_dict.txt","r").readlines():
... tf, number = line.strip.split('\t')
... gene_dict[number] = tf
>>> for line in open("tf_number.bed","r").readlines()
... x = line.strip.split('\t')
... number = x[3] # index 3이 4번째 열
... if number in gene_dict:   # 만약 number가 gene_dict에 등록되지 않았으면
...     print ( x[0], '\t', x[1], '\t', x[2] '\t', gene_dict[number] )  # 출력
```

파이썬이 조금 더 복잡해 보이는데, 앞 부분에 '딕셔너리를 파일에서 읽어서 만들어 주는' 부분과 '각 줄을 읽어서 split 을 먼저 해줘야 하는 부분' 때문에 그렇습니다. 텍스트 파일을 처리하는 데에는 awk 와 여러 bash 명령어들을 더 쉽게 쓸 수 있습니다.

크거나 복잡한 작업을 잘게 자르거나 단순한 작업들로 나눠 각각을 처리한 뒤에 전체로 합치는 것을 **분할 정복**(Divide and Conquer)이라고 합니다.

'고대 그리스의 분할 통치' 또는 '전쟁 전략'으로부터 유래한 유서 깊은 개념으로, 게임을 금방 떠올릴 수도 있을 것입니다. 빅데이터 처리는 바로 '분할 정복'이 필수인, 크고 복잡한 일이라 할 수 있죠. 너무 많은 종류의 데이터가 있거나 하드디스크 하나를 가득 채울 만한 데이터를 앞에 두고 막막하다면, 데이터를 부분으로 나눌 수 있는 방법은 없는지, 데이터를 정리해서 중간 단계로 나눌 수 없는지부터 고민할 필요가 있습니다. 대부분의 큰 작업은 나눠서 처리한 뒤에 합치는 것이 훨씬 더 효율적입니다.

데이터가 커지면 한 프로그램 내에서 처리하기가 힘들어지는데요. 파이썬에서 흔히 사용하는 방법대로 데이터를 읽어서 '리스트'나 '딕셔너리'에 넣으면 메모리 부족 사태를 일으킬 수 있습니다. 서버에 메모리가 부족하면 접속이 잘 안되고 명령어 처리가 밀리는 현상이 생기며, PC에서는 요란한 하드디스크 읽는 소리와 함께 구동 자체가 매우 느려져서 작업이 거의 불가능하게 되죠. 그래서 메모리에서 처리되는 크기에 맞게 데이터를 나누어 처리를 해야 하는데, 어떤 프로그램에서는 데이터의 크기가 2배가 되면 그 처리 시간은 2배를 넘기기도 합니다.

가령 데이터의 모든 쌍을 대상으로 유사성을 구하는 프로그램을 사용하여, '유전 변이 100만 개 사이의 유사성'을 구하는 경우를 생각해 봅시다. 가능한 모든 쌍의 개수는 약 5,000억(100만*100만/2)개에 이르는데요. 그런데 이 프로그램은 '데이터 개수(N)의 제곱(N^2)'에 비례하는 연산을 합니다. 만약 "유전 변이가 속한 염색체가 다르면, 유사성을 구할 필요가 없다"는 가정이 있다면, 1번 염색체의 유전 변이는 1번 염색체 안에서만 비교를 하면 됩니다. 그럼 이제 100만 개 중 1번 염색체에 속한 10만 개의 유사성만 구하면 되겠죠. 이런 식으로 데이터를 10개 단위로 나누면 한 데이터 덩어리에 대해서는 50억 (10만*10만/2) 번의 비교를 하면 되고, 총 500억 수행하면 되므로 처리 속도는 10배 정도 빨라지게 되죠.

물론 이런 작업을 할 때에는 '어떻게 데이터를 나눌 지'가 큰 고민거리입니다. 정해진 방법도 없고 서로 상관없는 데이터를 덩어리째 나누게 되는데, 데이터의 특성에 따라 나누는 방법은 달라질 수밖에 없겠죠. 위의 예에서는 "염색체 단위로 나누어도 상관없다"는 점을 이용했는데요. 이제 완전히 나눌 수 없는 데이터를 사용할 경우의 조금 더 복잡한 예를 보겠습니다.

우리가 흔히 질병과 유전자의 관련성을 알아보기 위해 'GWAS(Genome-wide association study)' 연구를 할 때에는, '질병에 걸린 사람'과 '아닌 사람'의 유전체 정보를 비교합니다. 문제는 비용 때문에 유전체 전체(30억 염기쌍)를 시퀀싱하지 않고 SNP chip을 이용해서 일부분(100만 곳 이내)에 변이가 존재하는지 만 테스트하게 되는데, 일부 변이에 대한 정보만으로 전체 유전 변이를 유추할 수 있을까요? 바로 "가까운 데에 위치한 유전 변이들은 같이 유전되는" 특성을 이용하면 가능합니다. 참고로, 일부 데이터로 중간에 빠진 데이터를 채워 넣는 작업을 '임퓨테이션(imputation)'이라고 하는데요. 이미 공개되어 있는 '1000 Genomes project'의 데이터는 수천 명의 유전 변이를 모두 기록해 두었습니다. 그러면 'A와 B 위치에 변이가 있는 사람'에게서 'C 위치에 변이가 있을 확률'을 계산할 수 있게 되죠. 100%라고 단정할 수는 없지만 꽤 유용한 정보를 얻을 수 있을 것입니다.

1000 genomes	T	C	G	C	A	C	T	A	C	T
	T	C	G	C	A	T	T	C	G	A
	A	C	G	C	A	C	T	C	G	A
	A	T	T	C	C	T	T	A	A	A

<----+----+----+----+----+----+----+----+----+----+---->

| SNP chip | A | ? | ? | ? | A | ? | ? | ? | ? | A |
| | T | ? | G | ? | ? | ? | T | ? | ? | T |

임퓨테이션을 위해서는 'SNP chip' 자료와 함께 수십 GB 이상의 '유전체 자료'가 필요합니다. 그런데 가만 보면 1mbp 이상 떨어진 변이들 사이에는 통계적인 관계가 거의 없기 때문에, 만약 임퓨테이션에 사용한다 고 쳐도, 계산 시간이 길어지는데 반해 결과에는 별 차이가 없죠. 결국 특정 부분을 임퓨테이션하기 위해 서는 해당 부분과 함께 앞뒤로 1mbps 이내의 데이터만 더 있으면 될 텐데요. 한 사람의 SNP chip 데이터에 대해 1000 유전체 데이터를 1mbp 단위로 잘라 임퓨테이션하는 과정을 다음과 같이 만들어 보겠습니다. 200만 번째부터 300만 번째 염기 서열을 임퓨테이션하기 위해 100만 번째부터 400만 번째 데이터를 입 력으로 넣어 주는 것이죠.

작업 순서	1000 genome 입력	SNP chip 입력	임퓨테이션 결과 output
1	chr1: 0~3,000,000	chr1: 0~3,000,000	chr1: 0~2,000,000
2	chr1: 1,000,000~4,000,000	chr1: 1,000,000~4,000,000	chr1: 2,000,000~3,000,000
3	chr1: 2,000,000~5,000,000	chr1: 2,000,000~5,000,000	chr1: 3,000,000~4,000,000

데이터를 분할해야 하는 이유가 또 있는데요. 파이썬은 한 프로그램이 여러 개의 CPU 코어로 작업을 나눠

서 동시에 처리하도록 하는 '다중 쓰레딩(multi-threading)' 작업을 잘 하지 못합니다. 그래서 CPU 코어가 아무리 많은 고성능 서버에서 실행을 하더라도 그 중 하나의 코어에서만 돌아가게 되죠. 그렇다고 C/C++을 사용하면 다중 쓰레딩을 써서 '병렬(parallel)' 작업을 처리할 수는 있지만, 구현하기 쉬운 일이 아닙니다. 한 프로그램에서 다중 쓰레딩을 수행시키는 것보다는, '데이터를 먼저 나눈 다음, 여러 프로그램에서 각각 처리하는' 방식의 병렬 처리(parallel processing) 방법을 더 추천합니다. 48개의 코어와 256GB 의 메모리를 가진 서버에서 위 임퓨테이션 작업을 직접 처리해 보았는데, 처음에는 데이터를 나누지 않고 돌렸더니 메모리 부족으로 2시간 만에 멈추었고, 총 작업량의 1% 정도만 수행되었죠. 그래서 다시 데이터를 나눈 후 파이썬에서 프로그램 48개를 동시에 실행시켰더니 2시간 안에 모든 작업이 끝났답니다.

이제, '큰 데이터를 나누어 처리하고 결과를 종합하는' 간단한 예제를 통해 그 방법을 알아보겠습니다. 먼저 10억 줄의 시퀀스 데이터가 'seq.txt' 파일에 들어 있습니다. 그리고 시퀀스 데이터의 각 줄을 읽어서 그 중 특정 조건에 맞는 데이터만 출력해 주는 프로그램 'select.sh'가 있다고 가정합니다. 이것을 통째로 수행시키려면 이렇게 하면 되겠죠.

```
$ ./select.sh seq.txt > result.txt
```

그런데, 다중 CPU 코어를 갖고 있기 때문에 이 작업을 100개로 나눠서 처리해 보겠습니다. 우선 seq.txt 를 100개로 나누는 과정인데, 우분투에 기본적으로 깔려 있는 'split' 기능을 사용해 보겠습니다.

```
$ split --verbose -n l/100 seq.txt seq_
creating file 'seq_aa'
creating file 'seq_ab'
...
```

옵션을 먼저 살펴보면, '--verbose'는 로그를 보여주는 것으로 이 예제에서는 'creating file'을 출력해 보려고 추가했는데 결과에 차이가 없어서 그 뒤에 '−n l/100' 옵션을 이어서 넣어 주었는데 이것은 "라인을 100개 단위로 나누라"는 뜻입니다. 그리고 '입력 파일 이름(seq.txt)'과 '출력 파일 이름의 prefix(seq_)'를 넣어 주었습니다.

'split'은 이렇게 옵션에 따라 1000줄 단위로 나눌 수도 있고(−l 1000), 1MB 단위로 나눌 수도(−b 1M) 있습니다. 아울러 출력 파일의 이름은 'prefix' 다음에 'aa'부터 알파벳 순서로 들어가게 되는데, 알파벳 대신 '−d' 옵션을 사용하면 'seq_00' 형태와 같이 숫자로도 가능하고 그 자릿수를 늘릴 수도 있습니다.

이제 파일이 'seq_aa'부터 'seq_dv'까지 100개가 생성되었습니다. 그러면 이제 하나씩 'select.sh'에 넣어 주면 되죠. 일단 100개 중 하나만 적용해 보면 다음과 같겠죠.

```
$ ./select.sh seq_aa > result.txt
```

이것을 응용하여 'seq_aa' 부분만 바꾸면서 100번을 병렬 수행하도록 다음과 같이 처리해 보겠습니다.

```
$ ls seq_?? | parallel -k -j 20 ./select.sh > result.txt
```

'ls seq_??'는 "'seq_'로 시작하고 뒤에 2자리의 무엇인가가 포함된(숫자든 알파벳이든) 모든 파일의 이름을 출력하라"는 것입니다. 그럼 'seq_aa'부터 'seq_dv'까지가 모두 출력되겠죠. 'parallel' 명령은 'xargs'와 유사하게 그 뒤의 명령을 실행시키면서 '앞에서 들어온 파일 이름들을 그 다음 명령의 파라미터로' 제공합니다.

따라서 './select.sh seq_aa'부터 './select.sh seq_dv'까지 실행됩니다. 여기까지는 xargs와 같은데 parallel은 이름 그대로 병렬 처리가 가능한데요. 여기서 '-j 20' 옵션을 넣어서 총 20개가 한꺼번에 실행되도록 했습니다. 이렇게 20개 중에 하나라도 끝나면 새 작업이 시작되어 '항상 20개'가 되도록 유지해 줍니다. 이러한 parallel의 모든 결과는 'result.txt'에 담기게 되죠. 이때, '-k' 옵션을 준 이유는 입력 순서대로 출력이 되도록 하기 위해서입니다. 이 옵션이 없으면 '먼저 끝난 작업의 결과가 더 앞에 올 수도' 있습니다.

만약 각각의 작업을 다른 결과 파일로 보내고 싶으면 조금 더 복잡해집니다.

```
$ ./select.sh seq_aa > result_seq_aa
```

이런 식으로 할 수는 없을까요? parallel의 뒤에 아무 명령도 주지 않으면, 앞에서 넘어온 라인 전체를 실행시킵니다. 다음은 좀 복잡해 보이긴 해도 이렇게 처리할 수도 있다는 정도로만 알아두면 되겠습니다.

```
$ for i in `ls seq_??`;
> do echo "./select.sh $i > result_$i"
> done | parallel -j 20
```

메모리의 구조

컴퓨터의 기본 구조는 CPU와 메모리로 이루어져 있습니다. 최초의 컴퓨터는 매우 단순한 CPU와 작은 메모리를 가진 장치였는데요. 흔히 "계산은 CPU가 한다"고 생각하지만, CPU가 하는 계산은 거의 대부분 '메모리 읽기'와 '쓰기'로 이루어져 있죠. 'C = A + B'라는 단순한 작업도 'A를 읽기', 'B를 읽기', '더하기', 'C에 쓰기'라는 작업을 포함합니다. 따라서 전체 성능에는 'CPU 클럭 수'보다 '메모리 성능'이 더 영향을 미치게 되죠.

당연한 얘기지만, 컴퓨터가 점점 복잡한 소프트웨어를 수행하게 되면서 메모리 요구가 크게 늘었습니다. 메모리 타입으로는, 느리지만 저렴한 메모리(흔히 우리가 쓰는 DRAM)'와 '10배나 빠르지만 비싼 메모리(SRAM)'가 있습니다. 그래서 상대적으로 '많은 양'이 필요한 주 메모리로는 DRAM을 쓰고, '자주 쓰는' 메모리 부분만 빠른 메모리에 넣으면 되지 않을까? 생각하게 되었죠. 이 '빠른 메모리'를 '캐시(cache)'라고 합니다. '현금'이라는 뜻과도 일맥상통하는 면이 있죠. "자주 쓰는 메모리는 어떻게 선택할지", "만약 캐시에 원하는 데이터가 없으면 어떻게 메모리를 뒤져 찾아올지" 등도 성능 향상에 중요한 요소 중 하나인데요. 결국 캐시가 많으면 성능 역시 좋아지게 됩니다.

요즘 나오는 CPU들은 MB 단위의 캐시를 가지고 있는데요. GB 대의 거대한 주 메모리에 비하면 1/1000 수준이지만 이것만으로도 꽤 좋은 성능을 낼 수 있습니다. 프로그래밍을 할 때 자주 차지하는 메모리의 크기가 'MB 이내'일 경우라면 더욱 좋습니다. 가령 1000개의 1MB 데이터 덩어리들이 존재하는데 그 모두를 각각 비교해야 한다고 하면, 1~2번 비교 다음에 3~4번 비교를 하면 캐시 메모리를 제대로 활용할 수 없습니다. 1~2번 다음으로 1~3번 비교를 수행하면 1번은 캐시 메모리에 이미 들어 있기 때문에 그만큼 성능이 좋아지겠죠.

CPU의 가장 가까이에는 CPU 클럭 수만큼이나 빠른 '레지스터'라는 이름의 메모리가 또 존재하는데, 그 용량은 수 킬로바이트(KB) 이내인데 컴파일러가 최적화할 부분이라 우리가 사용할 경우는 거의 없습니다. 반대로 CPU에서 가장 먼 쪽에는 하드디스크가 있죠. 메인 메모리가 부족할 정도로 큰 메모리를 사용할 때에는 하드디스크를 '가상 메모리'로 사용하게 됩니다. 그런데 하드디스크의 속도는 DRAM의 1/100 수준이죠. PC를 쓰다 보면 프로그램 창을 많이 띄웠을 때 갑자기 컴퓨터가 느려지면서 하드디스크를 읽는 소리가 많이 들리는 경우가 있는데, 이때가 바로 DRAM이 부족한 경우입니다.

참고로 가상 메모리 설정을 요즘 많이 쓰는 SSD로 바꾸게 되면 상황이 많이 나아집니다만, DRAM에도 못 들어갈 정도로 큰 데이터를 한꺼번에 처리하는 것은 피하는 것이 좋습니다.

2.1.04 데이터 전처리

데이터 전처리(preprocessing)는 데이터 과학에서 매우 중요하게 생각하는 단계인데요. 대체로 데이터 수집 과정이 완벽하지 않기에 노이즈도 있고 이름이 잘못 붙은 데이터도 많죠. 그래서 분석에 앞서 데이터를 한번 걸러 주는 과정이 필요한 것입니다. 생명 과학 데이터에서는 이런 '정련' 과정이 특히 더 중요할 것입니다. 실험에서 생성된 데이터가 많기 때문에, 원래 수치로 맞아 떨어지게 나타내기에는 애매한 데이터가 많고 노이즈도 다른 분야보다 더 많기 때문입니다.

만약 잘못된 데이터가 끼어들면 분석 과정이 아무리 정교하더라도(정교할수록 더더욱) 결국엔 잘못된 결과를 낼 수밖에 없는데, 이를 일컬어 'GIGO(garbage in, garbage out)'라고 합니다. 그래서 전처리 과정에 대해서 알아둘 필요가 있습니다. 전처리의 첫 단계에서는 "데이터가 제대로 된 것인가"를 확인해야 하는데, "어떤 데이터가 얼마나 있는지, 중간에 깨진 부분이나 빠진 부분은 없는지"를 '예상 데이터 모양'과 비교해 보는 것이 가장 첫 번째 과정이죠. 이제 데이터의 형식을 확인해 보겠습니다. 데이터가 정수인지 실수인지, 그 값이 카테고리형인지 크기 값인지에 대한 확인이 가장 먼저입니다. 이는 파일을 열어서 확인해 볼 수 있습니다.

빠진 값(missing value) 처리

많은 경우에 빠트린 값이 있습니다. 여러 환자 샘플에서 유전자 발현 정도를 확인했는데, 어떤 경우는 중요하지 않다고 판단한 유전자에 대해 실험을 하지 않아서 그 부분의 값이 빠져 있는 경우가 있습니다.

gene	sample1	sample2	sample3
AAA	34.5	12.3	8.8
BBB	12.9	5.2	3.1
CCC	10.4	NA	2.0
GGG	32.9	40.8	28.3

어떤 경우에는 빠진 값을 텍스트 'NA(Not available)'로 표시하기도 하고, 그냥 '빈칸(blank)'으로 놔두기도 하는 등 데이터를 생산한 사람의 기호에 따라 다르죠. 파이썬의 데이터 프레임에서는 빈칸은 'NA'로 표현하는 경우가 많기 때문에 위의 표와 같이 표현해 봤습니다. 가끔은 '0'이나 '−1' 등으로 표시하기도 하는데, 에러 때문에 어쩔 수 없을 경우죠. 빈칸은 '0'이나 '−1'이 절대로 나올 수 없는 경우에만 사용해야 하고, 되도록이면 피해야 합니다.

이 NA 를 어떻게 처리해야 할지 상당히 골치가 아픕니다. 가장 쉬운 방법은 '삭제'입니다. 만약 NA 가 나온 유전체(gene)가 별 필요가 없어 보이거나 너무 많은 NA 가 있을 때에는 그냥 그 gene 을 삭제해 버립니다.

gene	sample1	sample2	sample3
AAA	34.5	12.3	8.8

BBB	12.9	5.2	3.1
~~CCC~~	~~10.4~~	~~NA~~	~~2.0~~
GGG	32.9	40.8	28.3

그 다음 방법은 이 값을 다른 값으로 바꾸는 것입니다. 보통은 전형적인 값(평균값 등)으로 대체하는 것입니다. CCC는 모든 샘플을 통틀어 평균 6.2의 값을 보이니까 그냥 그 값으로 채워 줍니다.

gene	sample1	sample2	sample3
AAA	34.5	12.3	8.8
BBB	12.9	5.2	3.1
CCC	10.4	NA 〉6.2	2.0
GGG	32.9	40.8	28.3

데이터 분석은 특이한 패턴을 보이는 데이터를 찾아내기 위한 경우가 많습니다. 그래서 특정한 값을 전형적인 값으로 대체하는 것은 사실상 그 부분의 특이점을 없애 버릴 수 있죠. 그래서 전형적인 값이 아니라 다른 값들로부터 유추된 값으로 채우는 경우도 많습니다. 여러 값들의 관계를 유추해서 모르는 값을 예측하는 것을 통계학에서는 '회귀 분석'이라 부르죠. 회귀 분석에 기반해서 이 값을 채우는 경우가 많습니다.

데이터를 다루다 보면 가끔 중복되는 값들을 만날 때가 있는데요. 같은 샘플이 두 번 반복해서 실험된 경우거나 여러 명이 실험하면서 이름을 잘못 붙인 경우가 그런 경우죠. 분석하는 데이터의 특징에 따라 이름을 바꿔서 둘 다 쓸 수도 있고, 평균을 내서 처리하거나 NA가 더 많은 데이터 쪽을 없앨 수도 있습니다. 어떤 방법이 좋을지는 경우에 따라 달라서 모두 설명할 수는 없지만, 데이터 전처리를 잘하는 것만으로도 머신러닝 등 데이터 분석의 성능을 끌어올릴 수 있는 것은 거의 대부분 분석가들이 동의하고 있습니다.

자주 쓰는 데이터의 전처리

데이터 분석을 위해 필요한 데이터를 추출하는 전 과정을 **전처리**라고 부르기도 하지만, 좁은 의미에서는 원본 데이터에서 에러를 줄이는 것을 주로 '전처리'라고 부릅니다. 전처리를 거친 데이터를 데이터를 가공하고 필요없는 데이터를 없애거나 여러 데이터를 합쳐서 내가 원하는 종류의 데이터로 바꾸는 작업은 **데이터 랭글링(wrangling)**이라고 합니다. 실험을 통해 생성된 DNA 시퀀싱 자료가 있을 때, 이것을 위치 정보로 매핑해서 bed 파일로 바꾸는 것도 일종의 '랭글링'이라 할 수 있습니다.

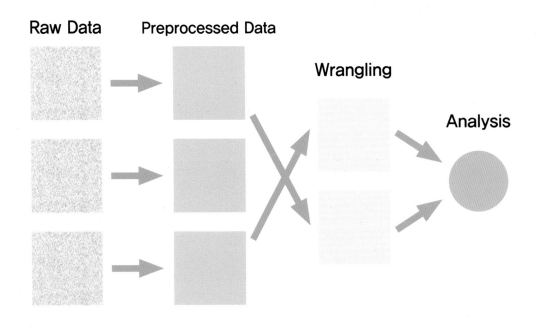

질병과 관련된 유전자를 찾는 작업을 할 때, 일단 환자들의 시퀀스 정보를 구하는 곳에서부터 시작해 봅니다. 한 사람의 유전체 정보는 30억이 넘다 보니, 환자 수백 명 이상에 대해서 시퀀싱한 데이터는 하드디스크 용량보다 커집니다. 분석을 할 때마다 이 데이터를 계속 사용한다면 효율이 떨어집니다. 대부분의 시퀀스 정보는 질병과 관계가 없는 데이터이기 때문에 삭제를 해도 됩니다. 특히 표준 인간 유전체 정보와 일치하는 데이터는 어느 부분에 매핑 된다고만 표시해두고 지우면 됩니다. 개인들이 어떤 시퀀스를 가지고 있는지 알 필요 없이 어떤 변이를 가지고 있는지 만 알아도 웬만한 분석은 할 수 있습니다. 수십억 개짜리 원본데이터는 따로 잘 저장해두고 수만 개 정도의 변이 데이터만 잘 생성해 두고 분석할 때마다 이용하면 되겠지요.

물론 데이터를 가공해서 줄이면 줄일수록 원본 데이터가 가진 디테일한 정보를 잃어버릴 가능성도 커집니다. 시퀀스 정보에서 유전체에서의 위치 정보만 추출하면 돌연변이 정보를 잃어버릴 수 있는 것처럼요.

유전자가 발현되는 양을 분석할 때처럼 돌연변이 정보가 필요 없는 경우에는 문제가 되지 않지만, 돌연변이 정보가 필요 때도 있습니다. 하지만 이때는 또 데이터가 커지는 문제가 생길 수도 있죠. 이런 식으로 내가 추출하려는 정보에 따라 여러 방법을 사용할 수 있습니다. 데이터의 의미에 대한 이해를 잘 하면 할수록 필요 없는 데이터를 적절히 없애면서도 중요한 정보를 놓치지 않게 됩니다.

2.2 | 데이터 처리를 위한 방법

파일 형식(format)이라고 하면 텍스트 파일, 그림 파일, 음악 파일 등이 생각날 것입니다. 파일 형식은 정보를 저장하기 위해 인코딩(encoding)하는 방식을 말하죠. 인코딩이라고 하니 조금 어렵게 느껴질 수도 있겠습니다. 표현해야 하는 데이터는 다양한 모습을 하고 있는데, 컴퓨터는 모든 데이터를 비트 단위로 즉 0 또는 1의 연속으로만 저장할 수 있습니다. 그래서 원본 데이터를 0과 1로만 이루어진 암호(code)로 바꿔야 하는 겁니다. 텍스트 파일에 글자를 저장할 때는 아스키(ASCII)라는 약속을 사용하는데, A 는 001000001 의 이진수로 표현하는 식이죠. 한글도 이진수로 표현해서 저장합니다. 이때 어떻게 표현할지를 약속해야 하는데, 최근에는 Unicode 의 한 방법인 UTF-8 인코딩이 많이 사용됩니다.

그림을 저장하는 방식은 JPEG, 음악은 MP3 식으로, 데이터를 표현하는 방법은 어느 정도 표준화가 되어 있습니다. 물론 처음에는 여러 형식들이 다투기도 하지만 사람들이 표준화 단체를 만들어서 표준안을 정하기도 하고, 사람들이 많이 쓰게 되면서 사실상의 표준(de facto standard)이 되기도 합니다.

대부분의 파일은 파일이름 뒤에 붙은 확장자(extension)를 보면 어떻게 인코딩 된 파일인지를 알 수 있습니다. 그리고 파일 안을 들여다 보면 첫 부분은 헤더(header)라고 부르는데, 파일의 데이터를 어떻게 해석해야 할지, 어떤 방식으로 디코딩(decoding)해야 하는지에 대한 정보를 담고 있습니다. 분석 과정에서는 표준화 되지 않은 파일을 사용할 경우도 많습니다. 분석 과정에서 유전자와 돌연변이의 관련성에 관한 파일을 만들었을 때, 그냥 txt 파일 이라고만 저장하게 될 것입니다. 이 경우는 개인적으로 사용하는 파일이기 때문에 따로 어떤 데이터인지를 어딘가에 적어 두거나 파일 첫 부분에 헤더를 넣어야 합니다.

gene	mutation	correlation
AAA	chr1:1111	0.95
BBB	chr2:2222	0.85

유전체 시퀀싱 정보를 다룰 때 가장 단순한 파일 형식은 'FASTA' 파일일 것입니다. 인간 게놈을 전부 다운 받으면 'fa' 파일을 받을 수 있는데 이것이 바로 이 형식입니다. '>'로 시작하는 줄에 설명을 쓰고, 다음 줄부터는 거기에 해당되는 서열 정보를 쭉 적는(적절히 줄을 띄워서) 형식이죠.

```
>SEQUENCE_1
MTEITAAMVKELRESTGAGMMDCKNALSETNGDFDKAVQLLREKGLGKAAKKADRLAAEG
LVSVKVSDDFTIAAMRPSYLSYEDLDMTFVENEYKALVAELEKENEERRRLKDPNKPEHK
IPQFASRKQLSDAILKEAEEKIKEELKAQGKPEKIWDNIIPGKMNSFIADNSQLDSKLTL
MGQFYVMDDKKTVEQVIAEKEKEFGGKIKIVEFICFEVGEGLEKKTEDFAAEVAAQL
>SEQUENCE_2
SATVSEINSETDFVAKNDQFIALTKDTTAHIQSNSLQSVEELHSSTINGVKFEEYLKSQI
ATIGENLVVRRFATLKAGANGVVNGYIHTNGRVGVVIAAACDSAEVASKSRDLLRQICMH
```

인간 레퍼런스(Reference) 유전체 데이터를 다운받으면 첫 줄에 '>chr1' 문구와 서열 정보가 쭉 나열되고, 또 '>chr2'가 시작된다고 한 후 쭉 서열 정보가 나열되는 식으로 30억 개의 ATGC 알파벳이 계속됩니다. 사실 이것만 가지고 할 수 있는 일은 거의 없습니다. 실험을 통해 얻은 시퀀스 정보가 있을 때 이것이 어디서 왔는지 또는 레퍼런스와 어떻게 다른지를 알 수 있는 지도 책자에 불과하죠.

실험을 통해 얻은 시퀀스는 'FASTQ' 형식으로 저장되어 있는 경우가 많습니다. FASTA는 시퀀스만 쓴 것이고 FASTQ는 여기에 '품질(quality)'정보를 더한 것인데요. 시퀀스의 품질에 대해서 이야기하려면 'NGS(차세대 지놈 시퀀싱)' 방법에 대해서 어느 정도 지식이 필요합니다.

유튜브에서 'NGS'를 검색해 보면 좋은 자료가 많습니다. 간단히 요약하자면, 한 가닥의 DNA를 시퀀싱하는 것이 어렵기 때문에 복제를 해서 같은 시퀀스를 가진 다발을 만든 뒤에 DNA 다발이 발생시키는 신호를 측정해서 그 서열 정보를 알아내는 것이죠. 그런데 이 다발을 만드는 과정이나, 신호를 발생시키는 화학 반응 과정에서 오류가 발생한다면 DNA 다발에 다른 서열이 끼어들게 됩니다. 이게 몇 퍼센트나 되는지에 따라 품질이 달라지게 됩니다. 이 품질을 해석해서 특정 시퀀스가 개인이 가진 돌연변이인지, 시퀀싱 오류인지를 판단하기 때문에 중요한 데이터라 할 수 있습니다.

```
@SEQ_ID
GATTTGGGGTTCAAAGCAGTATCGATCAAATAGTAAATCCATTTGTTCAACTCACAGTTT
+
!''*((((***+))%%%++)(%%%%).1***-+*''))**55CCF>>>>>CCCCCCC65
```

FASTQ 파일은 4줄이 한 세트로 이루어져 있습니다. 첫 번째 라인은 '@'로 시작하는데 아이디 정보와 함께 다른 정보를 사용할 수 있습니다. 두 번째 라인은 시퀀스를 그대로 쭉 씁니다. 세 번째 라인은 '+'인데 뒤에 아이디를 넣기도 하지만 아무것도 안 쓰는 경우도 많습니다. 마지막 라인에는 품질 정보가 들어 있죠. 얼핏 암호처럼 보이지만, '!(ASCII 코드의 33번)'가 가장 낮은 품질을, '~(ASCII 92번)'이 가장 높은 품질을 뜻합니다. 코드표를 보면서 해석할 수는 있지만, 아무래도 맨눈으로 할 수는 없고 FASTQ를 다룰 수 있는 전용 툴을 사용해서 처리하는 게 좋습니다.

시퀀스 정보를 얻으면 다음에는 무엇을 할까요? 먼저 이 시퀀스가 어디에서 유래한 것인지, 인간 유전체의 어느 부분인지 알고 싶을 것입니다. 아니면 인간 레퍼런스 유전체와 다른 점을 찾아서 돌연변이 발생 여부를 알고 싶을 수도 있습니다. 위치를 찾는 것을 '얼라이먼트(alignment)'라고 하고, 간단히 '매핑'이라고도 하는데, 그 결과를 'sam(Sequence Alignment Map)'이나 'bam(Binary Alignment Map)' 파일에 담습니다. 변이를 찾는 것은 '콜링(calling)'이라고 하고 번역해서 '추출'이라고 부르기도 하는데, 주로 vcf 파일에 담습니다.

콜링을 하기 위해서는 먼저 정답을 알아야 하기 때문에 위치에 얼라이먼트를 해야 할 것입니다. 얼라이먼트를 위한 툴은 상당히 많은데요. 툴 사이의 성능이나 장단점을 비교해 놓은 글도 찾을 수 있습니다. 아래 위키피디아를 참고하기 바랍니다. 리스트에는 성능을 높이기 위해 GPU를 사용한 경우도 있습니다. 성능이 더 좋거나 기능이 다양한 최신 도구를 쓸 수도 있지만, 그동안 써왔던 아니면 주변에서 많이 쓰는 툴을 쓰는 게 더 좋을 수도 있습니다.

https://en.wikipedia.org/wiki/List_of_sequence_alignment_software

얼라이먼트 결과는 'sam' 파일 형식으로 담습니다. 'bam'은 크기를 줄이기 위해 sam을 바이너리 형식으로 바꾼 것이기 때문에 sam과 같다고 보면 됩니다. 얼라이먼트는 레퍼런스 시퀀스와 fastq 파일에 담겨있는 조각 시퀀스를 비교한 것이기 때문에, 레퍼런스에서 어느 위치에 속하는지 알 수 있고 레퍼런스와의 차이를 찾을 수 있게 해줍니다. 시퀀스가 완전히 일치할 수도 있지만, 돌연변이가 있다면 1개 이상의 염기가 다를 수도 있고, 몇 개가 잘려나갔거나, 새로운 염기서열이 중간에 끼어들어 있는 경우도 흔합니다. 얼라이먼트가 얼마나 잘되는지를 나타내는 것이 바로 '매핑 품질(MAPQ)'입니다. 실제 데이터의 매핑 품질을 보면 이것도 역시 암호처럼 되어 있습니다. '8M2I4M1D3M'이라고 쓰여 있으면 해당 시퀀스가 레퍼런스와 비교했을 때 8개 일치, 2개 추가, 4개 일치, 1개 삭제, 3개 일치 한다는 뜻으로 해석해야 합니다. 실제 시퀀스와 비교하면서 이것을 일일이 해석하는 것은 쉬운 일이 아니고, 대부분은 samtools를 사용해서 처리하게 됩니다. sam 파일의 포맷과 여러 해석 방법에 대해서는 samtools 매뉴얼을 참고하기 바랍니다.

http://www.htslib.org/

어떤 단백질에 붙어있는 시퀀스를 모두 모아서 유전체의 어느 부분인지 알고 싶다고 하면 sam 파일 중에서도 위치 정보가 가장 중요합니다. 물론 이때는 MAPQ 가 어느 정도 이상인 경우만 따로 빼내서 처리하는게 좋을 것 같긴 합니다. 이렇게 위치만 빼서 따로 만들 때 쓰는 파일이 바로 bed 포맷입니다. 그리고 bed 포맷을 다룰 때 쓰는 것이 bedtools 입니다.

https://bedtools.readthedocs.io/en/latest/

bed 형식은 원래 genome browser 등에 표시하기 좋도록 만들어졌습니다. 어느 위치에서 어디 까지가 어떤 유전자 인지 등을 표시할 때 쓰입니다. 유전체 분석의 많은 부분이 이 위치를 중심으로 이루어지고, UCSC genome browser 가 이 포맷을 중심으로 움직이기 때문에 수 많은 데이터를 bed 파일로 다운 받을 수 있습니다. 데이터 연구에서 수 백개 이상의 bed 파일을 사용하는 경우도 흔하기 때문에 툴의 사용을 익혀둘 필요가 있습니다.

만약 2개의 bed 파일을 합칠 필요가 있을 때에는 merge 기능을 하용합니다. 하나의 bed 파일 안에는 서로 겹치는 위치가 있을 수 있는데, 이런 데이터를 잘 못 사용하면 하나의 유전 변이가 여러 군데 겹치는 것처럼 나옵니다. 그래서 merge 를 사용해서 겹치는 부분을 하나로 합칠 수 있습니다.

```
$ cat A.bed
chr1 100 200
chr1 180 250
chr1 250 500
chr1 501 1000

$ bedtools merge -i A.bed
chr1 100 500
chr1 501 1000
```

두 bed 파일을 하나로 합치고 싶으면, 두 파일을 cat 으로 합친 뒤에, sort 하고 merge 를 실행해 주면 됩니다.

만약 bed 파일에서 서로 겹치는 부분을 빼내고 싶으면 intersect 를 쓰면 됩니다. 새로 찾아낸 돌연변이를 bed 파일로 가지고 있을 때, 이 돌연변이가 다른 데이터와 실제로 겹치는지를 알아보고 싶을 때는 intersect 를 쓰게 됩니다. 다음 그림을 보면 이해하는데 도움이 될 겁니다.

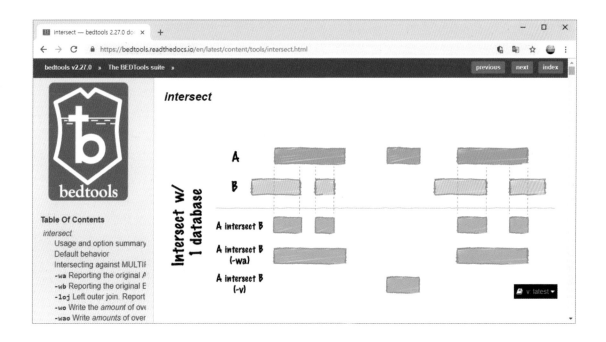

이 intersect 기능은 매우 많은 옵션을 가지고 있습니다. 그 중에 데이터를 처리하는데 많이 쓰이는 것이 바로 'loj 옵션'입니다. 데이터베이스를 써 보면 익숙한 개념인데, 두 테이블을 합칠 때 왼쪽(처음 나오는 쪽) 테이블을 기준으로 합치라는 것입니다. 이 옵션을 쓰면 실제로 안겹치는 경우에도 테이블을 남겨두고 대신 −1로 표시해서 겹치는 데이터가 없다는 것을 명시해 줍니다.

```
$ cat A.bed
chr1  10  20
chr1  30  40


$ cat B.bed
chr1  15  20


$ bedtools intersect -a A.bed -b B.bed -loj
chr1  10  20  chr 15  20
chr1  30  40  . -1  -1
```

돌연변이 정보가 A 에 들어 있고, 기존에 여러 질병과 관련된 데이터가 1000개 bed 파일에 들어있다고 가정 해보겠습니다. A 를 기준으로 1000개 bed 파일을 하나씩 intersect 해서 데이터를 생산했습니다. 이제 결과 데이터를 A를 기준으로 큰 테이블로 만들어 보고 싶을 때 보통의 intersect를 쓴다면 중간에 안겹치는 데이터가 빠진 상태로 있으므로 합칠 때 귀찮죠. 하지만 loj 옵션을 쓰면, 어짜피 A와 순서가 일치하기 때문에 그냥 파일을 합치기만 하면 됩니다. 그래서 많은 파일을 다룰 때 거의 필수로 사용되는 옵션입니다.

위치가 아니라 특정 개인이나 암세포가 가진 유전 변이 정보만 추출하고 싶으면 콜링을 하게 됩니다. 매핑 품질에는 레퍼런스와의 일치 여부가 기록되어 있는데, 특정 위치에 레퍼런스와의 차이가 반복해서 나타나고, 또 충분히 높은 시퀀싱 품질을 가지고 있다면 그 부분은 오류가 아니라 변이가 확실하다고 할 수 있습니다. 질병의 관계 있는 개인 유전 변이를 찾기 위해 시퀀싱했는데, sam 파일에 MAPQ가 완전히 일치한다고 나오는 시퀀스는 버릴 수 있습니다. 변이가 확실한 부분만 따로 담은 파일이 바로 vcf 파일입니다.

https://en.wikipedia.org/wiki/Variant_Call_Format

sam(bam) 파일에서 vcf를 만드는 방법은 몇 가지 툴이 있는데, samtools에 포함된 bcftools도 있고, GATK 에서도 제공하죠. 아무래도 흔히 사용하는 툴을 쓰면 편한데, 다음은 GATK에서 제공하는 예제로서 시퀀스를 읽는 부분에서 새로운 변이를 찾는 데까지 이어 놓은 '파이프라인(pipeline)'을 제시하고 있습니다.

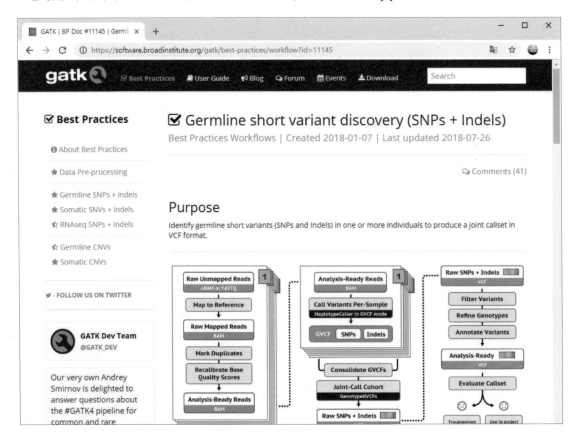

파이프라인

유전체 데이터는 여러 단계를 거치면서 분석하는데, 각 단계마다 적용이 가능한 많은 툴들이 존재합니다. 원하는 데이터를 추출하기 위해 단계 마다 각각의 툴들을 잘 엮어 놓은 것이 바로 파이프라인입니다. 유전 변이 추출을 위한 파이프라인도 있고, 단백질 발현 정보를 빼내기 위한 것도 있습니다. 마치 공장 라인처럼 데이터를 순서대로 쭉 가공해서 결과물을 내놓는 것입니다.

파이프라인은 컴퓨터 CPU에서 매우 중요한 개념이기도 합니다. 파이프라인이라고 하면 둥근 입구를 가진 긴 관을 떠올릴 수도 있는데 그것 보다는 화학 공장의 생산 라인과 비슷합니다. 한 쪽에 원재료를 넣으면 다른 쪽에서 결과물이 나오는 것이죠. 한 쪽으로 재료가 들어가고 중간에 혼합하는 장비, 가열하는 장비, 분류하는 장비 등을 거쳐서 다른 쪽에서 결과물이 나오는 식으로는 한 장비를 사용하는 동안 다른 장비를 놀릴 수 밖에 없습니다. 만약 첫 번째 재료를 넣은 뒤에 다른 장비로 넘어갈 때(혼합하는 장비에서 가열하는 장비로 넘어 갈 때는 시작부분이 비워지는 것이니까), 이 때 두 번째 재료를 넣고, 또 두번째 재료가 혼합하는 장비를 떠나는 시점에 세번째 재료를 넣으면, 모든 장비가 계속 사용중인 상태로 재료가 계속 들어가고 결과물이 나오게 됩니다. 이렇게 하면 전체 성능이 3배로 빨라 지는데, 이것이 파이프라인의 원리입니다.

CPU에서는 여러 단계를 거쳐 명령을 처리합니다. 우선 메모리에서 명령(operation)을 읽어야 하고, 그 명령을 해석(anaylize)합니다. 명령이 C=A+B 라고 가정 해보면, A와 B를 각각 메모리에서 읽어서 그 값을 더하고, C에 쓰는 과정이 필요합니다. 데이터 읽기와 쓰기 그리고 두 개를 더하는 것은 모두 CPU안의 다른 장치(또는 자원, resource)를 통하는 것입니다. 그래서 명령 하나를 끝내는데 마지막까지 기다리지 않고, 읽은 뒤에 처리(data processing)로 넘어 가면 바로 그 다음 명령을 읽어 들일 수 있습니다. 하나의 명령을 7단계로 나누면 마지막 입력까지 7개가 동시에 파이프라인에 존재하는 셈입니다.

물론 이론적으로는 잘 되지만, CPU가 처리해야 하는 일의 종류가 다양하다 보니 많은 문제가 생겼습니다. 복잡한 단계를 거쳐야 하거나 아주 짧은 일도 있습니다. 그렇다보니 CPU가 아무 일도 하지않는 타이밍이 생기게 됩니다. 이런 것을 버블이라고 부릅니다. 가장 큰 문제는 조건 분기 문제입니다. 조건에 따라 다음에 해야 할 일이 정해지지 않은 경우에는 아예 시작을 할 수가 없습니다. 만약 그 다음 명령이 if (C>10) C=0 라고 하면, C가 얼마냐에 따라 C=0 명령을 수행해야 할 수도 있고, 그 다음으로 뛰어넘어야 할 수도 있습니다. 그러면 이 다음 명령이 무엇인지 모르기 때문에 명령 읽기를 시작 하면 안됩니다. 이제 이 명령이 다 끝날 때까지 아무것도 안하는 장치가 생기게 됩니다. 버블은 성능 저하의 원인이 되기 때문에 이것을 줄이기 위해서 많은 노력을 해 오고 있습니다. 조건 분기문 같은 경우에는 분기되는 길 중에 가능성이 높은 쪽을 일단 수행하다가, 그 쪽이 아님을 알았을 때 중간 결과를 포기하고 원상 복구하는 방법을 쓰기도 합니다.

리눅스의 셸에서도 파이프라인을 써야 할 때가 있습니다. 리다이렉션(Redirection)과 파이프(pipe)로 원하는 여러 툴들을 연결해서 쓸 수 있습니다. 리다이렉션은 어떤 프로그램이 프린트 한 것을 화면에 출력하는 대신 다른 파일로 보내는 (리다이렉트:re-direct) 역할을 하는 것입니다. '>'나 '<' 기호를 사용하는 바로 그 것입니다. 주로 프로그램과 파일을 연결할 때 쓰입니다.

```
$ ls > a.txt
```

파이프는 프로그램 간에 사용됩니다. 기호로 '|'를 사용합니다. | 기호 왼쪽 프로그램의 프린트된 내용을 오른쪽 프로그램의 입력으로 보내라는 의미입니다.

```
$ ls | head
```

ls 한 결과를 head 에 넘겨서 처리하게 하고 그 결과를 화면에 뿌리라는 것입니다. 이걸 실제로 실행시키면, 모두 3개의 프로세스가 거의 동시에 뜹니다. ls 와 |와 head 가 떠서 모두 CPU 를 사용하려고 대기하게 됩니다. CPU 의 파이프라인처럼 ls 에서 무엇인가가 나오면 바로 head 의 입력으로 넣어주고, head 는 이것을 처리해서 출력을 하게 됩니다. 요즘 CPU 들 처럼 여러 코어가 있다면, 3개의 코어가 동시에 동작을 하게 될 것입니다.

```
$ ls | sort | head
```

2개 이상의 프로그램을 파이프라인으로 구현하는 것도 가능합니다. 이때는 중간에 정렬을 하기 위한 sort 가 있는데, 문제는 이 프로그램은 입력이 다 들어와야 정렬을 끝마칠 수 있고 출력을 시작할 수 있습니다. 그래서 head 는 앞에서 무엇인가 들어오기를 한참 기다리면서 놀고 있어야 됩니다. 대부분의 리눅스는 이런 파이프가 가능하기 때문에 간단한 자료 처리 파이프라인을 만들어 볼 수 있습니다.

2.2.02 셸 스크립트

BED 파일을 처리하려면 bedtools 에 익숙해져야겠지요. 그런데 가끔씩 이 툴을 쓰지 않고 처리해야 하는 경우를 대비해서 셸스크립트와 각종 유틸리티를 알아두면 좋습니다.

정렬

데이터를 다룰 때, 가장 필요한 것 중 하나는 정렬입니다. BED 파일들도 대부분 염색체 순서 및 서열위치 순서에 따라 정렬된 상태로 보관되어 있습니다. 두 개의 BED 파일에서 겹치는 부분만 빼내고 싶다고 할 때, 만약 정렬되지 않은 상태였다면 한 파일의 어떤 위치와 겹치는 것이 있는지를 두 번째 파일의 모든 위치와 비교해 보아야 하는 비효율이 생깁니다.

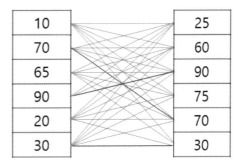

△ 정렬된 데이터에서 비교(왼쪽)과 정렬되지 않은 데이터에서의 비교(오른쪽)

실제로 코드로 돌려 보면 성능 차이가 꽤 나는 것을 확인할 수 있습니다.

```
$ time intersectBed -a dhs.bed -b hmvec.bed > /dev/null

real    0m19.109s
user    0m18.596s
sys     0m0.508s

$ time intersectBed -sorted -a dhs_sorted.bed -b hmvec_sorted.bed > /dev/null

real    0m4.233s
user    0m4.156s
sys     0m0.072s
```

물론 bedtools 에도 정렬이 있습니다. 하지만 chr 순서대로 정렬이 안되고 chr1번 다음에 chr10번이 오는 식으로 "문자 순서"로 정렬되는 경우가 있습니다. 문자 순서 정렬에 따르면 chr2는 chr19 다음에 오게 됩니다. 정해진 파일만 다루면 되는 bedtools 와 같은 툴에서 제공하는 정렬은 아무래도 전문 정렬 유틸리티에 비해서 유연성이 떨어질 수 밖에 없습니다. 리눅스에 기본으로 들어있는 sort 를 사용하는게 낫습니다. 물론 chr 번호 순서대로 정렬하는 것은 매우 쉽습니다.

```
$ cat file2.bed
chr10    2000    3000    cloneB   800
chr2     5000    6000    cloneB   920
chr1     9000    9900    cloneA   960
chr19    7000    8000    cloneB   500

$ sortBed -i file2.bed
chr1     9000    9900    cloneA   960
chr10    2000    3000    cloneB   800
chr19    7000    8000    cloneB   500
chr2     5000    6000    cloneB   920

$ sort -V file2.bed
chr1     9000    9900    cloneA   960
chr2     5000    6000    cloneB   920
chr10    2000    3000    cloneB   800
chr19    7000    8000    cloneB   500
```

원래 −V 옵션은 소프트 웨어 버전를 붙이는 순서대로 정렬하라는 뜻입니다. 버전은 여러 개의 수를 점으로 연결해서 제공하는데 앞의 수가 무조건 더 중요합니다. 예를 들어 1.0.9 다음 버전은 1.0.10 으로 붙일 수 있습니다. 또 1.0.33 다음에 1.1.0으로 버전 번호를 정하는 것 역시 가능합니다. 그래서 BED 파일에도 −V 옵션을 주면 맨 처음 수 즉 chr 다음에 오는 수에 따라 정렬하고 그다음이 첫번째 위치정보에 따라 정렬 하는 식으로 움직이는 것입니다.

내친김에 파일의 5번째 열 즉 score 에 따라서 정렬을 해보면 이렇습니다. 5번째 열만 정렬하기 때문에 −k 옵션을 주어 "5번째부터 5번째 열까지의 데이터에 따라" 정렬을 시킵니다. 그리고 뒤에 따라 붙은 'n' 옵션은 "수(number)로 생각하고 정렬하라"는 의미입니다.

```
$ sort -k5,5n file2.bed
chr19    7000    8000    cloneB   500
chr10    2000    3000    cloneB   800
chr2     5000    6000    cloneB   920
chr1     9000    9900    cloneA   960
```

기본 제공되는 정렬에는 수많은 옵션이 있습니다. 뭔가를 정렬하고자 할 때 필요한 대부분의 방법이 들어 있습니다. 그리고, 기본 정렬이 bedtools 의 정렬보다 보통은 더 빠릅니다. 아래에선 5백만 줄이 넘는 bed 파일을 정렬해 보았는데 속도 차이가 꽤 납니다. 물론 자세히 보면 기본 sort 유틸이 더 많은 CPU 코어를 쓰고 있음을 짐작 할 수 있습니다.

```
$ wc dhs.bed
5554947  16664841 132886204 dhs.bed

$ time sortBed -i dhs.bed > dhs_sorted.bed

real    0m18.044s
user    0m16.092s
sys     0m1.672s

$ time sort -V dhs.bed > dhs_sorted.bed

real    0m6.422s
user    0m24.668s
sys     0m0.804s
```

2개의 BED 파일을 bedtools 를 써서 합칠 때 주의할 점이 있습니다. 둘다 같은 chr 번호 순서로 정렬되어 있어야 하고, 위치정보는 점점 커지는 순서(ascending order)로 정렬되어 있어야 합니다. 그렇지 않으면 에러가 납니다.

```
$ sort -V file2.bed  > file2.V.bed
wooyang@omicsGPU:~$ sortBed -i file2.bed  > file2.B.bed
wooyang@omicsGPU:~$ intersectBed -sorted -a file2.V.bed -b file2.B.bed
ERROR: chromomsome sort ordering for file file2.V.bed is inconsistent with other files. Record was:
chr10   2000    3000    cloneB  800
```

대부분의 데이터는 무엇인가의 기준으로 정렬되어 있습니다. 많은 bed 파일을 다운받아보면 대부분은 sortBed 의 기준인 유전체 상의 위치에 따라 정렬되어 있습니다. 여러 BED 파일을 동시에 다루게 된다면 이렇게 위치 순서대로 정렬해 두는 게 편합니다.

검색

데이터 중 일부 추출하고 싶을 때는 검색을 씁니다. 대부분의 TSV 등의 텍스트 파일은 라인 단위, 테이블로 생각하면 행(row) 단위로 의미를 가집니다. 그래서 특정 조건에 맞는 라인을 뽑는 방법이 유용합니다. 가장 쉬운 방법으로는 grep이 있습니다. 앞의 파일에서 cloneB에 해당하는 파일만 뽑아봅니다.

```
$ grep cloneB file2.bed
chr10    2000    3000    cloneB    800
chr2     5000    6000    cloneB    920
chr19    7000    8000    cloneB    500
```

이번에는 chr1에 해당하는 라인만 뽑아 봅시다.

```
$ grep chr1 file2.bed
chr10    2000    3000    cloneB    800
chr1     9000    9900    cloneA    960
chr19    7000    8000    cloneB    500
```

문제가 생겼습니다. 보다시피 grep은 검색한 문자열이 나오기만 하면 출력해 줍니다. 이 파일은 TSV입니다. 그래서 chr1 다음에는 눈에 보이지 않는 tab이 들어가 있습니다. 이것까지 같이 검색을 시키면 chr10 등 chr1 다음에 tab이 나오지 않는 것은 출력되지 않습니다. 또 하나 grep에는 몇 가지 특수 문자가 있는데, 그 중 ^와 $는 라인의 처음과 끝을 뜻합니다. 각 라인 중에 chr1으로 시작하고 그 뒤에 tab이 있는 경우만 뽑기 위해서는 이렇게 하면 됩니다. 문자열 안에 tab을 넣는 것은 복잡합니다. 아래에서 $'\t' 부분이 바로 [tab]을 의미합니다.

```
$ grep '^chr1'$'\t' file2.bed
chr1     9000    9900    cloneA    960
```

grep도 워낙 많이 사용되는 유틸이기 때문에 많은 옵션이 있습니다. 그리고 정규식(regular expression)을 사용한 패턴 매칭도 가능하기 때문에 복잡한 작업도 마음만 먹으면 할 수 있습니다.

가끔 여러 열에 걸쳐서 데이터를 추출해야 하는 경우가 있습니다. DNA를 시퀀싱 해서 그 정보를 담아 둘

때 쓰는 FASTQ 포맷을 보면 4줄이 한 단위입니다.

```
$ head -n 8 goodHg19.fastq
@ID1
TGAATAGCTGGAGGAATGCAGACCTCTGNNNNNNNN
+ID1
fff^ScffafcSdcfd^cYYcY]WeBBBBBBBBBBB
@ID2
AAACCAAAGTCCAGATAAAGGCACGCCCNNNNNNNN
+ID2
ffaaffaaf]RZK__ceYe[acfafBBBBBBBBBBB
```

특정 패턴이 나오는 시퀀스가 포함된 4줄을 한꺼번에 뽑아야 하는 경우도 grep 으로 처리할 수 있습니다. A(after)옵션과 B(before)옵션을 써주고, 만약 특정 시퀀스를 찾으면 앞의 한줄, 뒤의 두줄을 추가로 프린트 해보겠습니다.

```
$ grep AAAGTCCA -B 1 -A 2 goodHg19.fastq
@ID2
AAACCAAAGTCCAGATAAAGGCACGCCCNNNNNNNN
+ID2
ffaaffaaf]RZK__ceYe[acfafBBBBBBBBBBB
```

정규표현식

정규표현식(regular expression)은 흔히 줄여서 regex 라고 부르기도 합니다.

원래는 컴퓨터 과학에서 프로그래밍 언어를 해석하기 위한 정규 언어로부터 유래한 형식 언어입니다. 이 형식은 C, 파이썬을 비롯한 여러 언어에서 사용되며 grep 과 awk 와 같은 문자처리 유틸리티에서도 사용됩니다. 거의 모든 문자열을 다루는 검색에서 사용하는 표현 방식입니다.

처음 접하면 상당히 당황스러운 문법인데, 아래는 위키피디아에서 예제로 들어 놓은 것입니다.

```
https://en.wikipedia.org/wiki/Regular_expression
(?<=\.) {2,}(?=[A-Z])
At least two spaces are matched, but only if they occur directly after a period (.) and before an
uppercase letter
```

저렇게 어려운 형식까지는 몰라도 쉬운 형식 몇 가지 알아두면 유용합니다. 유틸리티 마다 문법이 조금씩 다르기 때문에 여기서는 grep을 중심으로 설명하겠습니다. 유틸리티 설명에 regex를 지원한다 등의 말이 있으면 비슷한 것은 다 할 수 있지만 문법이 조금씩 다를 수 있습니다.

먼저 반복을 한번 보겠습니다. 아래와 같이 쓰면 B가 2번 이상 반복되는 경우를 grep 하라는 뜻입니다.

```
$ grep '[B]\{2,\}' goodHg19.fastq
fff^ScffafcSdcfd^cYYcY]WeBBBBBBBBBBB
ffaaffaaf]RZK__ceYe[acfafBBBBBBBBBBB
fggggfffafBcfffeedeegggcg`baBBBBBBBB
^gacgdfddfBeece]Y\\^fc]fcBBBBBBBBBBB
```

TCGA 중 하나가 2번 이상 반복되는 경우를 볼까요? 대괄호([ ])안에 여러 글자를 써주면 그 글자 중 하나에만 해당하면 됩니다.

```
$ grep '[TGCA]\{2,\}' goodHg19.fastq
TGAATAGCTGGAGGAATGCAGACCTCTGNNNNNNNN
AAACCAAAGTCCAGATAAAGGCACGCCCNNNNNNNN
TATCTGAGGCNAATCACACACTCTACTTNNNNNNNN
GCTCGCAGTGNGCCGATCAGGGCGTAGNNNNNNNNN
```

대괄호 안에 a-z 식으로 범위를 정해 줄 수도 있습니다. 소문자로 구성된 10자 이상의 문자열을 모두 뽑아 보겠습니다.

```
$ grep '[a-z]\{10,\}' goodHg19.fastq
fggggfffafBcfffeedeegggcg`baBBBBBBBB
```

어떤 아이디를 정할 때 대문자 한 글자 이상과 자연수로 구성되도록 정의해 봅시다. 즉 ABC345이나 XY1 같은 ID를 표현하고 싶을 경우 입니다. 자연수의 첫 자리에 0이 들어가는 경우는 없습니다. 그래서 대문자 [A-Z]가 한번 이상 \+ 부분이 나오고, 첫 자리 1-9가 무조건 한 번 나온 뒤에 0을 포함한 숫자 [0-9]가 0번 이상 나오는 경우를 찾아보겠습니다.

```
$ grep '[A-Z]\+[1-9][0-9]*' goodHg19.fastq
@ID1
+ID1
@ID2
+ID2
@ID3
+ID3
@ID4
+ID4
```

그냥 읽기에는 외계어 같아도 하나씩 뜯어 보면 쓸 만합니다. 그리고 텍스트 데이터를 다룰 때 모르고 넘어가면 곤란한 경우가 자주 생기기 때문에 몇 가지 만이라도 익숙해지길 바랍니다.

행(row)을 다루는 방법

간단한 작업을 할 때는 grep을 사용하는데, 복잡한 경우는 awk(오크)를 사용해서 처리할 수 있습니다. 텍스트 파일 중 CSV나 TSV를 다룰 때 가장 강력한 유틸리티가 바로 이 awk입니다. awk는 행을 기준으로 텍스트 파일을 처리하는데, 각 행을 문자열로 자동으로 나누어 주기 때문에 처리가 편리합니다. awk는 작은 스크립트 언어라고 부를 정도로 복잡하고 다양한 기능을 가지고 있기 때문에 공부하면 할수록 다양한 작업을 할 수 있습니다. 대신 진입장벽이 있어서 처음 사용이 막막할 것입니다. 어떤 파일이 있을 때 이 파일의 각 줄에서 두 번째 단어만 출력해 보는 간단한 스크립트를 예로 들어 보겠습니다.

```
$ cat test1.tsv
id      data1
id1     1
id2     2
id3     3

$ awk '{print $2}' test1.tsv
```

```
data1
1
2
3
```

awk는 작은 따옴표를 써서 그 안에 스크립트를 넣습니다. 그 안의 내용 {print $2}가 두 번째 항목을 프린트 하라는 것이었습니다. 위에서는 { } 하나만 썼는데, '조건 { }'을 써도 됩니다. 첫 번째 항목이 id1인 경우에 전체 줄을 프린트 하려면 이렇게 합니다.

```
$ awk '$1=="id1" {print}' test1.tsv
id1      1
```

조건 $1 == "id1" 에 해당하는 행에 대해서 동작 {print} 를 실행하라는 스크립트 입니다. 전체 줄을 프린트 할 때는 print $0 라고 쓸 수도 있고 print 만 써도 됩니다. 두 개 이상의 조건을 넣는 것도 가능합니다.

```
$ awk '$1=="id1" {print}
 {print $2}' test1.tsv
data1
id1      1
1
2
3
```

첫 번째 행은 $1이 "id"입니다. 그래서 $1=="id1" 조건에 맞지 않기 때문에 {print $2} 만 실행됩니다. 두 번째 행은 $1=="id1" 입니다. 그래서 {print} 도 실행되고, {print $2}도 이어서 실행됩니다. 셋째 넷째 행은 모두 {print}만 실행되었습니다.

스크립트의 모든 명령줄은 '조건 { 동작 }'의 형식으로 되어 있습니다. 많은 프로그래밍 언어에서 사용하는 'if (조건) 동작;'과 거의 흡사합니다. 다양한 조건과 동작을 잘 조합하면 복잡한 텍스트 처리도 가능합니다. 프린트만 할 수 있는 게 아니라 변수를 이용한 연산도 가능합니다. $2를 모두 더해 볼 수도 있습니다.

```
$ awk 'BEGIN {sum=0}
NR>1 {sum+=$2}
END {print sum}' test1.tsv
6
```

첫 줄의 BEGIN 은 특수 조건인데 awk 가 시작되었을 때 실행되는 동작을 지정할 때 사용합니다. 모든 수를 더할 것이기 때문에 합계 변수 sum 를 초기화 해주었습니다. 두 번째 줄의 NR〉1 조건에서 NR 은 몇 번째 행인지를 알려주는 특수 변수입니다. 파일의 첫 번째 줄은 데이터가 들어있지 않은 머리말 행(header)이기 때문에 건너뛰고 두 번째 행부터 sum+=$2를 해줍니다. $2를 그냥 쓰고 사칙연산을 해도 awk 는 자동으로 int 나 float 로 변경해줍니다. 이렇게 모든 행의 $2를 sum 에다 하나씩 더한 뒤, 마지막으로 결과를 출력해주어야 하는데, 특수 조건 END 를 써서 파일을 모두 처리하고 난 뒤 출력하고 만들었습니다.

awk 는 기본적으로 연속된 공백(white space)을 구분자로 사용합니다. 단어와 단어 사이에 몇 개의 space 와 tab 이 섞여 있든 상관없이 연속된 공백은 하나의 구분자인 것처럼 행동합니다. 아래처럼 Woojin Yang 에서 중간의 공백이 구분자로 인식되어 $2=="Woojin", $3=="Yang"이 된 것입니다.

```
$ cat test1.id.tsv
id      name
id1     Woojin Yang
id2     W Yang
id3     Yang, W

$ awk '{print $2}' test1.id.tsv
name
Woojin
W
Yang,
```

tab 으로 구분된 "Woojin Yang"을 하나의 단어로 쓰고 싶을 때는 구분자가 tab 임을 명시해주어야 합니다. CSV 일 때는 −F"," 를 씁니다.

```
$ awk -F "\t" '{print $2}' test1.id.tsv
name
```

```
Woojin Yang
W Yang
Yang, W
```

test1.id.tsv를 사용해서 test1.tsv 파일에서 id 값을 name 으로 바꾸는 작업도 awk 로 할 수 있습니다. 우선 test1.id.tsv를 한 줄 씩 읽어서 id 와 name 을 저장한 뒤에, test1.tsv를 읽어서 첫 번째 열의 id 를 name 으로 바꿔 주면 됩니다.

```
$ awk -F "\t" 'FNR==NR {NAME[$1]=$2; next;}
{print NAME[$1] "\t" $2}' test1.id.tsv test1.tsv
name        data1
Woojin Yang   1
W Yang      2
Yang, W     3
```

이번에는 먼저 awk 에 두 개의 파일을 파라미터로 넘겨주었습니다. 그러면 두 파일을 cat 해서 한 줄씩 처리하는 것과 유사하게 동작합니다. NR 은 몇 번째 줄인가를 나타내는 변수이고, FNR 은 각 파일에서 몇 번째 줄인가를 나타내는 변수입니다. 이 두 값이 같은 경우는 첫 번째 파일의 행을 처리할 때입니다. 그래서 {NAME[$1]=$2; next;}은 첫 번째 파일의 행인 경우에 실행되는 동작입니다. NAME 이라는 딕셔너리에 key 는 첫 번째 열(id), value 는 두 번째 열(name)을 넣어줍니다. 그 뒤에 next 라는 동작을 하는데, 이것은 이번 행에서는 더 이상 아래쪽 스크립트를 실행시키지 말고 다음 행으로 넘어가라는 것을 뜻합니다. 그래서 첫 번째 파일은 아래쪽 {print NAME[$1] "\t" $2} 부분을 실행하지 않습니다. awk 스크립트에서 { } 안에 여러 명령을 넣을 수 있는데 이때는 ;를 사용해서 구분한다는 것도 알 수 있군요.

이제 아래와 같은 딕셔너리가 만들어졌습니다.

```
NAME["id"] = "name"
NAME["id1"] = "Woojin Yang"
NAME["id2"] = "W Yang"
NAME["id3"] = "Yang, W'
```

이제 awk 는 두 번째 파일을 처리하는데 {print NAME[$1] "\t" $2} 이 부분을 수행하게 됩니다. 먼저 첫 번째 줄에서 $1=="id", $2=="data1"입니다. NAME[$1]은 그래서 "name"이 되겠군요. 출력 명령은 "name"과 tab과 "data1"을 출력합니다. 두 번째 줄은 $1=="id1", $2=="1" 입니다. 그래서 "Woojin Yang"과 tab과 "1"을 출력하게 됩니다. 이렇게 해서 첫 열의 id를 모두 NAME 딕셔너리를 사용해서 치환하게 되었습니다.

더 복잡한 데이터를 처리하다 보면 NAME 딕셔너리에 없어 치환할 수 없을 때도 있습니다. 그럴 때는 딕셔너리에 그 값이 있을 때만 처리하라는 조건을 넣을 수 있죠. 다음과 같이 조건을 넣어 주면 됩니다.

```
$ awk -F "\t" 'FNR==NR {NAME[$1]=$2; next;}
$1 in NAME {print NAME[$1] "\t" $2}' test1.id.tsv test1.tsv
```

그러면 파일이 TSV 가 아니고 FASTQ 와 같이 여러 행에 걸쳐 있는 경우는 어떻게 할 수 있을까요? 구분 자를 바꿔서 처리하면 됩니다. 텍스트 파일의 줄 띄움은 "\n" 이라는 newline 문자를 우리 눈에 보이게 표현한 것에 불과합니다. 대부분 newline 을 행의 구분으로 쓰기 때문에 기본값이 그렇게 설정되어 있을 뿐입니다. 열의 구분자를 tab, comma, space 등으로 바꿀 수 있듯이, 행의 구분자도 바꿀 수 있습니다.

```
$ cat goodHg19.fastq
@ID1
TGAATAGCTGGAGGAATGCAGACCTCTGNNNNNNNN
+ID1
fff^ScffafcSdcfd^cYYcY]WeBBBBBBBBBBB
@ID2
AAACCAAAGTCCAGATAAAGGCACGCCCNNNNNNNN
+ID2
ffaaffaaf]RZK__ceYe[acfafBBBBBBBBBBB
```

파일을 잘 보면 모든 데이터의 단위의 처음이 @로 시작하는 것을 볼 수 있습니다. 이것을 행 구분자로 바꾸면 될 것 같습니다. 열의 구분자는 newline 으로 하면 되겠습니다.

```
$ awk 'BEGIN {RS="@"; FS="\n"; OFS="\t"} NR>1{print "@" $1, $2, $3, $4}' goodHg19.fastq
@ID1    TGAATAGCTGGAGGATGCAGACCTCTGNNNN    +ID1    fff^ScffafcSdcfd^cYYcY]WeBBBBBBBB
@ID2    AAACCAAAGTCCAGATAAAGGCACGCCCNNN    +ID2    ffaaffaaf]RZK__ceYe[acfafBBBBBBBB
```

행과 열의 구분자는 BEGIN 조건, 즉 파일 처리 전에 설정합니다. 스크립트에서 RS(row seperator), FS(field seperator)로 지정해 주었습니다. 그리고 OFS(output field seperator)를 tab 으로 지정했는데, 이것은 print 문에서 comma(,)로 구분하는 경우 그 구분자로 사용할 문자를 지정해 주는 것입니다.

파일을 처리하는 부분은 NR〉1 조건과 {print "@" $1, $2, $3, $4} 동작 부분으로 구분됩니다. 첫 번째로 @가 나오니까 @이전이 하나의 행으로 처리되는데 빈 문자열입니다. 그래서 첫 번째 행은 아무것도 하지 않고 건너뛰기 위해 NR〉1 조건을 넣어주었습니다. 나머지는 @를 하나 찍은 뒤에 4개의 열의 값을 순서대로 출력합니다. 출력 할 때의 구분자는 OFS 로 지정해 주었습니다.

지금까지 awk 의 사용법 중 초보적인 내용을 보여드렸습니다. 스크립트는 각 행을 실행할 때마다 반복되는 "if 조건 then 동작"의 연속입니다. 그리고 각 행에 대해서는 for loop 를 도는 것과 유사한 동작을 합니다. 텍스트에 한해서는 웬만한 작업은 충분히 가능합니다. 물론 파일을 다시 앞으로 돌아가거나 조금 복잡한 데이터구조를 쓸 때 프로그래밍 언어 보다는 제약이 많습니다. 너무 복잡하게 사용할 필요도 없습니다. awk 등은 처리해야 할 데이터를 줄여주는 수준으로만 사용해도 충분히 매력적인 도구입니다.

복잡한 텍스트 파일을 다룰 때 한번의 awk 만으로 끝내기는 어렵고, 많은 사람들이 sed(stream editer)와 같이 사용합니다. sed(씨드)는 주로 텍스트 중 일부가 매칭되면 다른 텍스트로 치환하는데 사용하는 유틸리티인데, grep 이 찾기만 한다면 sed 는 치환까지 해주는 것이라 보면 되겠습니다. 정규표현식을 잘 사용하면 매우 강력하긴 하지만, 생물정보학에서는 데이터가 테이블에 가까운 모양으로 정형화되어 있는 경우가 많아서 여기서는 넘어가겠습니다.

참고로, 여러 번의 awk 와 sed 를 결합할 정도로 복잡한 텍스트 파일을 다룬다면 perl 과 같은 텍스트 처리용 스크립트 언어를 사용하는 것이 낫습니다. 실제로 awk 와 sed 를 대체하기 위해 개발될 것이 바로 perl 입니다. 'Perl, a "replacement" for awk and sed'라는 제목으로 처음 발표되었죠.

열(column) 을 다루는 방법

텍스트로 데이터를 저장하게 되면 행과 열을 구별하게 됩니다. 행 별로 데이터를 처리하는 것은 grep 과 awk 를 잘 조합하면 됩니다. 열에 대한 작업도 awk 를 쓸 수 있습니다. 2번째와 5번째 열만 프린트하라는 명령을 줄 수 있죠.

```
awk -F "," '{print $2 "," $5}' test.csv          CSV의 예
awk -F "\t" '{print $2 "\t" $5}' test.tsv        TSV의 예
```

하지만 cut 을 사용하면 훨씬 편하게 작업할 수 있습니다. 이렇게 2번째, 5번째 열만 잘라내라는 명령을 줄 수 있습니다.

```
cut -f 2,5 test.tsv
cut -d, -f2,5 test.csv
```

cut 은 기본 구분자(delimiter)로 tab 을 씁니다. 그래서 csv 를 처리할 때는 −d 옵션을 써서 delimiter 를 콤마 (,)로 바꿔주어야 합니다. 그리고 잘라낼 열을 범위로 지정할 수도 있습니다. 만약 2,3,4,5,6,9번 열을 잘라내려면 이런 식의 옵션을 주면 됩니다.

```
cut -d2-6,9 test.tsv
```

특정 열을 잘라낸 다음에 여러 열을 다시 붙이는 유틸리티도 있습니다. '붙여넣기'라는 뜻으로 쓰이는 paste 가 바로 명령 이름입니다. 두 tsv 파일을 붙여서 하나로 만들려면 이런 식으로 해줍니다.

```
$ cat test1.tsv
id      data1
id1     1
id2     2
id3     3
$ cat test2.tsv
id      data2
id1     10
id2     20
id3     30

$ paste test1.tsv test2.tsv
id      data1   id      data2
id1     1       id1     10
id2     2       id2     20
id3     3       id3     30
```

이 유틸에도 'delimiter' 기능이 있습니다. 만약 두 파일을 콤마로 붙이고 싶으면 '−d,' 옵션을 넣어 줍니다.

이때 두 파일을 단순히 옆으로 붙이기 때문에, 두 파일의 행의 수가 다르면 제대로 된 새 파일이 만들어지지 않습니다. 그리고 순서가 다른 두 파일을 합치는 것 역시 무리가 있습니다.

```
$ paste test1.tsv test3.tsv
id      data1   id      data3
id1     1       id2     200
id2     2       id3     300
id3     3       id4     400
                id5     500
```

같은 순서로 정렬되고 개수도 같은 데이터들끼리만 합칠 수 있기 때문에 분명 paste의 사용은 제한적입니다. 그래서 순서가 제대로 정렬된 bed파일을 다룰 때 많이 사용하게 됩니다. 조금 복잡한 예를 보겠습니다. 관심있는 모든 snp들에 대해서 두 시그널을 한 파일에 넣고 싶은 경우입니다.

```
$ cat snps.bed # 관심있는 snp들의 모음
chr1    1999    2000    snp1
chr2    1999    2000    snp2
chr3    5999    6000    snp3

$ cat signal1.bed # 보고 싶은 신호 데이터1
chr1    1000    3000    500
chr2    5000    9000    1500

$ cat signal2.bed # 보고 싶은 신호 데이터1
chr1    1000    3000    400
chr3    3000    9000    1200
```

관심 있는 snp들이 첫 번째 신호와 겹치는 지를 보려면 intersect를 해주면 됩니다. 이 때 LOJ(left outer join) 옵션을 주면 왼쪽 파일에 오른쪽 파일이 겹치지 않더라도 데이터를 남겨줍니다. 두 신호에 대한 intersectBed 결과를 보겠습니다.

```
$ intersectBed -a snps.bed -b signal1.bed -loj
chr1    1999    2000    snp1    chr1    1000    3000    500
```

```
    chr2    1999    2000    snp2    .       -1      -1      .
    chr3    5999    6000    snp3    .       -1      -1      .


$ intersectBed -a snps.bed -b signal2.bed -loj
    chr1    1999    2000    snp1    chr1    1000    3000    400
    chr2    1999    2000    snp2    .       -1      -1      .
    chr3    5999    6000    snp3    chr3    3000    9000    1200
```

LOJ 옵션을 주면 왼쪽 파일의 포지션을 그대로 사용하고 겹치는 데이터만 뒤에 남긴 효과가 나옵니다. 즉, 같은 파일을 사용하면 순서가 유지됩니다. 그대로 두 파일을 합치고 필요한 열만 cut으로 뽑아내면, 또는 반대로 cut으로 일부만 뽑아낸 다음 paste로 합칩니다.

ENCODE나 UCSC genome browser를 보면 하나의 세포에 대해서만 해도 다양한 데이터가 있습니다. 대부분은 유전체 위치에 대한 데이터를 제공하기 때문에 bed 파일을 사용해서 다운 받을 수 있습니다. 이 데이터 들의 조합에 대해 연구할 때에는 그 파일을 합쳐야 하는데, 이 때 paste와 intersectBed를 사용하면 처리 속도를 꽤 높일 수 있습니다.

2.2.03 pandas와 NumPy

이제 분석할 파일을 만들었으면 통계 방법을 쓰거나 딥러닝을 이용해서 결과를 만들어 내야겠죠. 이제부터는 R이나 파이썬과 같은 고급언어로 통계와 머신러닝 패키지를 이용해서 결과물을 만들고 시각화 과정을 거쳐 발표를 할 수 있습니다. 원래 이 과정에 좋은 도구가 바로 R이었습니다. 특히 R의 data.frame(데이터프레임)과 제공되는 다양한 통계 패키지를 비롯해 결과물을 시각화하기 위한 ggplot2는 매우 좋은 조합입니다. 다행스럽게도 파이썬이 이런 조합을 고스란히 가져왔습니다. 이제는 데이터를 다루는데 필수인 pandas로 데이터프레임을 제공받고, SciPy와 sklearn에서 통계 패키지와 머신러닝 패키지를 얻을 수 있습니다. ggplot2도 마찬가지로 파이썬에 포함되어 있습니다.

파이썬이 제공하는 머신러닝 패키지는 scikit-learn 또는 sklearn으로 불리는데 이것을 사용하기 위해서는 NumPy를 알아야 합니다. TensorFlow 같은 딥러닝 패키지들도 입출력을 위해 NumPy를 사용합니다. NumPy는 다차원 배열인데 포함된 모든 데이터는 같은 형식이어야 합니다. 머신러닝을 하고 싶으면 float 형식으로 만들어진 다차원 배열이 필요합니다.

우리가 읽을 파일이 표의 형식으로 되어있더라도 그 안에는 여러 종류의 데이터가 혼재되어 있고, 행과 열의 라벨 등이 문자로 저장되어 있을 것입니다. 이것을 파이썬으로 읽어들이는데 가장 강력한 도구가 바로 pandas 입니다. 텍스트 파일 뿐만 아니라, 엑셀 파일도 데이터프레임으로 통째로 옮겨올 수 있습니다.

먼저 아래 링크에서 데이터를 가지고 옵니다.

https://www.ebi.ac.uk/gwas/variants/rs7329174

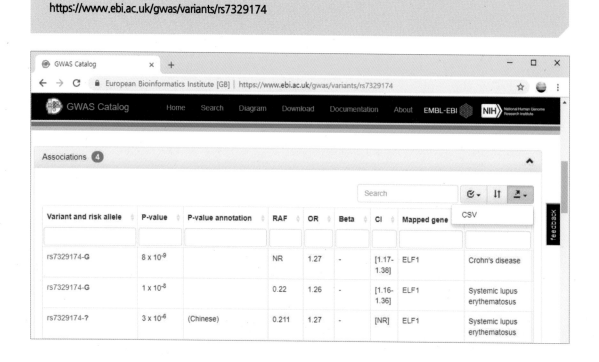

오른쪽에 테이블을 CSV 파일로 다운로드할 수 있는데 이것을 PC에 저장했습니다. 이제 그 내용을 보면 조금 복잡해 보일 겁니다.

```
$ head -n2 rs7329174.csv
"Variant and risk allele","P-value","P-value annotation","RAF","OR","Beta","CI","Mapped
gene","Reported trait","Trait(s)","Study accession"
"rs7329174-G","8 x 10-9","","NR","1.27","-","[1.17-1.38]","ELF1","Crohn's disease","crohn's
disease","GCST001785"
```

이제부터는 Jupyter를 써서 파이썬 작업을 합니다. 다음 코드와 같이 pandas의 read_csv를 사용하면 보기 좋게 읽어 올 수가 있습니다. 아무 옵션을 주지 않아도 일단 읽어 옵니다.

```
import pandas

assoc = pandas.read_csv('rs7329174.csv')

assoc
```

	Variant and risk allele	P-value	P-value annotation	RAF	OR	Beta	CI	Mapped gene	Reported trait	Trait(s)
0	rs7329174-G	8 x 10-9	NaN	NR	1.27	-	[1.17-1.38]	ELF1	Crohn's disease	crohn's disease
1	rs7329174-G	1 x 10-8	NaN	0.22	1.26	-	[1.16-1.36]	ELF1	Systemic lupus erythematosus	systemic lupus erythematosus
2	rs7329174-?	3 x 10-6	(Chinese)	0.211	1.27	-	[NR]	ELF1	Systemic lupus erythematosus	systemic lupus erythematosus

파일 읽기를 위한 read 에는 TSV 를 위한 방법은 따로 없습니다. 대신 CSV 의 옵션 중 구분자를 지정하는 옵션 sep='₩t'를 넣어주면 TSV 를 읽어옵니다. 파일에 쓰기를 할때도 마찬가지입니다. 이제 앞에서 만들어진 dataframe 을 저장해 보겠습니다. TSV 파일로 저장을 하기 위해서 sep 옵션을 썼고, 헤더 부분을 빼고 저장하기 위해서 header=None 옵션을 넣어 보았습니다.

```
assoc.to_csv('rs7329174.tsv', sep='₩t', header=None)

!cat rs7329174.tsv

0       rs7329174-G     8 x 10-9                NR      1.27    -       [1.17-1.38]
ELF1    Crohn's disease crohn's disease GCST001785
1       rs7329174-G     1 x 10-8                0.22    1.26    -       [1.16-1.36]
ELF1    Systemic lupus erythematosus    systemic lupus erythematosus    GCST000858
2       rs7329174-?     3 x 10-6        (Chinese)       0.211   1.27    -       [NR]
ELF1    Systemic lupus erythematosus    systemic lupus erythematosus    GCST003622
3       rs7329174-G     6 x 10-6                0.21    1.45    -       ELF1
Systemic lupus erythematosus    systemic lupus erythematosus    GCST001795
```

파일에는 비어 있는 데이터도 많고, 숫자들 사이에 가끔 텍스트가 들어가 있어서 제대로 읽어지지 않는 경우가 많습니다. 위 예제에서도 annotation 에 NaN 이라고 있는데 원래 CSV 에서도 비어있던 것들입니다. pandas 에는 이런 경우에 사용할 수 있는 툴들이 있습니다.

```
assoc.fillna('0')
```

	Variant and risk allele	P-value	P-value annotation	RAF	OR	Beta	CI	Mapped gene	Reported trait	Trait(s)
0	rs7329174-G	8 x 10-9	0	NR	1.27	-	[1.17-1.38]	ELF1	Crohn's disease	crohn's disease
1	rs7329174-G	1 x 10-8	0	0.22	1.26	-	[1.16-1.36]	ELF1	Systemic lupus erythematosus	systemic lupus erythematosus
2	rs7329174-?	3 x 10-6	(Chinese)	0.211	1.27	-	[NR]	ELF1	Systemic lupus erythematosus	systemic lupus erythematosus
3	rs7329174-G	6 x 10-6	0	0.21	1.45	-	-	ELF1	Systemic lupus erythematosus	systemic lupus erythematosus

이때, 파이썬은 루프를 돌면서 작업을 하는 것을 매우 꺼린다는 점을 알아야 합니다. 대부분의 언어에서는 for loop 를 돌면서 값을 채워야 했겠지만 파이썬은 이런 경우에 누군가 만들어 두었을 가능성이 크죠.

텍스트로 되어 있는 일부 열을 숫자값으로 바꿔야 할 때도 있고, 클래스로 나눠야 하는 경우도 있습니다. 그런 경우에도 pandas 가 사용하기 쉽습니다. 이 파일에서 수치로 표현되는 P-value 와 OR 만 뽑아 온다고 해봅시다. OR 의 경우에는 pandas 가 파일을 읽어왔을 때 이미 float 로 저장을 했음을 확인할 수 있습니다.

```
assoc['OR']

0    1.27
1    1.26
2    1.27
3    1.45
Name: OR, dtype: float64
```

```
assoc['P-value']

0    8 x 10-9
1    1 x 10-8
2    3 x 10-6
3    6 x 10-6
Name: P-value, dtype: object
```

문제는 P-value 인데, 얼핏 보기에는 float 형식이지만 제대로 인식이 되지 않을 것 같습니다. 이럴 때는 모종의 작업이 필요합니다. 우선 알아야 할 것이, pandas 는 8E-9 식으로 된 문자열은 쉽게 float 로 바꿔줍니다. 그래서 8 x 10-9 에서 중간의 ' x 10' 대신 'E' 만 넣으면 되겠다는 생각이 듭니다. 아래와 같이 replace 를 사용해서 처리한 다음 to_numeric 을 쓰면 float 형식으로 변경할 수 있습니다.

```
assoc['P-value'].str.replace(' x 10', 'E')

0    8E-9
1    1E-8
2    3E-6
3    6E-6
Name: P-value, dtype: object
```

```
pvalue = pandas.to_numeric(assoc['P-value'].str.replace(' x 10', 'E'))
```

```
pvalue

0    8.000000e-09
1    1.000000e-08
2    3.000000e-06
3    6.000000e-06
Name: P-value, dtype: float64
```

데이터로 머신러닝을 돌려보려면 float 형식이 일반적입니다. 이 예제에서는 2~3 종류의 데이터를 뽑아낼 수 있습니다. 만약 float 값이 아니라 trait 와 같이 문자열로 된 데이터도 사용하고 싶으면 어떻게 하면 좋을까요? OR 과 같이 float 로 표현이 되는 데이터를 'numeric(수치형)'이라 하고, trait 와 같이 몇 종류로 나뉘지는 데이터는 'categorical(범주형)'이라 부릅니다. 생물학 데이터에서는 categorical 을 써야 할 경우가 매우 자주 있는데, 다행히 pandas 에는 쉽게 쓸 수 있도록 구현이 되어 있습니다.

```
assoc['Trait(s)']

0               crohn's disease
1    systemic lupus erythematosus
2    systemic lupus erythematosus
3    systemic lupus erythematosus
Name: Trait(s), dtype: object
```

```
trait = pandas.get_dummies(assoc['Trait(s)'])
```

```
trait
```

	crohn's disease	systemic lupus erythematosus
0	1	0
1	0	1
2	0	1
3	0	1

이렇게 범주값을 0, 1로 표현하는 것을 'one-hot' 인코딩이라 부릅니다. 하나만 '1(뜨거움)'이고 나머지는 다 '0'이라는 뜻으로 그렇게 부르죠. 이미지를 분석하는 딥러닝 모델을 만들었을 때, 자동차, 비행기, 고양이, 개 이렇게 4가지 이미지를 학습시켰다고 해봅시다. 그러면 데이터에 1번 사진은 고양이, 2번 비행기 이런식으로 정답을 지정해 줘야 하는데, 이때 거의 one-hot 인코딩을 써야만 한다고 이해하면 됩니다.

작업을 pandas 로 한 뒤에, 머신러닝을 하기 위해서는 NumPy 로 만들어야 합니다. 이 과정이 어렵지는 않습니다. 먼저 지금까지 float 로 바꾼 데이터를 하나로 모아줍니다. 데이터를 바꾼 뒤에도 pandas dataframe 이기 때문에 concat 를 이용해서 하나로 합쳐줄 수 있습니다. 이때, 'axis=1'을 꼭 명시해 주어야 왼쪽에서 오른쪽 방향으로 여러 dataframe 을 묶을 수 있습니다.

```
new_assoc = pandas.concat([trait, pvalue, assoc['OR']], axis=1)
```

```
new_assoc
```

	crohn's disease	systemic lupus erythematosus	P-value	OR
0	1	0	8.000000e-09	1.27
1	0	1	1.000000e-08	1.26
2	0	1	3.000000e-06	1.27
3	0	1	6.000000e-06	1.45

이제 NumPy 로 바꿔 보겠습니다. 요소들은 모두 같은 형식을 가지게 된다는 것을 알아두세요.

```
import numpy as np

assoc_np = np.array(new_assoc)

assoc_np

array([[1.00e+00, 0.00e+00, 8.00e-09, 1.27e+00],
       [0.00e+00, 1.00e+00, 1.00e-08, 1.26e+00],
       [0.00e+00, 1.00e+00, 3.00e-06, 1.27e+00],
       [0.00e+00, 1.00e+00, 6.00e-06, 1.45e+00]])
```

2.2.04 NumPy로 데이터 다루기

NumPy의 핵심인 ndarray는 특정 타입의 데이터로 이루어진 다차원 배열(array)입니다. 수학이나 과학의 연산에서 행렬을 통째로 연산하는 경우가 많은데 이를 위해 만든 파이썬 패키지 입니다. 너무 자주 쓰다보니 NumPy를 아예 np로 쓰게 되서, 아래와 같은 import가 거의 기본입니다.

```
import numpy as np
```

NumPy의 가장 재미있는 특성은 broadcasting 입니다. 행렬과 하나의 수를 곱하면 행렬의 모든 값에 그 수를 곱한 효과가 나타나는데 이를 broadcasting 이라 부릅니다. C와 같은 보통의 프로그램에서 배열에 하나의 수를 곱하려면 for-loop를 사용해야 하지만 NumPy가 있으면 쉽게 할 수 있습니다.

```
assoc_np

array([[1.00e+00, 0.00e+00, 8.00e-09, 1.27e+00],
       [0.00e+00, 1.00e+00, 1.00e-08, 1.26e+00],
       [0.00e+00, 1.00e+00, 3.00e-06, 1.27e+00],
       [0.00e+00, 1.00e+00, 6.00e-06, 1.45e+00]])

assoc_np * 0

array([[0., 0., 0., 0.],
       [0., 0., 0., 0.],
       [0., 0., 0., 0.],
       [0., 0., 0., 0.]])
```

NumPy는 실행속도가 빠른 편입니다. 파이썬의 문법만 가지고 있을 뿐 내부 구현이 C 등의 컴파일 언어로 작성되어 있기 때문에 좋은 성능을 보여줍니다. 배열 속의 각 데이터에 같은 값을 곱할 때 루프를 돌려서 하나씩 더하는 것과 NumPy를 사용해서 한번에 더하는 것에는 소스코드가 짧아지는 것뿐만 아니라 실행 속도에서도 분명한 차이가 납니다. 그러다 보니 수치로 된 데이터 처리에서 파이썬을 사용한다면 대부분의 라이브러리가 NumPy에 바탕을 두고 있습니다.

NumPy에는 매우 다양한 기능이 있는데, 그 기능을 아는 만큼 더 쉽게 일할 수 있으니 별도의 책이나 레퍼런스의 예제들을 보며 잘 알아두기 바라며 여기서는 몇 가지 사용법에 대한 소개만 하죠. 먼저 NumPy를 사용하려면 배열이 있어야 합니다. 분석을 위한 데이터는 pandas 등을 통해서 파일에서 읽어 오면 됩니다. 분석 중간에 필요한 경우가 있어서 새 배열을 만들고 싶을 때 사용하는 방법도 있습니다. 새 배열을 직접 코드로 만들고 싶으면 리스트에서 변환하는 방법으로 생성합니다.

```
ar123 = np.array([ [1,2,3], [4,5,6] ])

ar123

array([[1, 2, 3],
       [4, 5, 6]])
```

단순 작업이 귀찮다면 이런 식으로도 가능합니다. 0부터 15까지의 정수를 4x4 배열에 넣었습니다. 우선 range()로 정수를 생성한 뒤, 이것을 list로 바꾸고, 다시 배열로 바꾼 뒤에, 배열 크기를 reshape()로 바꾸어 줍니다. 16크기의 1차원 배열을 4x4의 2차원으로 바꾼 것입니다.

```
ar16 = np.array(list(range(16))).reshape((4,4))

ar16

array([[ 0,  1,  2,  3],
       [ 4,  5,  6,  7],
       [ 8,  9, 10, 11],
       [12, 13, 14, 15]])
```

새로운 배열을 만드는 더 간단한 생성 방법으로는 np.ones 나 np.zeros 등을 사용하는 것입니다. 파라미터로 배열의 차원 크기를 넣어주면 그 크기에 맞는 배열을 만들어서 값을 채워 줍니다. 이때 기존 배열과 같은 크기와 형식으로 만들고 싶으면 like가 붙은 함수를 사용하면 됩니다.

```
ar1 = np.ones_like(assoc_np)

ar1

array([[1., 1., 1., 1.],
       [1., 1., 1., 1.],
       [1., 1., 1., 1.],
       [1., 1., 1., 1.]])

ar0 = np.zeros( (2,5) )

ar0

array([[0., 0., 0., 0., 0.],
       [0., 0., 0., 0., 0.]])
```

기존 배열에서 일부만 뽑아서 새 배열을 만들 수도 있습니다. NumPy 배열에서 데이터 일부만 가져오는 것을 슬라이싱(slicing)이라 부릅니다. 배열의 각 위치는 고유의 인덱스를 가집니다. 첫번째 줄, 첫번째 칸은 [0, 0], 3번째 줄은 [2, :]또는 [2], 2번째 칸은 [:, 1]과 같이 사용합니다.

```
ar16[0,0]
0
ar16[2]
array([ 8,  9, 10, 11])
ar16[:,1]
array([ 1,  5,  9, 13])
```

계속 헷갈리는게 첫번째 줄의 인덱스가 '0'이라는 점에 있습니다. 컴퓨터를 다루는 사람이라면 첫 번째가 0인 게 익숙하지만 그래도 정확한 것이 낫겠죠. 파이썬으로 작업을 할 때는 첫 번째 줄 보다는 'row 인덱스 0' 등으로 표현하는 것이 바람직합니다.

인덱스는 범위값을 가질 수도 있습니다. 만약 0:3로 표현하면, 0에서 3보다 작은 정수까지, 즉 0,1,2와 같은 뜻이 됩니다. 그리고 인덱스에 [[1,3]] 식으로 list를 넣어줄 수도 있습니다. 두번째 줄과 4번째 줄만 가져올 때 쓰입니다. 인덱싱을 할 때 각 차원 별로 조합도 가능합니다.

```
ar16[0:3]
array([[ 0,  1,  2,  3],
       [ 4,  5,  6,  7],
       [ 8,  9, 10, 11]])
ar16[[1,3]]
array([[ 4,  5,  6,  7],
       [12, 13, 14, 15]])
ar16[[1,3], 1:3]
array([[ 5,  6],
       [13, 14]])
```

인덱스에 정수 대신 True, False를 넣은 인덱싱도 있습니다. 만약 [[True, False, False, True]] 처럼 참, 거짓 값을 list로 넣어준다면 첫번째와 4번째 줄을 뜻하는 인덱싱이 됩니다.

```
ar16[[True, False, False, True]]
array([[ 0,  1,  2,  3],
       [12, 13, 14, 15]])
```

참, 거짓을 boolean(불리언) 값이라고 부르기 때문에 이런 인덱싱을 boolean indexing이라고 하고, 가끔 mask indexing이라고 부르기도 합니다. 정수 (integer) 인덱싱과 함께 알아두어야 합니다. 의외로 자주 쓰이는데 아래 예제처럼 특정 조건에 맞는 행만 뽑아오라고 하고 싶을 때 꼭 필요하기 때문입니다.

```
ar16[ar16[:,0]<5]
array([[0, 1, 2, 3],
       [4, 5, 6, 7]])
```

배열을 만드는 것은 어느정도 했으니, 이제 broadcasting을 조금 더 자세히 알아보겠습니다. 한 배열에 하나의 수를 연산하는 것은 앞에서도 해보았습니다. 두 배열을 더하는 것도 가능합니다. 배열의 각 요소는 두 배열의 각 요소의 합이 됩니다. 이때 크기가 다르면 에러가 날 수도 있습니다.

```
ar16 + 1
array([[ 1,  2,  3,  4],
       [ 5,  6,  7,  8],
       [ 9, 10, 11, 12],
       [13, 14, 15, 16]])
```

```
ar16 + ar1
array([[ 1.,  2.,  3.,  4.],
       [ 5.,  6.,  7.,  8.],
       [ 9., 10., 11., 12.],
       [13., 14., 15., 16.]])
```

```
ar16 + ar0
---------------------------------------------------------
ValueError                      Traceback (most recent call last)
<ipython-input-69-496384dcd491> in <module>()
----> 1 ar16 + ar0

ValueError: operands could not be broadcast together with shapes (4,4) (2,5)
```

배열과 수 하나의 연산이 가능한 것처럼, 높은 차원의 배열과 낮은 차원의 배열 사이의 연산도 가능합니다. 수 하나를 연산할 때는 그 수가 배열의 모든 요소로 broadcasting 되지만, 높은 차원과 낮은 차원을 연산할 때는 낮은 차원의 수가 높은 차원 쪽으로 broadcasting 됩니다. 예제를 보면 이해가 조금 더 쉽습니다.

```
ar4 = np.array([1,2,3,4])
```

```
ar4
```
```
array([1, 2, 3, 4])
```

```
ar1
```
```
array([[1., 1., 1., 1.],
       [1., 1., 1., 1.],
       [1., 1., 1., 1.],
       [1., 1., 1., 1.]])
```

```
ar1 + ar4
```
```
array([[2., 3., 4., 5.],
       [2., 3., 4., 5.],
       [2., 3., 4., 5.],
       [2., 3., 4., 5.]])
```

ar4는 1차원 배열 1x4이었고, ar1은 4x4의 2차원 배열이었습니다. 그 2개를 더하면 결과는 ar4의 첫번째 열 한 요소가 ar1의 첫번째 열의 모든 요소로 broadcasting 되어 더해집니다. ar4를 4x1 배열로 바꾼 ar4T 를 만들어서 4x4 배열을 더하면 다음 예제와 같이 ar4T 의 첫번째 행의 한 요소가 ar1의 첫번 째 행으로 broadcasting 됨을 알 수 있습니다.

```
ar4T = ar4.reshape(4,1)
```

```
ar1 + ar4T
```
```
array([[2., 2., 2., 2.],
       [3., 3., 3., 3.],
       [4., 4., 4., 4.],
       [5., 5., 5., 5.]])
```

1만개 샘플에 대해서 데이터가 100개씩 있는데, 각 샘플 단위로 데이터 표준화를 하고 싶다고 해봅시다. 각 샘플 별로 모두 1만개의 평균과 표준 편차를 구했습니다. 첫 번째 샘플의 100개 데이터를 모두 첫번 째 샘플의 평균으로 빼고, 표준편차로 나눠야 합니다. 바로 차원별 broadcasting 을 쓰면 쉽게 할 수 있습니다.

데이터의 평균을 구하는 것도 NumPy 의 차원축소 평균(reduce mean)을 쓰면 쉽게 됩니다. 1만개 샘플에 100개씩 데이터를 이야기 했는데, 이때의 데이터 크기는 (10000, 100)이 될 것입니다. 평균은 100개에 대해서만 하면 되기 때문에, 첫번째 차원은 건드리지 말고 두번째 차원을 축소시키면서 평균을 구하면 샘플 별 평균이 구해집니다. NumPy 에서는 차원을 axis 로 표현합니다.

2번째 차원이 바로 axis 1입니다. 이렇게 생각해 보면 아래 예시가 이해될 것입니다.

```
ar10000x100 = np.ones((10000,100))
```

```
ar10000x100.shape
```
```
(10000, 100)
```

```
mean1000 = ar10000x100.mean(axis=1)
```

```
mean1000.shape
```
```
(10000,)
```

```
mean1000
```
```
array([1., 1., 1., ..., 1., 1., 1.])
```

1~2차원 정도의 작은 배열은 앞에서처럼 전체를 프린트해볼 수 있었습니다. 그런데 딥러닝을 위해서 400*300 픽셀의 컬러(보통 RGB 3개 채널) 이미지를 1000개 모아둔 큰 배열의 경우에는 프린트해 볼 수가 없겠죠. 이럴 때는 shape를 써서 크기를 가늠해 볼 수가 있습니다.

```
images = np.random.uniform( low=0.0, high=1.0, size=(1000,400,300,3) )
```

```
images.shape
```
```
(1000, 400, 300, 3)
```

np.random은 랜덤으로 수를 만들어서 크기에 맞게 채워 줍니다. 위에서는 0과 1 사이의 float로 채워 보았습니다. 1000개의 노이즈가 가득한 이미지를 만들어 본 셈이죠. 그럼 이미지를 한번 확인해 볼까요?. 먼저 첫 번째 이미지를 뽑아 보겠습니다.

```
im0 = images[0]
```

```
im0.shape
```
```
(400, 300, 3)
```

```
im0
```
```
array([[[0.0967695 , 0.23887956, 0.51289806],
        [0.11679991, 0.35297829, 0.03669518],
        [0.71770289, 0.55843502, 0.17147713],
        ....,
        [0.51894314, 0.0326478 , 0.49243067],
        [0.76899767, 0.30493011, 0.99334778],
        [0.46318652, 0.93732339, 0.98463007]],

       [[0.53270084, 0.50143513, 0.55937957],
        [0.08487659, 0.11574632, 0.98445338],
        [0.9324707 , 0.57976981, 0.33028413],
```

숫자만 봐서는 잘 모르겠죠. NumPy를 image로 바꿔서 시각화 해주는 기능이 matplotlib 안에 들어 있습니다. 한번 찾아봅시다.

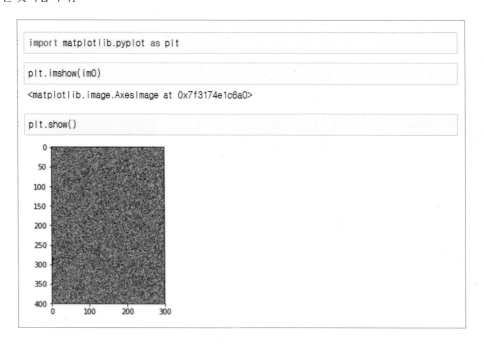

배열을 imshow()로 호출하면 이미지가 생성되고, show()를 호출하면 그림을 그려줍니다. 물론 jupyter notebook이라서 가능한 기능이고, 리눅스에서 시도하면 새로 창이 뜨면서 그림을 보여주기도 하고, 서버 접속의 경우에는 에러가 나기도 합니다. 주로 원격 접속을 한 경우인데 그림을 어디로 그려줄지를 몰라서 그런 것입니다. 원격에서 내 PC에 그림을 보여주기 위해서는 X11 설정을 해야 합니다. 아니면 어쩔 수 없이 show 대신 savefig를 써서 그림을 저장하고, 혹시 그림을 확인하고 싶으면 다운받아야 합니다. jupyter notebook이 이럴 때는 참 편리합니다.

matplotlib 관련 소스코드를 다운받아 보면 show()가 없는 경우가 많습니다. 자동으로 데이터를 처리하는 스크립트에서는 그림을 화면으로 확인할 필요가 없기 때문에 바로 파일로 저장을 하게 될 것입니다. 그리고 jupyter notebook에서도 show()를 생략하는 경우가 많은데, 대신 %matplotlib inline이라는 매직 명령어가 사용됩니다. 이미지 출력을 바로 해달라는 뜻으로 쓰입니다.

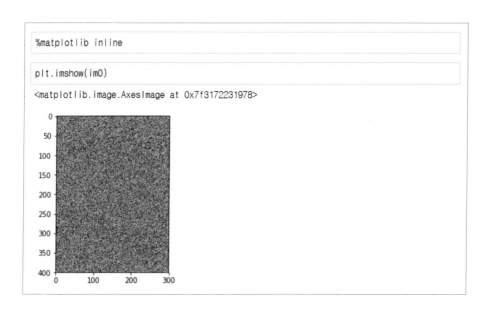

```
%matplotlib inline
```

```
plt.imshow(im0)
```

```
<matplotlib.image.AxesImage at 0x7f3172231978>
```

요즘 여기저기서 딥러닝 인력을 확보하기 위해 비상이 걸렸습니다. 그런데 딥러닝의 가장 큰 수요처 중 하나가 바로 이미지 분석입니다. 딥러닝을 하기 위해서는 먼저 파일로 저장된 이미지를 읽어서 NumPy 배열로 만들게 됩니다. 딥러닝은 수천개 이상의 이미지를 동시에 입력해서 학습을 하는데, 때문에 이 NumPy 배열들을 하나의 큰 배열로 묶어 두게 됩니다. 일부 이미지는 크기를 바꾸거나 노이즈를 입히는 등 가공해야 할 수도 있습니다. 중간 중간에 이미지가 제대로 가공되는지를 확인해야 하는 경우도 많습니다.

또 한 가지, 최근 딥러닝에 많이 사용되는게 TensorFlow 입니다. 여기서 구현하는 연산도 NumPy 와 비슷한 경우가 많습니다. 그래서 NumPy 를 잘 다루면 TensorFlow 의 연산의 흐름도 쉽게 이해할 수 있습니다. 지면상 짧게 소개만 했지만, NumPy 의 여러 기능들을 잘 알아두시면 여기저기서 쓰임이 많을 것입니다.

2.3 | 통계적 유의성을 검증하자

2.3·01 통계적 유의성

통계는 수학에 자신 있는 사람들에게게도 난감한 도구입니다. 하물며 수학을 피해 전공을 선택한 사람들에게는 통계를 따로 공부할 마음의 여유가 없겠죠. 하지만 생물학 분야에선 연구의 타당성을 뒷받침하기 위해 통계가 중요하고 대다수 논문들의 비교 그래프를 보면 *, **(유의성의 정도 표시)가 붙어 있는 것을 볼 수 있죠. 통계를 사용하기 위해서 수많은 공식과 증명 이론을 다 알 필요는 없습니다. 실험 결과로 나온 수치가 우연일지 주장을 뒷받침할 만큼 확률(빈도)이 높은 것인지 그 의미를 검증할 수 있으면 되죠.

그 의미를 바로 통계적 유의성(stastical significance)이라고 합니다. 분석 결과에 가장 많이 등장하는 통계 개념인데, 어떤 실험의 분석 결과가 통계적으로 "유의(significant)하다"는 말은 그 결과가 우연히 일어난 것이 아니라는 것을 의미합니다. 어떤 암에서 특정 유전자가 빈번하게 발현되는 것을 발견했다고 할 때, 이것이 우연히 관측된 결과인지 아니면 중복된 관찰을 통해 큰 의미가 있는 것으로 결론지을 수 있는 것인지 정량적으로 밝힐 수 있어야 하는 것이죠. 이번 장에서는 유의성에 대해 알아보고 간단하게 계산하는 방법도 몇 가지 알려드리겠습니다.

p-값: 내가 찾은 것들은 얼마나 특별할까?

p-값(p-value)은 '유의 확률(significance probability)'을 뜻하는데, 관측된 값이 얼마나 희귀한 경우인가를 나타내는 값입니다. 이것은 0-가설을 옳다고 가정한 후에, 관측값이 우연히 발생할 확률을 따지는 것입니다. 더 정확하게는 관측된 통계치 보다 같거나 더 극단적인 경우가 나올 확률로 정의됩니다. 이 값은 실험과 분석 결과에 의미를 부여할 때 가장 요긴한 기준이 됩니다. 다음 예를 통해서 살펴보겠습니다.

> **A : 동전을 10번 던지니까 그 중 8번이나 앞면이 나왔다.**
>
>   이 동전은 앞면이 뒷면보다 자주 나오는 것 같다.
>
> **B : 그건 우연이다. 앞면이 1/2 확률로 나오는 보통 동전도 10번 던지면 가끔 8번 이상**
>
>   앞면이 나올 수도 있다.

누구 말이 맞을까요? 가장 좋은 방법은 실험을 반복해 보는 것입니다. B 는 자기 말을 증명하기 위해 먼저 0-가설을 세웠습니다.

> **0-가설 : 이 동전은 앞면이 나올 확률이 1/2인 보통 동전이다.**

그리고 보통의 동전을 10번 던져서 앞면이 나오는 횟수를 세어보았습니다. 그런 식으로 10번씩 1,000회를 반복해서 기록하니, 그 중 60회나 동전을 던진 10번 중 8번이 넘게 앞면이 나왔다는 것을 확인할 수 있었습니다. 이 동전이 1/2확률로 앞면이 나오는 그냥 동전이라도 10번 던지면 6%의 확률로 8번 이상 앞면이 나온다는 것입니다. 이 것을 p-값의 정의에 따라 p=0.06으로 표현합니다.

일반적으로 p 값이 0.05보다 작으면 0-가설을 기각합니다. 즉 0-가설이 틀렸다(앞면이 나올 확률이 1/2이 아니다)고 주장할 수 있습니다. 여기서 p-값은 0.06이므로 유의성이 있다(significant)고 판단하기는 무리입니다. 결론적으로 B 의 주장대로 이 동전의 앞면이 자주 나오는 것은 우연이라고 판단 할 수 있습니다. 0.05라는 값은 정규분포의 표준편차로부터 나온 값이긴 하지만, 정확한 의미를 가지기 보다는 사회 통념상 희귀한 경우가 그 정도라 생각하기 때문에 정해진 것입니다. 요즘은 빅데이터를 사용하는 경우도 많고 생물학 실험도 보다 정밀해 졌기 때문에 이 정도로는 의미 있는 결과로 받아들일 수 없다는 주장도 있습니다. 암묵적으로 동의하는 수준은 적어도 0.001이하입니다.

파이썬으로 동전 10번 던지기를 1,000회 수행해서 앞이 나온 숫자를 센 다음, 8번 이상이 나오는 경우만 세는 시뮬레이션을 간단하게 해볼 수 있습니다.

```
>>> import numpy as np
>>> np.random.seed(1000)
>>> a = np.random.binomial(10, 0.5, 1000) # 앞면이 나온 수는 확률 0.5의 binomial 분포
>>> sum(1 for x in a if x>=8)                    # a에서 8이상인 개수의 수를 센다
60
```

여기서 중요한 것은, p-값을 구하기 위해서는 반드시 0-가설을 정의해야 한다는 것입니다. 논문의 실험 결과를 볼 때 p-값이 얼마인지를 확인할 텐데 그 때 꼭 어떤 가정하에서 그 값이 나왔는지를 확인해야 합니다. 0-가설은 영가설, 귀무가설(null hypothesis; 처음부터 기각을 염두에 둔 가설로 즉, 버릴 것을 예상 하는 가설이다, 대립가설의 반대)로 부르기도 합니다. 앞의 예에서 동전 앞면과 뒷면이 나올 확률이 0.5씩으로 같다고 가정하고 8번의 앞면이 나올 확률을 계산했습니다. 이 가정이 바로 0-가설입니다. 0-가설을 어떻게 설정하는가에 따라 p-값은 변화하게 됩니다. p-값을 만났을 때는 항상 0-가설이 무엇인지를 먼저 밝혀야 한다는 점을 잊으면 안됩니다.

앞의 동전던지기 예에서는 p-값을 반복실험(시뮬레이션)을 통해서 구했습니다. 사실 이렇게 하지는 않습니다. 10번의 동전을 던졌을 때 k 번의 앞면이 나올 확률은 이항분포(binomial distribution)로 계산할 수 있는데, 10번 던져서 8번 이상의 앞면이 나올 확률은 다음처럼 해 볼 수 있습니다.

```
>>> from scipy.stats import binom
>>> n, p = 10, 0.5        #n=시행횟수, p=앞면이 나올 확률
>>> 1-binom.cdf(7, n, p)            #p-값 = P(8번 이상) = 1 - P(7번 이하) = 1 - cdf(7)
0.0546875        # p-값
```

이렇게 확률분포를 알고 있는 경우에는 CDF(누적 확률 분포 함수:cumulative distribution function)를 이용해서 간단하게 p-값을 구할 수 있습니다. 0-가설을 정할 때 확률 분포를 우선 생각해야 하는 이유가 바로 여기에 있습니다.

그런데 확률분포를 알 수 없을 때도 많습니다. 분포를 알기 위해서는 현상을 분석해서 확률 모델로 만들어야 합니다. 평균을 가진 값을 가정하면 대부분은 정규 분포가 되고, 유전 서열의 빈도와 같이 나타나는 횟수에 관련되어 있으면 확률 모델로 포아송(poisson) 분포를 사용하기도 합니다.

명확한 모델이 좀처럼 나오지 않을 때는 최후의 방법으로 시뮬레이션이 있습니다. 예를 들어서, 분석으로 찾아낸 유전자 50개 중 특정 질병과 관련된 유전자가 30개가 관측 값으로 나왔다고 해봅시다. 이게 얼마나 의미 있는 결과인지 알기 위해서 시뮬레이션을 한다면, 유전자 전체에서 임의로 50개씩을 뽑아서 특정 질병과 관련된 유전자를 세어 보는 실험을 1000번을 반복하면 됩니다. 1000번 중에서 30개 이상 나온 횟수를 알아내면 바로 p-값을 구할 수 있습니다.

시뮬레이션 방법의 단점은 p-값이 매우 작기 때문에 그만큼 많은 실험을 반복해야 한다는 점입니다. 만약 1000번 반복 실험을 해서 관측 값보다 크거나 같은 값이 1번 나온다면 p-값은 1/1000이고, 한번도 나오지 않는다면 p-값은 0입니다. 즉, 0.001 이하의 p-값이 모두 0으로 표시되는 문제가 있습니다. 가끔 p<0.001으로 표현한 경우가 여기에 해당됩니다. 또 다른 단점은 연산량이 많다는 것인데, 실험 결과 몇 개를 시뮬레이션으로 돌려보는 정도는 문제가 되지 않지만 암유전체에서 발견되는 100만개의 유전변이를 각각 시뮬레이션 하는 것은 불가능에 가깝겠지요.

확률 변수(random variable) X

확률 변수는 어떤 값이 나올지 정확히는 모르지만 다시 말해, 랜덤하게 나오는 변수로서 나올 확률이 정해져 있는 것을 말합니다. 동전을 던지면 앞, 뒷면 중 하나가 나옵니다. 어떤 게 나올지 모르기 때문에 변수지만 나올 확률은 정해져 있습니다.

동전을 10번 던져서 앞면이 몇 번이나 나올까요? 앞면이 나올 횟수는 0~10번 사이의 값 중 하나일 것입니다. 역시 랜덤하게 나오지만 확률은 정해져 있습니다. 앞면이 나올 확률이 1/2이고 이것을 10번 던졌을 때 x 번 앞면이 나올 확률은 경우의 수를 따져서 계산이 가능합니다.

x번 앞면이 나올 확률 = 10Cx (1/2)^x (1/2)$^{(10-x)}$

이것을 일반화시키면 '이항 분포(Binomial distribution)'가 됩니다. p 의 확률로 성공하는 일을 n 번 시행해서 그 중 x 번 성공할 확률을 나타내는 것이 바로 이항 분포죠. 기호로 표현하면 B(n, p)이 되고 동전을 10번 던졌을 때 앞면의 횟수를 이렇게 표현합니다.

X ~ B(10, 0.5)

해석해 보면 앞면이 나올 횟수 X 가 얼마인지는 모르겠지만 n=10, p=0.5인 B(이항 분포)를 따르며 확률적으로 나온다는 것입니다. 그래프로 그려 볼까요?

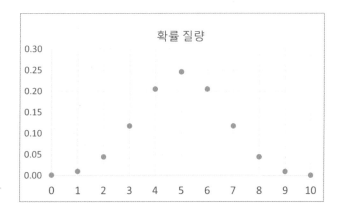

이항 분포를 가정할 때 주의할 점은 주사위나 동전처럼 앞의 결과가 뒤의 결과에 영향을 주지 않는 독립적인 수행을 가정하고 만들었습니다. 만약 다트 던지기처럼 앞의 성공이나 실패가 뒤에 영향을 줘서 성공 확률을 바꿔 버린다면 이항 분포를 쓸 수 없습니다.

어떤 유전 변이가 2% 확률로 나타나는데, 1000명을 조사하면 그 중 몇 명이 그 유전 변이를 갖고 있을까요? "20명쯤"이라고 말하는 대신 "B(1000, 0.02)의 분포를 따르는 확률 변수"라고 하는 게 더 엄밀한 방법이죠. 어떤 질병을 가진 사람 1000명을 조사하여 그 중 40명이 이 유전 변이를 가지고 있었을 때, 이 유전 변이가 질병과 상관이 없는데 우연히 이런 일이 일어날 확률은 얼마일까요? 수식으로 써 보면 이렇습니다.

이 값을 계산해서 충분히 작다면 이 유전 변이는 질병에 상관이 없다는 0-가설을 기각할 수 있을 것입니다. 즉 이 유전변이는 질병과 관련이 있습니다. 이런식으로 모든 유전변이에 대해 질병과의 관련성을 조사하면 바로 GWAS가 될 수 있습니다.

푸아송 분포

빈도를 확률로 나타내는 또 다른 방법으로 푸아송(poisson) 분포가 있습니다. 유전체를 시퀀싱할 때, 유전체 모든 부분이 평균 10번 정도 시퀀싱 되도록 했습니다. 이때 충분한 양의 DNA를 잘게 쪼갠 뒤, 그 중 일부를 시퀀싱 하게 됩니다. 그러다 보면 많이 시퀀싱 되는 부분도 있고 적은 부분도 있게됩니다. 어떤 부분이 얼마나 시퀀싱 될지를 깊이(depth)라고 하는데 확률 변수입니다. 이 변수는 평균을 10으로 하는 푸아송 분포를 따르게 됩니다. 이렇게 표현합니다.

X ~ Poisson(10)

푸아송 분포는 이항 분포로도 바꿀 수 있습니다. 인간의 유전체는 30억 염기쌍으로 구성되어 있죠. 깊이 10이면 모두 300억 염기쌍을 시퀀싱 했습니다. 시퀀싱 정보가 어떤 부분에 대한 것일 확률은 1/30억입니다. 그러면 이 확률 변수는 B(300억, 1/30억) 이렇게도 표현이 됩니다. n은 너무 크고 p는 너무 작습니다. 이럴 때 푸아송으로 근사 된다고 보면 됩니다.

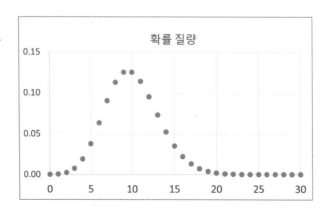

카이제곱 검정(X^2-test)은 관찰된 빈도(횟수)가 얼마나 의미 있는지를 검증하기 위한 방법입니다. 카이제곱값은 다음 수식과 같이 계산할 수 있는데, 통계학에 나오는 수식치고는 매우 간단한 편입니다.

$$X^2 = \sum (관측값 - 기댓값)^2 / 기댓값$$

이 값이 나타날 확률은 '카이제곱 분포(chi-squared distribution)'를 따르는데, 이 분포는 k 개의 서로 독립적인 표준 정규 확률 변수를 각각 제곱해서 계산하는 것입니다. 이때 k 는 자유도입니다. 분포의 계산은 매우 어렵지만, 사용하는 입장에서는 관찰 빈도와 기대 빈도로부터 유의성을 계산할 수 있기 때문에 매우 간편한 방법이라 할 수 있습니다. 카이제곱의계산은 간단하지만, 기대 빈도와 자유도 값이 몇 인 카이제곱분포를 따를지 판단해야 하는데, 이 부분에서 헷갈리기가 쉽기 때문에 주의해야 합니다.

GWAS(Genome-wide association study)가 이것을 사용하는 좋은 예입니다. 알츠하이머에 걸린 사람 500명(질병군)과 아닌 사람 1,500명(대조군)에 대해서 각 유전변이가 나타나는 빈도를 알아냈을 때를 가정해 보겠습니다. 그 중에서 한 유전변이(s1)가 질병군 100명에게서, 대조군 100명에게서 나타났다고 하면 이것은 얼마나 유의한 것일까요? 유의성을 계산하기 위해 먼저 0-가설을 정해야 합니다.

0-가설 : 유전변이 s1이 질병과 관계가 없다

이 가설을 바탕으로 기대 빈도를 구할 수 있습니다. 유전변이 s1이 질병과 관련이 없으므로 질병군과 대조군에서는 같은 비율로 관측되어야 합니다. 총 2,000명의 사람에게서 200번의 s1이 관찰되었기 때문에 10%의 비율로 s1이 나타날 것입니다. 따라서 질병군 500명 중 50명, 대조군 1,500명 중 150명에게 s1이 관찰될 것으로 기대 빈도를 정할 수 있습니다. s1이 관측되지 않은 빈도 역시 같은 방법으로 계산해주며, 아래 분할표(contingency table)와 같이 관찰 빈도와 기대 빈도에 대한 표를 만듭니다. 그 뒤 수식대로 □2을 계산해 주면 됩니다.

	관찰 빈도		기대 빈도	
	s1 있는 경우	s1 없는 경우	s1 있는 경우	s1 없는 경우
질병군(500명)	100	400	50	450

대조군(1,500명)	100	1400	150	1350

$$\chi^2 = \sum (\text{관측값} - \text{기댓값})^2 / \text{기댓값}$$

$$\chi^2 = (100\text{-}50)^2/50 + (400\text{-}450)^2/450 + (100\text{-}150)^2/150 + (1400\text{-}1350)^2/1350 = 74.074$$

여기서 가장 주의해야 할 것은 2,000명에 대한 빈도를 측정했기 때문에 X^2을 계산할 때 역시 2,000개의 빈도를 모두 계산해야 한다는 점입니다. 흔한 실수인데, 만약 s1이 관측되지 않은 빈도를 빼고 계산한다면 잘못된 값을 구하게 됩니다.

그러면 계산된 카이제곱값 74.074는 얼마나 유의한 값일까요? 확률 분포표를 확인할 수도 있고, "chi-square p-value calculator"를 웹에서 검색하면 계산기가 나오기도 합니다. 여기서 자유도(DF, degree of freedom)가 필요한데 n*m 표의 관측값을 위한 자유도는 (n-1)*(m-1)로 계산합니다. 위의 표는 2*2의 관측값을 가지고 있기 때문에 이때 자유도는 (2-1)*(2-1)=1이 됩니다. 계산해 보면, p-value=7.524E-18 이란 값을 확인할 수 있는데 이는 "유전변이 s1이 질병과 관계가 없다"는 0-가설이 옳다고 가정 할 때 저런 결과가 우연히 나올 확률은 10경분의 1도 되지 않는다는 의미입니다. 다시 말해, 매우 관련이 있다고 할 수 있습니다.

이번에는 python으로 분석해 보겠습니다. SciPy의 chi2_contingency를 이용합니다.

```
>>> from scipy.stats import chi2_contingency
>>> observation=([100, 400], [100, 1400])
>>> chi2, p, dof, expectation = chi2_contingency(observation, correction=False)
>>> chi2, p, dof
(74.074074074074076, 7.5240035288814257e-18, 1)
>>> expectation
array([[  50.,  450.],
       [ 150., 1350.]])
```

자유도는 분포를 다루다 보면 계속 나오는 개념인데 계산 부분이 헷갈리기 쉬워서 좀 더 자세히 풀어 보겠습니다. 환자 500명을 조사해서 s1 변이의 빈도가 100인 것을 알았다면 s1이 없을 빈도는 400이어야 합니다. 100과 400은 두 개의 숫자이지만 실제로는 하나만 자유롭게 바뀔 수 있고 나머지는 따라다니는(종속)

값입니다. 표에서 두 번째 필드를 보면 1,500명에게서 관측된 빈도 100 역시 또 하나의 자유로운 값이라 볼 수 있습니다. 그러면 자유도가 총 2라고 간주해야 할까요? 하지만, 그렇지 않습니다. 통계 분석을 하려면 기대 값(빈도)을 구하기 위해 s1이 발견된 총 빈도가 200이라는 가정(질병군과 대조군의 관측빈도를 합쳐서)을 해야 하는데, 이때 두 개의 자유로운 값 중 하나가 또 나머지에 종속됩니다. 그래서 이 분석의 자유도는 1이라는 결과가 나오는 것입니다.

이제까지 살펴본 분석을 일컬어 카이제곱 독립성 검증이라고 하는데, 질병의 유무와 유전변이의 유무가 독립적인가를 검증하기 위해 사용합니다. 카이제곱 검증은 동질성 검증을 위해 사용되는 경우도 있는데, 예를 들어 어떤 회사의 직원들에 대한 특정 질병 발생 빈도가 **평균과 동일한가**를 검증하고자 하는 경우에도 사용할 수 있습니다. "카이제곱 동질성검정(Chi-Square Homogeneity Test)"으로 검색해 보세요.

2.3.04 확률 밀도와 정규 분포

보통 확률 분포를 따질 때는 정규 분포(normal distribution)가 먼저 나옵니다. 분포의 대표주자가 정규분포인데, 아직 까지 나오지 않은게 이상하게 느껴질 수도 있습니다. 그런데 컴퓨터를 다루다 보면 횟수와 같은 것을 셀 경우가 많습니다. 네트워크에서도 현재 대기하고 있는 패킷을 수를 알아야 하고, 암 유전체 데이터에서도 그 위치에 나타난 돌연변이의 횟수 등과 같이 정수로 딱 맞아 떨어지는 데이터를 다룰 일이 많습니다. 이런 데이터를 '이산(discrete)'이라 부르는데, 그래서 컴퓨터 공학에는 이산수학이라는 과목이 따로 있는 거겠죠. 그런데 생명 현상에서는 횟수가 아닌 실수 값의 데이터를 다루어야 할 일도 많습니다. 이럴 때는 이산 데이터가 아닌 연속(continuous) 데이터로 처리해야 하며, 확률적으로 이데이터를 처리하기 위해서는 연속 확률 분포를 알아야 합니다. 정규 분포는 바로 이 연속 확률 분포의 대표입니다.

확률 밀도

이항 분포에서 변수가 가질 수 있는 값은 정수이고 몇 개인지 셀 수도 있죠. 횟수가 1일 확률은 5% 식으로 값이 나올 확률을 계산할 수 있습니다. P(횟수=1) = 5%라고 표현 가능합니다. 이런 확률 변수를 이산(discrete) 확률 변수라고 합니다. 반면 확률 변수가 실수 값일 때도 있습니다. 어떤 사람의 키를 쟀을 때 170cm 일 확률은 얼마일까요? "제 키가 170 맞습니다"라고 손 들 수도 있지만 아마 정확히 170cm 일 리는 없고 169.5에서 170.5cm 사이의 어느 실수값일 것입니다. 이런 종류의 변수를 '연속(continuous) 확률 변수'라고 부릅니다. 이럴 때는 확률을 표현하기 위해 '범위'를 사용합니다. 키를 재 보니 170인 사람이 약 3%였다는 말은 'P(키=170) = 3%' 이렇게 쓸 수 없고, 'P(169.5<키<170.5) = 3%' 식으로 표현해야만 합니다.

연속 확률 변수 중 가장 유명한 것은 정규분포입니다. 자연계에서 관측되는 수많은 확률적 현상들이 이 정규분포와 유사하게 나타납니다. 사람의 키 분포 역시 정규분포를 따르는 것으로 알려져 있습니다. 사람 1000명을 무작위로 뽑아서 평균을 구해서 μ 라 하고, 표준편차를 구해서 σ 라고 합시다. 그러면 사람의 키는 다음과 같은 확률 변수라고 표현할 수 있습니다.

키 ~ N (μ, σ2)

정규 분포와 같이 연속 확률 분포는 확률을 누적값으로 나타냅니다. 키가 정확히 170일 가능성은 한없이 작지만 170보다 작을 가능성은 40% 식으로 충분히 계산이 가능합니다. 연속확률변수 X 에 대해서 누적분포 함수(CDF, cumulative density function)는 $F(x)$라고 표현합니다.

키가 정확히 170일 확률이나 150일 확률은 사실상 0이지만, 170 주변일 가능성은 150 주변일 가능성 보다 분명 클 것입니다. 이것은 밀도로 표현할 수 있습니다. CDF 를 미분하면 밀도함수가 되며 PDF(probability density function)라고 부릅니다. 밀도 함수를 그려보면 이렇게 됩니다.

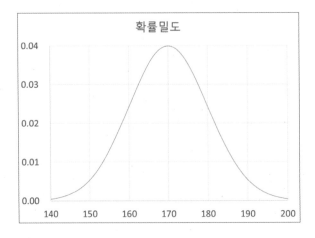

키의 분포가 평균 170cm 이고 표준편차 10cm 인 정규분포를 따른다는 것을 가정한 그림입니다. 그런데 밀도라는 것은 누적확률을 미분한 것이라고 말했는데 확률이란게 0에서 1사이입니다. 그래서 밀도의 크기는 x 축의 단위에 의해 바뀌게 됩니다. 위에서 0.01식으로 표현했지만 정확한 의미는 0.01 (cm-1)입니다. 그래서 키를 feet 단위로 쓰는 미국에서는 확률 밀도 값이 달라지게 되죠. 아무튼 저 그래프를 모든 x 범위에 대해 적분하면 '1'이 된다는 것은 항상 만족합니다.

두 샘플이 모두 정규분포를 따른다고 가정해 봅시다. 어떤 유전자에 대해서 한 샘플은 암세포에서 측정하고 다른 샘플은 정상세포에서 측정한 발현 데이터입니다. 두 샘플에서 이 유전자의 발현은 동일한 분포를 가질까 이런 고민을 해볼 수 있습니다. 이럴때 사용하는 것이 바로 't-검증'입니다.

t-검증으로는 Students' t-test가 대표적인데, 주로 두 샘플 집단이 같은 모집단에서 나왔는지의 여부와 그와 반대로 두 샘플 집단이 얼마나 다른지를 확인하기 위해 흔히 사용되는 검증 방법입니다. 암 관련 유전자를 발견하기 위해, "A라는 유전자가 특정 암세포에서만 특히 많이 발현되는가?"를 분석할 때 사용할 수 있습니다. 암세포에서 평균 100이 발현되는데 보통세포에서는 50이 발현되니까 2배 더 발현된다 식으로 간단히 결론을 낼 수도 있지만(이런 식으로 나누는 것을 odd ratio라고 합니다), 조금 더 통계적으로 엄밀하게 판단하기 위해 t-검증을 사용해 보겠습니다.

마이크로어레이(microarray)나 RNASeq 데이터 등을 사용해서 유전자의 발현 정도를 알아낼 수 있는데, 유전자 A에 대해서 암 세포와 보통 세포에서 측정한 결과를 다음과 같이 가정합니다.

암 세포 : N_1=100개에서 g의 발현이 평균 $\overline{X}_1$ = 100, 표준편차 s_1=20
보통 세포 : N_2=300개에서 g의 발현이 평균 $\overline{X}_2$ = 80, 표준편차 s_2=30

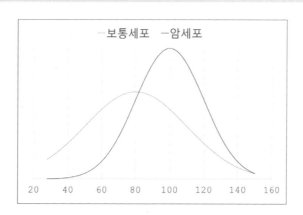

그래프로 표현하니 꽤 다릅니다. 그렇다면 유전자 A의 분포는 암 세포와 보통 세포에서 정량적으로 얼마나 다를까요? 유의성을 알아보기 위해서는 0-가설이 먼저 필요한데, 다음과 같이 정할 수 있습니다.

0-가설 : 유전자 A의 발현은 암 세포와 보통 세포에서 같은 분포를 갖는다.

만약 이 0-가설이 맞으면, 암 세포와 보통 세포에서의 평균의 차이는 '0'이어야 합니다. 위의 결과를 보니 평균이 20 정도 차이가 납니다. 이 결과가 얼마나 유의미한지(significant)를 계산하기 위해서는 원래 평균이 같다는 가정 하에서, 우연히 평균이 다르게 나올 확률을 구해야 합니다. 이 때 평균의 다른 정도를 표현하기 위해 사용하는 것이 바로 t-값이고, 이 값이 우연히 나올 확률은 t-분포를 따르게 됩니다.

암세포와 보통세포에서의 표준편차가 같으면, 또는 차이가 크지 않으면 같은 값으로 가정하고 Students' t-test 를 사용할 수 있습니다. 하지만 표준편차가 다른 경우를 위해서 Welch's t-test 방법이 따로 존재합니다. 후자의 방법이 더 일반적인 계산 방법이라 할 수 있고, 여기서 t-값과 자유도를 구하는 수식은 다음과 같습니다. 인용 출처는 '위키피디아'입니다.

$$ t = \frac{\overline{X}_1 - \overline{X}_2}{\sqrt{\frac{s_1^2}{N_1} + \frac{s_2^2}{N_2}}} $$

$$ \nu \approx \frac{\left(\frac{s_1^2}{N_1} + \frac{s_2^2}{N_2} \right)^2}{\frac{s_1^4}{N_1^2 \nu_1} + \frac{s_2^4}{N_2^2 \nu_2}} $$

먼저 t-값을 구하는 식은 크게 어렵지 않은데 Students' t-test 와 같습니다. 하지만 자유도를 구하는 식은 매우 복잡합니다. 수식에 대한 자세한 설명은 생략합니다. 이렇게 t-값과 자유도를 구한 뒤에는 t-분포를 사용해서 p-값을 구할 수 있습니다. 복잡한 통계 이론은 생략하고 바로 파이썬 코드를 보겠습니다.

```
>>> from scipy import stats
>>> X_bar1, s1, N1 = 100, 20, 100
>>> X_bar2, s2, N2 = 80, 30, 300
>>> stats.ttest_ind_from_stats(X_bar1, s1, N1, X_bar2, s2, N2)
Ttest_indResult(statistic=6.2191903391234815, pvalue=1.2650376446939409e-09)
>>> stats.ttest_ind_from_stats(X_bar1, s1, N1, X_bar2, s2, N2, equal_var=False)
Ttest_indResult(statistic=7.5592894601845444, pvalue=7.2609675765255364e-13)
```

이 코드는 결과로 t-값과, p-값을 리턴해 줍니다. equal_var=False 옵션 유무에 따라서 결과 값의 차이가 꽤 나는데, False 인 경우가 Welch's 검증이고 기본값이 True 면 Students' 검증의 결과가 됩니다. 이 예제는 통계처리를 이미 해놓은 경우입니다. 만약 원시 자료(raw data)를 가지고 있으면 다음과 같이 scipy.stats. ttest_ind 메소드를 사용할 수 있습니다.

```
>>> from scipy import stats
>>> a = [80, 100, 120]
>>> b = [60, 70, 80, 90, 100, 110]
>>> stats.ttest_ind(a, b)
Ttest_indResult(statistic=1.1114378604524227, pvalue=0.30309053373487282)
>>> stats.ttest_ind(a, b, equal_var=False)
Ttest_indResult(statistic=1.0834726777719228, pvalue=0.34190679737514162)
```

03 인공 지능

들어가기
본 장에서는 보다 넓은 의미에서 규칙과 데이터 모두를 제공하는 인공 지능부터 통계를 기반으로 한 기계 학습 방법인 머신 러닝은 물론 이를 위해 고안된 데이터 분류 알고리즘인 인공신경망에서 발전된 딥 러닝 기법까지. 빅데이터 분석의 활용 분야로서의 인공 지능 분야에 대해 폭넓게 살펴보게 됩니다.

• • •

Artificial Intelligence

인공신경망

Deep Learning

Autoencoder

Backpropagation

CNN

Machine Learning

3.1 | 머신 러닝 (Machine Learning)

'인공 지능, 머신 러닝, 딥 러닝' 같은 용어들은 이미 우리 생활에서 널리 쓰이고 있습니다. 이 중 가장 넓은 의미를 가지는 것은 **인공 지능**(Artificial Intelligence)인데요. '인공 지능'은 인간의 지능으로 할 수 있는 일을 기계나 컴퓨터가 할 수 있도록 사람이 구현한 모든 것을 통칭하며, '전문가 시스템(Expert System)'이 바로 인공 지능의 대표적인 예입니다. 의사(전문가)가 병을 진단하는 것을 예로 들어보면, 어떤 상황에서 질병으로 진단해야 할지에 대한 전문 지식을 가지고 있습니다. 이것을 컴퓨터 프로그램으로 구현해서 환자의 상황을 입력하면 진단을 해주는 시스템을 만들게 된 것이고, 이를 활용해 일반인도 이 전문 지식을 이용할 수 있게 되는 것이죠.

이런 전문가 시스템에서는 사람이 직접 '분류 규칙'을 만들어야 합니다. 의학이나 생물 분야에서는 '임상'이나 '관찰'을 통해 이런 규칙을 만들어 왔으며, 수백 년 동안 발견된 데이터를 바탕으로 의사들이 연구하고 판단하는 것이죠. 독감 환자는 어떤 증상이 있는지, 또 같은 증상을 가진 다른 병에는 어떤 것이 있는지, 올해 독감 환자만의 특징은 무엇인지 등의 수많은 데이터가 있고, 이것을 바탕으로 열이 얼마 이상이고, 목에 염증이 있으면 독감이라는 판단을 내리는 것입니다.

이렇게 몇 가지 증상만으로 독감을 판단하는 것은 어렵지 않지만, 유전자 시퀀스로부터 단백질의 활성도를 판단하는 등과 같이 어떻게 작동되는지 정확히 알기 어려운 경우도 많습니다. 그래서 나온 방법이 바로 **머신 러닝**(Machine Learning)으로, 기계에 판단 규칙을 알려주지 않고 데이터만 공급해 주면 스스로 규칙을 만들 수 있지 않을까 해서 고안된 방법입니다. 가장 기본적인 접근 법은 **통계**를 이용한 것입니다. 독감 환자 여부와 체온과의 관련성을 통계로 구해 두면, "열이 38도 이상인 사람 중 독감 환자일 확률은 얼마다"라는 계산이 가능하죠. 마찬가지로 특정 유전자 시퀀스를 가진 사람이 질병에 취약할 확률 역시 통계적으로 구할 수 있습니다.

통계는 대부분 두 데이터의 일차원적인 관계를 다루고 있으므로 복잡한 데이터를 해석하지 못하는 경우가 많습니다. 그래서 다양한 '머신 러닝 기법들'이 제시되었고, 이를 제대로 이해하기 위해서는 많은 지식이 필요합니다. 무엇보다 대학 수준의 '확률 통계'가 필수인데, '딥 러닝'이 쓰이기 전 가장 강력했던 머신 러닝 기법이었던 '서포트 벡터 머신'이나 '베이즈 추론' 등은 모두 확률 통계를 기반으로 하죠. 딥 러닝을 비롯한 거의 모든 머신 러닝에서는 학습이 잘 되었는지를 판단할 때 'AUC'나 'F1' 같은 통계값을 이용합니다.

현재 **딥 러닝**(Deep Learning) 기법에서 가장 널리 사용하는 학습 알고리즘은 '경사 하강법'과 '오류 역전파'에 기반하고 있습니다. 딥 러닝 모델 내의 각 파라미터에 관련된 오류 함수에 대한 편미분을 계산하고 이것을 앞쪽 레이어로 전파하여 계산합니다. 이 부분을 이해하기 위해서는 미적분학을 공부해야 하며, 이때 오류의 계산은 대부분 선형대수학에서 다루는 '행렬 곱셈'을 이용합니다.

통계학에서 **회귀(regression) 분석**을 배우게 되는데, 이 '회귀(回歸)'라는 말이 상당히 어렵습니다. 사물에는 '본래의 값 또는 특성'이 있는데 '관측값은 그 본래의 값에 어떤 오차가 더해진 것이라는 가정'을 합니다. 따라서 관측값으로부터 진짜값을 찾아가는 과정이라는 뜻에서 '회귀'라는 단어를 쓰죠. 단순하게는 자료들 사이의 관계를 수식으로(수학적으로) 표현하는 것을 '회귀'라고 부릅니다. 가령 체중과 키의 관계를 생각해 보면 사람의 체중은 키와 관계가 있다는 가정을 한 뒤 관측값으로부터 이 관계를 밝히는 것이 바로 회귀 분석이죠.

관계를 밝히기 위해서는 먼저 어떤 '가정'을 해야 합니다. "키(h)와 체중(w)이 비례하는 관계가 있다"고 가정한다면, 이를 수식으로 'w=ah+b'로 표현할 수 있죠. 이는 2가지 값 사이의 관계를 수학적으로 가정한 '모형(model)'을 만든 것인데요. 이제 관측값을 가장 잘 설명하는 파라미터(parameter) 'a'와 'b'를 결정하면 되죠. 이렇게 1차식 관계로 가정하고 분석하는 것을 **선형 회귀(linear regression)**라 부릅니다. 통계학에서는 관측값으로부터 a, b 값을 구하는 방법이 이미 증명되어 있습니다.

키에서 100을 **뺀** 뒤에 0.9를 곱하면 이상적인 몸무게가 나온다고 주장하던 때가 있었습니다. 이것을 수식으로 표현하면 'w=(h-100)*0.9=0.9h-90'이죠. 이런 수식을 사용하여 '키'를 넣으면 '몸무게'를 알려 주는 기계를 만들게 될 경우, 이것은 '인공 지능'입니다. 그런데 건강한 사람들의 키와 몸무게 데이터만 주면 a와 b의 값을 스스로 알아내서(학습) 키로부터 이상적인 몸무게를 알려 주는(예측) 기계를 만든다면 이것이 바로 '머신 러닝'인 거죠. 선형 회귀 역시 '머신 러닝'이라 부를 만합니다.

다른 머신 러닝도 복잡도와 수식의 차이만 있을 뿐 이런 방식입니다. 값들 사이의 관계를 수학적으로 표현한 모델을 만든 후, 관측값을 가장 잘 설명하는 파라미터들을 정하는 것이죠. 복잡한 '딥 러닝'도 마찬가지입니다. 현재 '이미지 인식'에 사용되는 모델의 경우 파라미터가 수천만 개에 이르기 때문에 최적의 파라미터를 찾는 게 쉽지 않고 시간 역시 많이 걸립니다. 하지만 결국 데이터를 가장 잘 설명하는 파라미터를 학습하여 새로운 사진으로부터 '고양이'인지 여부를 예측하는 과정은 모두 동일합니다.

키와 몸무게는 값으로부터 실수값을 예측하는 회귀 모델인데 반해, 고양이 여부를 판단하는 딥 러닝 모델은 '맞다 아니다'의 두 가지로만 **분류**하는 모델입니다. "맞다"를 '1', "아니다"를 '0' 값으로 바꿔서 생각해 본다면 '분류' 역시 회귀와 큰 차이는 없어 보입니다. 그래서 많은 머신 러닝 기법은 회귀와 분류 모두로 사용될 수 있죠. 최적의 파라미터를 찾아가는 알고리즘도 비슷한데요. 하지만 입력 데이터와 결과물에는 차이가 있다는 것을 알아 두어야 합니다. '고양이와 비슷한 정도'를 예측하는 모델을 학습하기 위해서는 '회귀' 모델을 사용해야 합니다. 하지만 '고양이인지 아닌지 여부만으로 만들어진 데이터'를 사용해 학습시킨다면 물론 이때도 결과값으로 실수값을 추출할 수는 있지만 '그 값이 비슷한 정도'라든지 '고양이일 확률'이라고 말할 수는 없기 때문에 제대로 된 회귀 모델을 만들 수는 없습니다.

최근 머신 러닝 중에서 가장 주목받고 있는 것은 매우 깊고 복잡한 '인공 신경망(Deep neural network)'입니다. 인간의 뇌를 모사했기 때문에 '이미지, 음성' 등과 같이 사람은 잘 할 수 있지만 컴퓨터로는 도저히 어떻게 해야 할지 모를 만한 복잡한 데이터의 분류 작업을 하는 데에 매우 뛰어나죠. 하지만 학습에 많은 시간이 걸리고, 학습에 필요한 데이터가 많습니다. 실용적으로 사용하게 된 지 얼마 되지도 않았습니다. 이것은 뒤에 따로 다루도록 하겠습니다.

컴퓨터 성능이 지금과 같지 않던 시절에도 많은 머신 러닝 방법들이 나왔습니다. 그 대부분은 '선형 함수'에 바탕하고, 수학이나 통계로 파라미터를 계산하는 방법들이었죠. 그 중 가장 무난한 성능을 보인다고 알려진 것이 SVM(Support Vector Machine, 서포트 벡터 머신)'입니다. SVM 은 또 '분류' 문제를 가장 직관적으로 풀 수 있는 방법이기 때문에 소개하려고 합니다.

SVM 은 '자료 분석'이나 '패턴 인식'을 위해 사용되는 '지도 학습' 방법입니다. 회귀 분석에도 사용할 수 있지만 주로 분류를 위해 사용되죠. 기본적인 아이디어는 '클래스를 가장 잘 나누는 직선을 찾는 것'입니다. 이때 "가장 잘 나눈다"는 것을 "가장 큰 폭(마진)을 가진 경계로 나누는" 것으로 정의했습니다.

기본적인 SVM 은 딱 잘라서 나누어지지 않은 데이터를 만날 때 문제가 됩니다. 데이터가 섞여 있을 때에는 직선으로 나누지 못하는 경우가 대부분이기 때문이죠. 이 문제는 '소프트 마진'으로 극복합니다. 완전하게 나누지 못한다면 '최대한 잘 나누는 선을 찾기 위한' 방법인 것이죠.

지금까지는 2차원 공간에서 직선을 사용한 예만 고려하였습니다. 실제의 SVM 은 3차원 데이터를 평면으로 나누거나, 4차원 이상의 데이터를 3차원 이상의 초평면으로 나눕니다. 직선은 2개의 파라미터를, 3차원 공간에서의 평면은 3개의 파라미터를 갖죠. 그래서 N차원 데이터를 입력하게 되면 SVM 은 N 개의 파라미터를 결정합니다.

'직선' 또는 '평면'으로만 나누면 필연적으로 절대 나눌 수 없는 데이터가 존재합니다. 대표적으로 '원형' 문제가 있죠. SVM 은 이 문제를 해결하기 위해 데이터를 미리 새로운 좌표계로 이동시키는 방법으로 문제를 해결합니다. 새로운 좌표계로 치환하는 것을 '커널(Kernel)'이라고 부르는데, 현재는 데이터를 다른 형식을 치환하거나 새로운 데이터를 추출하는 것을 '커널'이라고 지칭합니다. 만약 x, y 직교 좌표를 극좌표로 바꾸는 커널을 사용하여 원래 데이터를 변환하면 풀 수 있는 문제가 됩니다. 그 외에도 여러 커널을 사용할 수 있지만, 문제는 그 과정에 어느 정도는 사람이 관여해야 한다는 점입니다.

SVM 은 파이썬의 대표 머신 러닝 라이브러리인 'sklearn'에 잘 구현되어 있습니다. 간단한 예제를 살펴보겠습니다. 우선 데이터를 가져와야 하는데, 데모를 위해서 사용하기 좋은 데이터도 sklearn 에 이미 구현이 되어 있기 때문에 그대로 가져다 쓰겠습니다.

```
from sklearn import datasets
iris = datasets.load_iris()

X = iris.data
y = iris.target
c = [ ['r','g','b'][i] for i in y ]

X[0], y[0]

(array([5.1, 3.5, 1.4, 0.2]), 0)
```

데이터가 무엇을 포함하고 있는지는 'print(iris)'를 해보면 알 수 있겠지만, 간단히 말하자면, 붓꽃(iris)의 3가지 종에 대해서 꽃의 길이와 넓이를 자로 일일이 측정해 기록해 둔 데이터입니다. 기록 데이터가 'iris.data'에 들어 있는데, 이것은 학습을 위한 feature 데이터이기 때문에 'X'로 저장했습니다. 그리고 그 데이터가 어떤 종에 속하는 꽃의 데이터인지는 'iris.target'에 들어 있는데, 이것은 '정답' 또는 '라벨(label)'이 되고, 'y'로 저장하였습니다. 'c'는 y값 '0, 1, 2'를 'r,g,b'로 대응시킨 데이터로서, '시각화'를 위해 이용됩니다. 그럼 이 데이터를 시각화해 보겠습니다.

파이썬에서 가장 쉬운 그림 방법은 'matplotlib'입니다. 특히 dataframe으로 바꿔서 plot을 하면 쉽게 그릴 수 있습니다. 다음과 같이 한번 그려 보겠습니다.

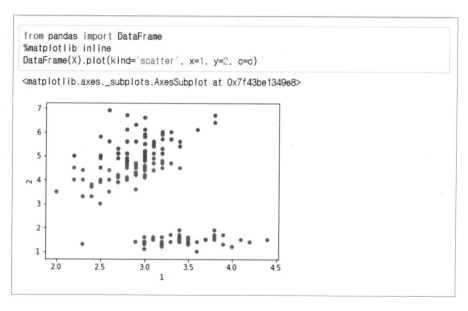

데이터 분류가 그렇게 어렵지는 않아 보이네요. 이제 분류를 위한 모델을 'SVM'으로 만들어 보겠습니다. sklearn에 구현된 'SVC(SVM Classifier)'를 써서 모델을 만들었습니다. 일단 SVC는 '다중 클래스(multiclass)' 분류를 지원하기 때문에 3개의 클래스로 나눠져 있는 iris 데이터에도 그냥 사용할 수 있습니다.

```
from sklearn.svm import SVC

model = SVC(kernel='linear')
model.fit(X, y)

SVC(C=1.0, cache_size=200, class_weight=None, coef0=0.0,
    decision_function_shape='ovr', degree=3, gamma='auto', kernel='linear',
    max_iter=-1, probability=False, random_state=None, shrinking=True,
    tol=0.001, verbose=False)
```

이것으로 모델의 학습이 끝나고, 바로 'model'에 저장했습니다. 이제 이 모델을 사용해서 새로운 데이터의 종을 '예측(predict)'할 수 있죠. 그리고 어떤 데이터와 정답을 주면서 얼마나 잘 맞추는지를 '채점(score)'할 수도 있습니다. 다음을 계속 보죠.

```
model.predict(X)

array([0. 0. 0. 0. 0. 0. 0. 0. 0. 0. 0. 0. 0. 0. 0. 0. 0. 0. 0. 0. 0. 0. 0. 0.
       0. 0. 0. 0. 0. 0. 0. 0. 0. 0. 0. 0. 0. 0. 0. 0. 0. 0. 0. 0. 0. 0. 0. 0.
       0. 0. 1. 1. 1. 1. 1. 1. 1. 1. 1. 1. 1. 1. 1. 1. 1. 1.
       1. 1. 1. 1. 1. 1. 1. 1. 1. 1. 1. 1. 1. 1. 1. 1. 2. 1. 1. 1. 1.
       1. 1. 1. 1. 1. 1. 1. 1. 2. 2. 2. 2. 2. 2. 2. 2. 2. 2. 2.
       2. 2. 2. 2. 2. 2. 2. 2. 2. 2. 2. 2. 2. 2. 2. 2. 2. 2. 2. 2.
       2. 2. 2. 2. 2. 2. 2. 2. 2. 2. 2. 2. 2. 2. 2. 2. 2])

model.score(X,y)

0.9933333333333333
```

모델을 만들고 사용하는 게 너무 쉬워서 좀 허망하죠. 최근에는 머신 러닝이 잘 구현되어 있고, 사용법의 표준화 역시 잘 되어 있습니다. sklearn에서 지원하는 수많은 모델들이 대부분 'fit, predict, score'로 구성된 3~4줄의 코드로 모든 일을 할 수 있습니다.

앞의 코드에서 model을 가져오는 부분을 보면 조금 수상한 파라미터가 있는데, 바로 SVC를 쓸 때 'kernel을 지정해 주는' 부분입니다. SVM이 처음 나올 때는 직선(linear)을 생각하며 만들었겠지만 직선 또는 평면으로만 나누면 필연적으로 절대 나눌 수 없는 데이터가 존재합니다.

전술했듯 SVM은 이 문제를 해결하기 위해 데이터를 미리 새로운 좌표계로 이동시키는 방법으로 문제를 해결하는데, 새로운 좌표계로 치환하는 것을 커널(kernel)이라고 부르죠. 현재의 SVC 구현은 다양한 kernel을 사용할 수 있도록 만들어졌고, 기본 커널로 'rbf'가 사용됩니다.

역시 앞서 설명했듯 '원형 문제'와 같이 직선으로 절대 나눌 수 없는 문제도 x, y 직교 좌표를 극 좌표로 바꾸는 커널을 통해 원래 데이터를 변환하면 풀 수 있는 문제가 되는데요. 그 외에도 여러 커널을 사용할 수 있으며, 어느 정도는 직접 괜찮은 커널을 지정해주어야 합니다. 현재는 데이터 과학 분야에서 데이터의 형식을 치환하거나 새로운 데이터를 추출하는 것도 '커널'이라고 지칭하며 그 의미를 보다 광범위하게 사용합니다.

3.1.03 결정 트리와 랜덤 포레스트

결정 트리

결정 트리(decision tree)는 결정을 내리기 위해 사용하는 '조건 분기'와 같은 트리로서, 관측 데이터로부터 분류를 하는 방법 중 사람의 판단과 가장 유사하다고 할 수 있습니다. 예컨대 감기 증상을 가진 환자를 진단할 때에는 여러 '특징(feature)'을 사용하는데요. 가장 먼저 열을 잰 다음, '37.5℃ 이하일 경우' 일단 "독감이 아니다"라고 판단해 봅니다. 그 다음 '37.5℃ 이상 중에서 기침을 하면' 독감이라고 판단하죠. 이에 "기침을 안하는 이 중 두통이 있으면 독감"이라 판단하는 기준을 만들었을 경우를 그림으로 그려 보겠습니다.

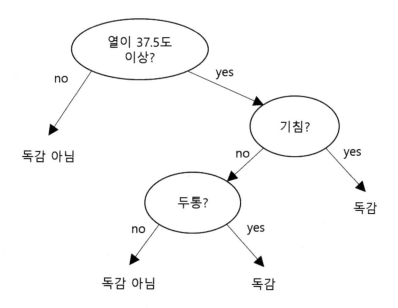

트리로 만들어 놓고 나니 분류를 직관적으로 볼 수 있어서 좋네요. 복잡한 데이터가 섞여 있을 때 간단한 기준을 사용해서 샘플의 특징들을 조금씩 분류해서 전체 데이터를 분류해 내는 방법입니다. 독감 증상 판단 정도의 간단한 문제는 이렇게 사람의 관찰만으로 알 수도 있습니다. 하지만 복잡한 문제의 경우에는 어떤 기준을 사용하는 것이 가장 좋을지 학습시킬 수 있는, 그러니까 위와 같은 트리를 머신 러닝으로 만들 수 있는 방법이 제안되어 있습니다.

간단하게 설명하자면 '여러 기준(열이 37도 이상, 기침 여부 등) 중에서 독감 환자와 아닌 사람을 가장 잘 나누는 기준'을 선정하는 것입니다. 환자와 아닌 사람이 섞여 있는 정도를 엔트로피($\int$)로 정의할 수 있는데, 이것을 가장 많이 낮춰 주는 '기준'을 선정합니다. 그리고 그 기준을 사용해서 데이터를 2그룹으로 나누어, 나뉜 각각의 그룹에 대해서 앞에서와 같은 방법으로 새로운 기준을 선정합니다. 이런 식으로 모든 데이터를 독감 여부로 나눌 때까지, 또는 더 이상 나눠지지 않을 때까지 진행합니다.

이 방법은 사람의 결정 방법을 닮아 있습니다. 하지만 각 분류 단계마다 최적의 조건을 하나만 선택하기 때문에 학습 속도는 빠른 반면, 데이터에 과학습되기 쉬운 단점을 가지고 있죠. 특히 노이즈가 심하거나 측정값에 오차가 있는 경우에는 성능이 크게 떨어지기도 합니다. 이것을 극복하기 위한 방법 중, 현재 가장 널리 사용되는 것이 '랜덤 포레스트(Random Forest)'입니다.

랜덤 포레스트(Random Forest)

랜덤 포레스트는 랜덤한 트리들로 이루어진 숲이라는 뜻입니다. 임의성(randomness)을 가진(랜덤한) 트리를 여러 개 만든 후, 이들을 합쳐서 하나의 큰 분류기를 생성합니다. 이런 식의 구성을 'bagging(배깅, bootstrap aggregating 의 약어로 사용됨)'이라 부르죠.

하나의 랜덤 트리를 만드는 과정에는 전체 데이터를 다 사용하지 않습니다. 일부의 샘플 데이터를 사용하고, 또 샘플의 일부 특징만을 사용합니다. 우리는 몇 %의 샘플을 사용할지, 최대 몇 개의 샘플을 사용할지를 결정해 주어야 하죠.

물론 기본값을 사용해도 잘 동작합니다. 복잡한 데이터의 경우 이런 트리를 1,000개 정도 만들어 주게 되며 그 후, 각 결정 트리로부터 얻어진 결과를 평균내거나, 과반수 투표(majority vote)를 통해 최종 분류 결과를 냅니다.

각각의 랜덤 트리는 그 자체가 '분류기'입니다. 그리고 여러 분류기를 합쳐서 투표로 결정하는 것 역시 분류기가 되죠. 이 때 분류기를 합쳐서 만든 최종 모델을 '앙상블 모델(ensemble model)'이라 부릅니다. 임의성을 가진, 조금씩 다른 특성을 갖는 트리들로 구성되기 때문에 과학습이 잘 되지 않고, 학습에 사용되지 않은 새로운 데이터를 예측하는 성능(일반화 성능)이 좋습니다.

그리고 관측 오차가 많은 경우에도 무난한 성능을 보여 주죠. 앙상블 모델들은 그 안에 들어가는 작은 모델의 학습이 서로 독립적입니다. 그래서 '병렬' 작업화하기 좋은 장점도 있습니다.

SVM 에서 했던 것을 똑같이 랜덤 포레스트로 해보겠습니다. iris 데이터를 가져오는 부분은 똑같고, model 을 만드는 부분부터 다릅니다.

```
from sklearn.ensemble import RandomForestClassifier

model = RandomForestClassifier(n_estimators=1000)
model.fit(X, y)

RandomForestClassifier(bootstrap=True, class_weight=None, criterion='gini',
            max_depth=None, max_features='auto', max_leaf_nodes=None,
            min_impurity_decrease=0.0, min_impurity_split=None,
            min_samples_leaf=1, min_samples_split=2,
            min_weight_fraction_leaf=0.0, n_estimators=1000, n_jobs=1,
            oob_score=False, random_state=None, verbose=0,
            warm_start=False)
```

모델이 만들어졌습니다. 문법은 대동소이하지만, 앙상블 방법에는 몇 개를 합쳐서 모델을 만들지가 파라미터 'n_estimators'로 들어갑니다. 기본값은 '10'인데, 조금 복잡한 데이터에서는 '100'이나 '1000'을 사용하는 것이 추천됩니다. 많이 만들면 분류는 더 잘하지만 시간이 더 오래 걸리긴 하죠. 물론 꽤 빠른 알고리즘이라 크게 문제는 안됩니다. 그리고 'n_jobs' 옵션을 조절하면 멀티 코어 CPU를 활용해서 병렬 계산도 가능하다는 점 역시 알아 두세요. 그럼 분류를 얼마나 더 잘하나 보고 넘어가겠습니다. 문법은 SVM 때와 같습니다.

```
model.predict(X)

array([0, 0, 0, 0, 0, 0, 0, 0, 0, 0, 0, 0, 0, 0, 0, 0, 0, 0, 0, 0, 0, 0, 0, 0,
       0, 0, 0, 0, 0, 0, 0, 0, 0, 0, 0, 0, 0, 0, 0, 0, 0, 0, 0, 0, 0, 0, 0, 0,
       0, 0, 0, 0, 0, 0, 1, 1, 1, 1, 1, 1, 1, 1, 1, 1, 1, 1, 1, 1, 1, 1, 1, 1,
       1, 1, 1, 1, 1, 1, 1, 1, 1, 1, 1, 1, 1, 1, 1, 1, 1, 1, 1, 1, 1, 1, 1, 1,
       1, 1, 1, 1, 1, 1, 1, 1, 1, 1, 1, 1, 1, 2, 2, 2, 2, 2, 2, 2, 2, 2, 2, 2,
       2, 2, 2, 2, 2, 2, 2, 2, 2, 2, 2, 2, 2, 2, 2, 2, 2, 2, 2, 2, 2, 2, 2, 2,
       2, 2, 2, 2, 2, 2, 2, 2, 2, 2, 2, 2, 2, 2, 2, 2, 2, 2])

model.score(X,y)

1.0
```

제 경우에는 데이터 분석에 딥 러닝 등의 복잡한 모델을 자주 쓰고, 모델을 만들기 전에 우선 데이터를 잘 만들었는지 확인하기 위해 랜덤 포레스트를 주로 적용했습니다. 그리고 이를 토대로 나온 분류 성능을 기준으로 삼아서 딥 러닝 모델이 얼마나 효율적인지를 판단하곤 합니다. 그 만큼 랜덤 포레스트는 충분히 높은 정확성을 보이고 학습이 빠릅니다. 더욱 좋은 점은 모델의 하이퍼 파라미터를 튜닝해 주지 않아도 무난한 성능을 보여 준다는 점입니다.

이런 앙상블 모델 역시 단점은 있습니다. 투표로만 결정하게 되면 소수의 의견 중 중요한 것을 놓치는 경우가 많은 것처럼, 앙상블 모델 역시 중요하지만 자주 나오지는 않는 특성을 놓치게 되는 경우가 많습니다. 그래서 여러 분류기 중 약한 분류기에 가중치를 두는 방법이 필요한데, '부스팅(boosting)'이라 이름 붙이는 모델들이 바로 그런 방법들입니다.

관심이 있으면 다음 주소를 참고하세요.

https://en.wikipedia.org/wiki/Boosting_(machine_learning)

3.1.04 베이즈 분류와 인과 네트워크

베이즈 분류(Bayes Classification)

앞에서 본 머신 러닝 방법들은 여러 특징들이 동시에 나타나는 '상관 관계(Correlation)'을 이용한 것입니다. '열이 나는 것'과 '독감에 걸린 것'은 같이 나타나는 현상이기 때문에 서로 상관 관계가 있죠. 하지만 열이 독감의 원인이라 생각하지는 않습니다. 어느 날 조사를 했는데 100명의 환자 중에 열이 나는 사람이 50명이나 있었습니다. 그런데 독감 환자는 10명 밖에 없었고 모두 열이 나는 상황이었다고 합시다. 이럴 때 열과 독감 환자 사이의 상관 관계는 그다지 높지 않죠. 이런 상황은 "인과를 나타내지 않는다(correlation does not imply causation)"고 말합니다. 엄밀한 분석을 위해서는 '열이 나는 사건'과 '독감에 걸렸다는 사건'의 인과 관계를 따져서 말해야 할 것입니다.

인과 관계를 따지기 위해 사용하는 것이 바로 조건부 확률에 바탕한 '베이즈 정리(Bayes' theorem)'입니다.

$$P\left(A\middle|B\right) = \frac{P\left(B\middle|A\right)P(A)}{P(B)}$$

확률을 배우던 시절의 기억을 떠올려 보시면, "P(A|B)는 B"라는 조건이 주어졌을 때 A 가 나타날 조건부 확률입니다. 독감을 예로 들어서 우리가 아는 것은 '열이 난다' 것이고 알고 싶은 것은 '독감일 가능성', 즉 'P(독감걸림|열이남)'입니다. 몇 년간 관찰을 해서 이 값을 계산할 수도 있겠죠. 그런데 앞서 말했듯 최근에 열이 나는 다른 질병이 유행한다면 이 값이 달라집니다. 베이즈 정리를 써서 저 수식을 바꿔 보겠습니다.

$$P\left(독감\middle|열이남\right) = \frac{P\left(열\middle|독감\right)P(독감)}{P(열)}$$

독감이 걸린 사람이 열이 날 확률은 통계적으로 구해집니다. 그리고 진단받는 사람 중 독감 환자일 확률과

열이 나는 사람의 확률 역시 통계를 통해 비교적 어렵지 않게 구할 수 있습니다. 이 수식에서 아무 정보 없이 환자가 독감 환자일 확률 P(독감)를 '사전 확률(prior probability)', 열이 있다는 정보를 알았을 때 환자가 독감 환자일 확률 P(독감|열)를 '사후(posterior) 확률'이라 합니다.

조금 더 확장해서 열이 나고 기침이 심하며 비염까지 있을 때 이 사람이 독감 환자일 확률을 구해 보겠습니다.

$$P\left(독감 \middle| 열, 기침, 비염\right) = \frac{P\left(열, 기침, 비염 \middle| 독감\right) P\left(독감\right)}{P\left(열이남, 기침, 비염\right)}$$

확률에서 '콤마(,)'로 표시하는 것은 'and'와 같이 해석됩니다. 따라서 'P(열, 기침, 비염|독감)'는 '독감이 걸린 경우 이 세 가지 증상이 동시에 나타날 조건부 확률'을 뜻합니다. '열'과 '기침'과 '비염'은 독감에 걸렸을 때 모두 독립적인 증상일까요? 아니면 서로 관련이 있을까요? 아마 "비염과 같은 염증이 있어서 열이 났다"든지, "폐의 염증으로 인해 기침과 열이 동반된다"든지의 식으로 관련성이 있을지도 모릅니다. 그런데 일일이 따지기 귀찮으니까, 나이브하게 '서로 독립적'이라고 생각해 보겠습니다. 확률에서 독립을 가정하면 계산이 매우 편해진다는 점 꼭 알아두세요.

$$P\left(독감 \middle| 열, 기침, 비염\right) = \frac{P\left(열 \middle| 독감\right) P\left(기침 \middle| 독감\right) P\left(비염 \middle| 독감\right) P\left(독감\right)}{P\left(열\right) P\left(기침\right) P\left(비염\right)}$$

이제 독감이 걸렸을 확률이 계산되었습니다. 열이 없고 기침만 있는 경우의 독감 확률 등도 계산할 수 있습니다. 같은 방법으로 폐렴 확률도 계산해 보겠습니다.

$$P\left(폐렴 \middle| 열, 기침, 비염\right) = \frac{P\left(열 \middle| 폐렴\right) P\left(기침 \middle| 폐렴\right) P\left(비염 \middle| 폐렴\right) P\left(폐렴\right)}{P\left(열\right) P\left(기침\right) P\left(비염\right)}$$

그럼 같은 상황에 대해서 '독감일 확률'과 '폐렴일 확률'이 각각 계산될 수 있죠. 최종적으로 둘 중 확률이 더 높은 쪽으로 분류하면 됩니다. 이런 식으로 분류하는 것을 '나이브 베이즈 분류(Naïve Bayes Classification)'라 부릅니다.

나이브 베이즈 분류 역시 sklearn에 구현되어 있는데, SVM이나 랜덤 포레스트를 쓰는 것과 같습니다. SVM에서 썼던 iris 데이터를 사용한 코드부터 보겠습니다. 데이터를 가져오는 부분은 SVM 예제를 참고해 주세요.

```
from sklearn.naive_bayes import GaussianNB

model = GaussianNB()
model.fit(X, y)

GaussianNB(priors=None)
```

예제는 '가우시안(Gaussian) 나이브 베이즈' 방법을 썼는데, 가우시안은 '정규 분포'를 뜻합니다. 왜 갑자기 정규 분포가 나올까요? 그리고 수식으로 설명할 때에는 독감, 기침, 열과 같이 인과 관계가 명확해 보이고 또 맞다 아니다를 확률로 관측 가능한 것들로 했기 때문에, iris 데이터는 도대체 어떻게? 라는 의문이 들 것입니다. iris 데이터의 베이즈 분류를 위해서는, 꽃 길이 '7.3'이고 꽃 받침 넓이가 '2.1'인 경우 1번 종일 확률을 구할 수 있어야 합니다. 그런데 7.3은 실수값이고 학습에 사용된 데이터에서 이 값이 정확하게 사용된 경우는 매우 드물게 나타납니다. 그래서는 계산을 제대로 할 수 없겠죠. 관찰값을 확률 밀도로 바꾸어 줄 필요가 있습니다. 이때 관찰값에서 평균, 표준 편차를 구해서 정규 분포를 사용하는 것이 바로 가우시안 나이브 베이즈입니다.

이론적으론 완벽한 베이즈 분류, 실제로 잘 작동할까요? 다음을 보시면 알겠지만 충분히 잘 작동합니다.

```
model.predict(X)

array([0, 0, 0, 0, 0, 0, 0, 0, 0, 0, 0, 0, 0, 0, 0, 0, 0, 0, 0, 0, 0, 0, 0, 0, 0,
       0, 0, 0, 0, 0, 0, 0, 0, 0, 0, 0, 0, 0, 0, 0, 0, 0, 0, 0, 0, 0, 0, 0, 0, 0,
       0, 0, 0, 0, 0, 0, 1, 1, 2, 1, 1, 1, 1, 1, 1, 1, 1, 1, 1, 1, 1, 1, 1, 1, 1,
       1, 1, 1, 1, 2, 1, 1, 1, 1, 1, 1, 2, 1, 1, 1, 1, 1, 1, 1, 1, 1, 1, 1, 1, 1,
       1, 1, 1, 1, 1, 1, 1, 1, 1, 1, 1, 1, 2, 2, 2, 2, 2, 2, 1, 2, 2, 2,
       2, 2, 2, 2, 2, 2, 2, 2; 1, 2, 2, 2, 2, 2, 2, 2, 2, 2, 2, 2, 2, 2,
       2, 1, 2, 2, 2, 2, 2, 2, 2, 2, 2, 2, 2, 2, 2, 2, 2])

model.score(X,y)

0.96
```

인과 네트워크(Causal Network)

나이브하게 말고 좀더 엄밀하게 따져보기 위해서는 인과 그래프를 사용해서 사건들 간의 확률 관계를 따져 봐야 합니다. 원인에서 결과로 화살표를 그려서 이런 식으로 네트워크를 구성해 봅시다.

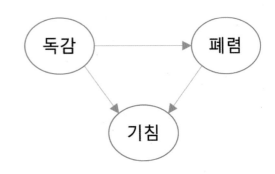

여기서 기침 여부는 관찰이 가능한 값입니다. 그리고 독감인지 폐렴인지는 숨겨져 있죠. 기침이 관찰되었을 때 독감일 확률과 폐렴일 확률은 어떻게 달라질까요? 기침이 관찰되었을 때 독감일 확률을 구해 보겠습니다.

$$P\left(\text{독감}\middle|\text{기침}\right) = \frac{P\left(\text{기침}\middle|\text{독감}\right)P\left(\text{독감}\right)}{P\left(\text{기침}\right)}$$

여기서 P(독감)과 P(기침)은 통계적으로 이미 알려져 있습니다. 그러면 P(기침|독감)만 구하면 되는데, 폐렴이라는 걸림돌이 있죠. 폐렴 여부에 따라 확률이 달라지므로 모든 경우에 대해서 구해 줍니다.

$$P\left(\text{기침}\middle|\text{독감}\right) = P\left(\text{기침}\middle|\text{폐렴},\text{독감}\right)P\left(\text{폐렴}\middle|\text{독감}\right) + P\left(\text{기침}\middle|\text{폐렴안걸림},\text{독감}\right)P\left(\text{폐렴}\middle|\text{독감}\right)$$

계산을 위해서는 여기 나오는 확률값들이 모두 미리 제공되어야 합니다. 폐렴, 독감 여부의 모든 가능성에 대한 기침의 확률표가 필요한 것입니다. 실제로 이렇게 표현합니다.

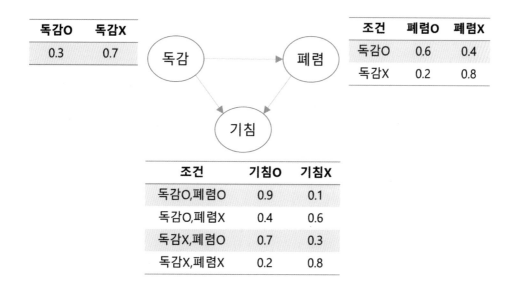

독감O	독감X
0.3	0.7

조건	폐렴O	폐렴X
독감O	0.6	0.4
독감X	0.2	0.8

조건	기침O	기침X
독감O,폐렴O	0.9	0.1
독감O,폐렴X	0.4	0.6
독감X,폐렴O	0.7	0.3
독감X,폐렴X	0.2	0.8

베이즈 네트워크를 이용해서 유전자 사이의 조절 관계를 연구한 적이 있는데요. 유전자가 동시에 발현하는 정도(correlation)로는 조절 관계를 알 수 없기 때문에 베이즈 네트워크를 만들어서 유전자의 발현 여부가 다른 유전자의 발현에 영향을 주는 경우를 알아보려 했죠. 이 때는 이 확률표가 주어지지 않는 것은 물론이고, 인과 관계도 제대로 알려지지 않은 경우입니다. 베이즈 네트워크는 이렇게 구조가 알려지지 않은 경우에 대해서도 학습이 가능합니다. 아쉽게도 그 복잡도 때문에 초보자가 쓸 정도의 학습 패키지가 아직

제대로 만들어지지 않았습니다. 네트워크 학습 관련해서 다 다룰 수는 없지만, 크게 3가지 방법이 존재한다는 점을 알아두기 바랍니다.

① 관측되지 않은 변수 추론(inferring unobserved variables) : 기침이 관찰되었을 때 독감인지 여부 판단. 각 사건들 사이의 인과 관계와 조건부 확률이 모두 주어져야 한다.

② 파라미터 학습(parameter learning) : 독감과 폐렴이 동시에 걸렸을 때 기침 확률 학습. 각 사건들 사이의 인과 관계는 알려져 있으나, 조건부 확률은 알려지지 않은 경우, 여러 동시 관측값(여러 환자에 대해 독감, 폐렴, 기침을 확인한 데이터)을 입력으로 해서 조건부 확률을 계산할 수 있다.

③ 네트워크 구조 학습(structure learning) : 독감, 폐렴, 기침 서로 간의 인과 관계 여부 학습. 인과 관계 및 조건부 확률이 알려지지 않은 경우, 여러 동시 관측값(여러 환자에 대해 독감, 폐렴, 기침을 확인한 데이터)을 입력으로 해서 인과 구조를 학습할 수 있다. 유전자 네트워크처럼 노드가 많으면 최적의 네트워크 구성은 현실적으로 불가능하기 때문에 휴리스틱 알고리즘이 제시되었다.

3.2 | 교차 검증 (Cross Validation)

머신 러닝 모델을 사용하려면 일단 좋은 모델을 판단할 수 있어야 합니다. 가장 좋은 방법은 테스트용 데이터를 이용해서 모델을 시험하는 것입니다. 가령 고양이 사진 인식을 위한 모델이라면 고양이 사진 100개와 개 사진 100개를 섞어서 보여 주며 얼마나 잘 맞추는지를 보면 됩니다. 시험을 보는 셈이니까, 제공하는 테스트용 데이터는 학습에 사용된 적이 없어야 제대로 평가가 가능합니다. 그래서 '학습용 데이터'를 교과서나 참고서, '시험용 데이터'를 수능에 비유하기도 합니다.

데이터 분석 대회에서도 비슷한 방식으로 우승자를 정합니다. 정답이 딸린 학습용 데이터와 정답이 없는 테스트용 데이터를 제공해 주고 테스트용 데이터의 답을 제출받아 그 중 가장 답을 많이 맞춘 모델이 우승합니다. 대회 참가자들은 학습용 데이터를 최대한 이용해서 좋은 모델을 만든 후 테스트용 데이터의 정답을 제대로 예측해야 합니다. 대부분의 경우 학습용 데이터 중 일부를 떼어내서 검증용으로 사용하게 됩니다. 수능을 예로 들어 보면 공부를 하는 중간중간에 모의고사를 보는 이유와 같습니다. 배운 것을 제대로 익히고 있는지, 부족한 점은 무엇인지를 알기 위해서죠. 머신 러닝 모델을 학습하는 과정에도 이런 방법이 필요한데, 그것이 바로 **교차 검증(Cross-Validation)**입니다.

머신 러닝에서의 '교차 검증'은 데이터를 '학습에 사용할 그룹'과 '검증에 사용할 그룹'으로 나눈 뒤, 학습된 모델을 평가하는 방법입니다. 전체 데이터를 학습에만 사용하면, 데이터의 답만 통째로 외운 모델이 가장 높은 점수를 받기 쉬운데, 이것을 '과잉 학습(over-fitting)'이라고 부릅니다. 하지만 우리가 원하는 모델은 전체 데이터의 특성을 가장 잘 설명하는 모델이어야 하니까 학습에 사용되지 않은 데이터도 잘 설명해야 하겠죠. 이제부터 설명할 부분은 머신 러닝에서 간과해서는 안 되는 중요한 내용입니다.

과소적합
Underfitted

최적

과적합
Overfitted

이 그림을 보면 2개의 점을 잇는 선으로만 클래스로 나누는 경우는 '과소 적합'이 됩니다. 표현력이 떨어지는 모델로 예측할 때 나타나는 현상입니다. 4개의 점을 잇는 곡선으로 클래스를 나누는 경우는 그림의 데이터를 완전히 나누는 데는 실패하지만 적절하게 나눌 수 있습니다. 8개의 점을 잇는 곡선으로 클래스를 나누면 학습 데이터에 대해서 오류 없이 클래스를 나눌 수는 있지만, 만약 새로운 데이터가 있을 때 이것을 정확히 예측할 수 있을지는 의문스러운 형태입니다. 일반성을 잃어버렸다고 말하기도 합니다.

머신 러닝, 특히 딥 러닝은 항상 과잉 학습이 되기 쉽습니다. 학습할 파라미터가 많기 때문에 표현력이 매우 높죠. 계속 학습을 시키면 매우 복잡한 곡선으로 클래스를 나눌 수 있다는 뜻입니다. 대부분 학습을 시작할 때에는 학습 데이터도 잘 설명하고, 새로운 데이터도 잘 예측하는 좋은 모델이 되어갑니다. 그런데 어느 순간부터는 학습을 하면 할수록 기존 데이터에 대한 설명력은 좋아지는데 예측력이 떨어지는 모델이 되기 시작합니다. 바로 '과적합'이 발생하는 것이죠. 그 전에 학습을 멈추는 것이 좋은데, 이때에 그 동안 학습에 사용되지 않았던 검증셋을 이용하게 됩니다.

이번 과정에서는 교차 검증을 위해 데이터를 나누는 방법, 그리고 좋은 모델을 고르는 기준이 되는 여러 통계값에 대해 알아보겠습니다.

regression에서의 과다 학습에 대해서

'교차 검증'은 지도 학습에서 주로 사용하는데, 답이 존재해야만 검증을 할 수 있기 때문입니다. 지도 학습은 주로 두 종류, '분류(classification)'와 '회귀 분석(regression)'으로 나눕니다. 여러 종류의 사진을 주면서 개와 고양이를 구별하라고 하면 '분류'에 해당하겠고, 유전자 서열을 주면서 특정 단백질에 얼마나 강하게 결합하는지를 예측하라면 '회귀 분석'에 해당합니다. 회귀 분석에서는 정답이 클래스가 아닌 수치값입니다. 딥 러닝을 포함하여 머신 러닝의 대부분 방법들은 이 두 가지를 모두 적용할 수 있습니다. CNN과 같은 딥 러닝 모델에서도, 학습 모델에서의 출력 층의 데이터 개수 및 활성화 함수와 손실 계산법만 바꿔 주면 분류기를 회귀 분석용으로 사용할 수 있습니다.

'선형 회귀'는 가장 단순한 회귀 분석으로, 'y = ax + b'의 1차 방정식으로 x와 y 데이터 사이의 관계를 설명합니다. 이 방정식을 머신 러닝으로 학습한다면 예측된 y값(y hat)과 정답 y값의 차이를 최소화하는 방향으로 a와 b, 두 파라미터를 조절할 것입니다. 조금 더 복잡한 관계를 설명하기 위해서 2차식(y = ax2 + bx+ c) 이상의 다항식이나 다양한 다른 수식을 사용하기도 합니다. 그런데 데이터를 설명하기 위해 너무 많은 차수의 다항식을 사용하면 어떻게 될까요? 다음 그림의 과적합 예에서는 6차식을 사용해서 데이터를 설명할 때 생기는 문제를 보여 줍니다.

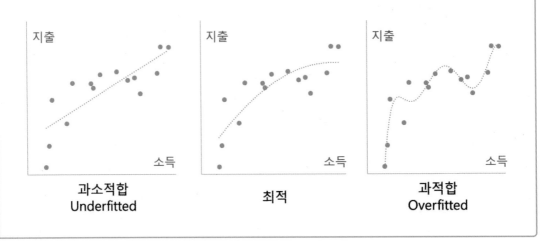

| 과소적합 | 최적 | 과적합 |
| Underfitted | | Overfitted |

학습해야 할 데이터가 주어졌을 때, 모델을 학습하고 검증하기 위해서는 기본적으로 2개의 집합이 필요합니다. '학습 데이터 셋(training set)'과 '검증 데이터 셋(validation set)'이 그것입니다. 모델을 학습시킬 때에는 '학습셋'만 사용하고, 나중에 '검증셋'을 이용해서 학습된 모델의 성능을 판단합니다. 가장 간단한 방법은 데이터를 둘로 나누어 하나는 학습용으로, 다른 하나는 검증용으로 사용하는 것인데 이를 '홀드 아웃

(holdout)'이라 부릅니다. 보통 20~30%를 검증셋으로 따로 빼 두죠.

데이터셋을 어떻게 나누는가에 따라 학습 성능에 차이가 날 수밖에 없습니다. 우연히 학습셋과 검증셋에 비슷한 특징을 가진 데이터로 나뉘면 과학습이 일어나도 검증 성능이 높게 나올 것이고, 학습셋에 편향된 데이터가 몰리면 최적의 학습을 해도 검증 성능이 낮아질 것입니다. 편향을 막기 위해 데이터를 무작위로 나누는 홀드 아웃을 여러 번 반복해서 평균을 내는 방법을 사용하기도 하는데 이 정도로도 꽤 좋은 검증 방법이라고 할 수 있죠.

k-fold 교차 검증

홀드 아웃은 모든 데이터가 공평하게 검증셋에 들어간다는 보장이 없습니다. 그래서 더 세밀한 방법으로 고안한 것이 k-fold 교차 검증 방법입니다. 데이터를 무작위로 k등분해서, 그 중 한 부분을 검증셋으로 하고 나머지를 학습셋으로 삼습니다. 이걸 돌아가면서 한 번씩 하면 'k-fold 교차 검증'이 됩니다. 이제 모든 데이터는 한 번씩 검증셋에 들어가게 됩니다. '3-fold 교차 검증' 그림을 보면 조금 더 이해가 잘 됩니다.

원본 데이터			1차 검증				2차 검증				3차 검증			
x_1	x_2	y	x_1	x_2	y		x_1	x_2	y		x_1	x_2	y	
1	8	1	1	8	1		1	8	1		1	8	1	
9	4	0	9	4	0	검증셋	9	4	0	학습셋	9	4	0	학습셋
5	5	1	5	5	1		5	5	1		5	5	1	
6	2	0	6	2	0		6	2	0		6	2	0	
8	5	0	8	5	0		8	5	0		8	5	0	
4	6	1	4	6	1		4	6	1	검증셋	4	6	1	
5	3	0	5	3	0		5	3	0		5	3	0	
2	7	1	2	7	1		2	7	1		2	7	1	
3	1	1	3	1	1		3	1	1		3	1	1	
7	9	0	7	9	0	학습셋	7	9	0		7	9	0	검증셋
3	2	0	3	2	0		3	2	0		3	2	0	
5	8	1	5	8	1		5	8	1		5	8	1	

실제로 데이터를 학습해 보면 k-fold만으로는 한계가 있습니다. 학습할 때마다 성능에 편차가 많음을 확인할 수 있습니다. 데이터를 k 부분으로 어떻게 나누었는가에 따라서 학습 성능과, 검증 성능의 차이가 클 수밖에 없기 때문이죠. 그래서 k-fold를 10번 정도 수행해서 '평균'을 내는 방법을 사용하게 됩니다. 이런 방법을 '10-repeated 3-fold cross validation' 식으로 부릅니다.

Leave-one-out 교차검증(LOOCV)

N개의 데이터 샘플을 k개로 나눠서 교차 검증하는 것이 k-fold죠. 그런데 이렇게 나누는 방법에는 많은 방법이 있기 때문에 엄밀히 말하면 가능한 모든 경우를 다 해봤다고 할 수가 없습니다. "N개의 데이터를 N-fold로 나누어 모든 샘플에 대해서 다 해보면 철저하게 검증했다고 할 수 있지 않을까?"라는 아이디어가 나오죠. 이런 방식을 '철저한(exhaustive) 교차 검증'이라고 부릅니다. 즉 N(샘플 수 만큼)번의 model을 만들고, 각 모델을 만들 때에 하나의 샘플만 제외하면서 그 제외한 샘플로 검증하는 방법이 바로 LOOCV입니다. 샘플 수가 적을 경우 엄밀하게 검증할 수 있다는 장점이 있지만, 번거롭기 때문에 잘 쓰이지는 않습니다. 결론적으로 반복된 k-fold가 가장 무난한 방법이라고 할 수 있습니다.

3.2.02 분류기의 성능 평가 척도

'가장 간단한 척도'인 **정확도(accuracy)**부터 살펴보지요. '정확도'란 측정값이 정답과 일치하는 정도로 정의할 수 있는데, 시험 점수처럼 맞춘 개수에 비례하여 채점합니다. 대부분의 분류기에 대한 성능을 측정하는 가장 기본적인 척도라 할 수 있습니다. 대부분 정확도가 높으면 다른 척도가 필요 없습니다. 그런데 만약 매우 드문 질병이라 환자인 경우가 매우 적은(1% 미만) 경우에는 무조건 질병이 아니라고 판단해도 99%의 정확도를 가지게 됩니다. 클래스마다의 샘플 개수에 따라서 정확도가 달라지기 때문에 이것으로만 내 분류기의 성능을 주장하기는 힘듭니다. 그래서 조금 더 정교한 척도가 필요한 것입니다.

민감도(sensitivity)와 **특이도(specificity)**를 사용하면 클래스별 샘플 수에 큰 차이가 나는 경우에도 균일한 측정값을 보여 줄 수 있습니다. 민감도와 특이도는 흔히 질병의 진단을 위해서 사용됩니다. 독감을 진단하는 경우에, 환자 중에서 실제로 독감에 걸린 사람과 독감이 아닌 사람이 있을 겁니다. 그 중 '독감으로 진단된 사람(양성 진단, positive prediction)'과 '독감이 아닌 것으로 진단된 사람(음성 진단, negative prediction)'이 각각 있을 수 있습니다. 조금 복잡해지니까 표로 만들어 보았습니다.

	환자 Conditional positive	환자 아님 Conditional negative
양성으로 진단 Predicted positive	참 양성 True positive (TP)	거짓 양성 False positive (FP)
음성으로 진단 Predicted negative	거짓 음성 False negative (FN)	참 음성 True negative (TN)

헷갈리기 쉬워서 저도 관련된 표를 프린트해서 자리에 붙여 두곤 합니다. 우선 '참'은 답을 맞춘 경우를 뜻합니다. 환자를 양성으로 판단한 경우, 환자가 아닌 사람을 음성으로 판단한 경우가 참이고 각각이 '참 양성(TP)'과 '참 음성(TN)'이 됩니다. '거짓'의 경우는 진단과 환자 여부가 다른 경우인데, 음성을 양성으로 판단한 경우가 '거짓 양성(FP)'입니다. 양성을 음성으로 판단하는 게 거짓 양성 아닌지 의문이 들면서 혼동이 일어날 수 있지만, 이 경우는 예측 결과를 기준으로 합니다.

가장 좋은 분류는 '환자를 양성', '환자가 아닌 사람을 음성'으로 진단하는 것입니다. 이때 환자 중에서 양성으로 진단되는 비율을 '민감도'라고 하고, 거짓 환자 중에서 음성으로 진단되는 비율을 '특이도'라 합니다. 독감 환자 비슷하기만 해도 양성 판정이 나오면 그 방법이 민감한 거겠죠. 독감 환자에만 특화되어 specific 하게 양성 진단을 하기 때문에 독감이 아닌 경우 거의 다 음성으로 판정하는 것은 "특이도가 높다"고 표현합니다.

예를 들어서, 고열이 있으면 모두 독감으로 진단하는 방법을 사용하면 대부분의 독감이 고열을 동반하기 때문에 양성 판정을 받습니다. 즉, 독감에 대한 민감도가 높다고 할 수 있습니다. 그런데, 독감이 아닌 폐렴이나 뇌염 등도 고열을 동반할 수 있기 때문에 독감이 아닌 환자도 양성으로 나올 가능성이 높습니다. 따라서 이 방법은 독감에만 특이한 분류라고 할 수가 없습니다. 말 그대로 '특이도가 낮은' 방법입니다.

수식으로 써 보면 이렇습니다.

> **민감도 = 참 양성 / 환자 수 = TP / (TP + FN)**
>
> **특이도 = 참 음성 / 환자 아닌 수 = TN / (FP + TN)**

더 좋은 진단을 위해, 고열과 함께 코의 염증이 같이 나타나는 경우만 독감으로 진단하는 방법을 생각해 보죠. 독감이 아닌 폐렴이 양성으로 진단되는 경우는 줄어들기 때문에 특이도가 높아질 것입니다. 대신 코의 염증이 안 나타나는 독감은 음성으로 진단될 가능성이 생깁니다. 그만큼 민감도가 떨어지는 거죠.

그럼 민감도와 특이도 중 어느 것이 더 중요할까요? 이것은 어느 정도 '트레이드 오프(trade-off)'가 있습니다. 만약 위험한 독감의 유행 시기에 고위험군 환자라면 민감도가 높은 진단 방법을 사용하는 게 좋을 것이고, 치명적이지 않지만 치료법에 부작용이 있다면 특이도가 높은 방법을 쓰면 됩니다.

3.2.03 좋은 분류기 선택

민감도와 특이도를 모두 높게 만드는 방법은 없을까요? 정확한 독감 판별을 위해 독감 바이러스에 대한 항체를 이용하는 키트를 사용하는 경우를 보겠습니다. 요즘 나오는 키트는 성능이 좋아서 오답이 거의 없이 정답만 척척 골라내기 때문에, 민감도와 특이도 모두 100%에 가깝습니다. 이 경우는 민감도와 특이도가 모두 앞의 진단 방법보다 좋은 분류기라고 할 수 있습니다. 그런데, 이 진단 키트는 가격이 꽤 비싸기 때문에 아무 환자에게나 사용하지는 못합니다. 그래서 민감도가 높은 진단법으로 일단 양성 판정을 받은 사람들을 대상으로 키트를 사용해서 더 정확한 진단을 하게 되죠. 신종 플루와 같은 독감 유행 시기에 고열로 병원에 가면 체험해 볼 수 있는 방법입니다.

이제 좋은 분류기에 대해 알았으니, 이를 정량적으로 나타내는 방법을 알아보겠습니다. 새로운 분류기를 개발했는데, 기존보다 낫다는 것을 증명하기 위해서 반드시 필요합니다. 널리 사용되는 것은 'ROC 곡선의 AUC'로, 우선 다음과 같이 ROC(Receiver-Operating Characteristic) 곡선은 민감도와 특이도의 관계를 2차원 그래프로 나타낸 것입니다.

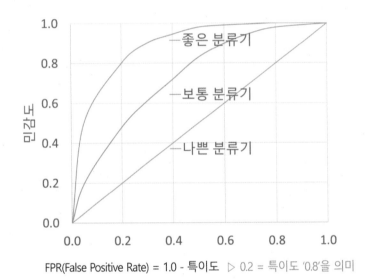

FPR(False Positive Rate) = 1.0 - 특이도 ▷ 0.2 = 특이도 '0.8'을 의미

민감도와 특이도는 쉽게 구할 수 있는데, 이 ROC는 어떻게 구할 수 있을까요? 고열을 기준으로 독감 여부를 판단하는 분류기를 생각해 보면, 고열의 기준을 뭘로 할지에 따라 민감도와 특이도가 달라집니다. 38.2℃를 기준으로 나누면 38.0℃를 기준으로 나누는 것보다 특이도는 더 올라가고 민감도는 조금 떨어질 수밖에 없습니다. 이런 식으로 모든 온도에 대해 민감도와 특이도를 계산하여 ROC를 그려 주면 되죠.

'AUC(area under curve)'라는 것은 이 곡선의 아래쪽의 면적을 구한 적분값입니다. 민감도와 특이도가 모두 높을수록 이 면적이 커지게 됩니다. 그림 상의 '좋은 분류기'는 민감도 0.8일 때, 특이도가 0.8 (FPR 0.2) 정도인 경우를 예로 들었습니다. 이 경우의 AUC는 어림잡아 0.9정도 됩니다. 민감도 0.8일 때의 특이도가 0.5정도인 보통 분류기는 진짜 환자를 양성으로 80% 판단할 때, 실제 환자가 아닌데도 50%는 양성으로 판단하고 있습니다. AUC는 0.7수준입니다. 분류를 하나도 못한 채 무작위로 1/2 확률의 답을 고르는

나쁜 분류기가 있다면 정답과 오답이 반반 섞여 있을 것입니다. 이때는 민감도와 특이도 모두 0.5가 됩니다. 이 때 AUC는 0.5입니다. 만약 완벽한 분류기를 만들었다면 민감도 특이도 모두 1.0이 되므로 AUC는 1.0입니다.

어떤 모델의 AUC를 구하는 예제 코드를 볼 텐데, 먼저 모델을 학습시켜야 합니다. 데이터는 sklearn의 'breast_cancer'를 사용했습니다. 데이터를 가져온 다음 학습에는 70%만 사용하고 나머지 30%는 분류기의 성능 평가를 위한 검증용으로 나누었습니다. 이 홀드 아웃 교차 검증을 위해 'train_test_split'을 사용합니다.

```python
from sklearn.datasets import load_breast_cancer
bc = load_breast_cancer()
X = bc.data
y = bc.target

from sklearn.model_selection import train_test_split
X_train, X_test, y_train, y_test = train_test_split(X, y, test_size=0.3)

from sklearn.ensemble import RandomForestClassifier
model = RandomForestClassifier(n_estimators=1000)
model.fit(X_train, y_train)

RandomForestClassifier(bootstrap=True, class_weight=None, criterion='gini',
            max_depth=None, max_features='auto', max_leaf_nodes=None,
            min_impurity_decrease=0.0, min_impurity_split=None,
            min_samples_leaf=1, min_samples_split=2,
            min_weight_fraction_leaf=0.0, n_estimators=1000, n_jobs=1,
            oob_score=False, random_state=None, verbose=0,
            warm_start=False)
```

이렇게 1,000개의 결정 트리를 사용해서 모델의 학습을 끝냈습니다. 이 모델의 성능을 확인하기 위해 검증용 데이터를 사용해서 AUC를 구하겠습니다.

```python
y_prob = model.predict_proba(X_test)

from sklearn.metrics import roc_curve
fpr, tpr, _ = roc_curve(y_test, y_prob[:,1], pos_label=1)
```

모델은 정답(0 또는 1)을 예측할 수도 있고, 확률(1일 확률 90%)을 출력할 수도 있습니다. ROC는 여러 threshold에서 민감도와 특이도를 알아야 하는데, 이를 위해서는 정답뿐만 아니라 확률을 알아야만 합니다. 민감도를 높이기 위해서는 모델이 조금이라도 의심스러운 경우(한 5% 정도)도 다 양성이라고 예측하면 됩니다. 하지만 특이도를 높이기 위해서는 모델이 100% 맞다고 확신하는 경우만 양성으로 판단해야 합니다. 양성으로 판단할 기준 확률값을 변경해 가면서 민감도와 특이도를 계산하면 바로 ROC를 그릴 수 있는 것입니다. 그래서 predict_proba를 써서 y 확률값을 예측했는데, y가 0 또는 1인만큼 확률도 한 샘플에 대해 2개씩 나오게 됩니다.

이제 'roc_curve'를 써 볼 차례입니다. 특이도, 민감도 계산에는 양성과 음성의 구별이 존재하죠. 그래서 0 또는 1을 값으로 하는 y 값 중에서 어느 것이 양성인지를 'pos_label'로 지정해야 합니다. 이제 roc_curve 는 'FPR(가짜 양성 확률, '1-특이도'와 같음)'과 'TPR(민감도의 다른말)'을 리턴해 주는데, 이것으로 그림을 그려 주면 'ROC 커브'가 되고 sklearn 의 auc 함수를 사용하면 AUC 값을 구할 수 있습니다. 확인해 보죠.

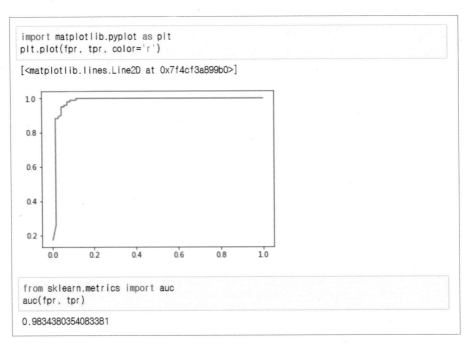

```
import matplotlib.pyplot as plt
plt.plot(fpr, tpr, color='r')
```
```
[<matplotlib.lines.Line2D at 0x7f4cf3a899b0>]
```

```
from sklearn.metrics import auc
auc(fpr, tpr)
```
```
0.9834380354083381
```

랜덤 포레스트는 '0.983'의 AUC 를 보이는데, 이제 SVM 을 사용해서 비교해 보죠. 코드는 거의 유사한데, SVC 의 경우에는 기본 옵션에서는 정답일 확률 계산을 해주지 않습니다. 그래서 파라미터로 지정해 주어야 합니다. 이 데이터에서 SVM 이 랜덤 포레스트보다 좋은 분류기일까요? 다음 결과를 확인해 보세요.

```
from sklearn.svm import SVC
```
```
model = SVC(kernel='linear', probability=True)
model.fit(X_train, y_train)
```
```
SVC(C=1.0, cache_size=200, class_weight=None, coef0=0.0,
    decision_function_shape='ovr', degree=3, gamma='auto', kernel='linear',
    max_iter=-1, probability=True, random_state=None, shrinking=True,
    tol=0.001, verbose=False)
```
```
y_prob = model.predict_proba(X_test)
```
```
from sklearn.metrics import roc_curve, auc
fpr, tpr, _ = roc_curve(y_test, y_prob[:,1], pos_label=1)
auc(fpr, tpr)
```
```
0.9902912621359223
```

복잡한 데이터를 다룰 때는 좋은 분류기를 써도 기대하는 성능이 나오지 않습니다. 시작부터 지나치게 높은 성능이 나올 때는 의심을 해야 합니다. 아무리 좋은 학습 방법이라도 학습 데이터로만 만든 모델이 검증 데이터를 가볍게 100%에 가까이 분류하는 경우는 참 데이터가 모두 공통된 특징을 가지고 있어야 하고, 또 거짓 데이터가 그 특징을 전혀 가지고 있지 않다는 전제가 있어야 합니다. 생물학에서는 참과 거짓이 명확한 아주 좋은 샘플을 사용할 수 없는 경우가 많습니다. 따라서 AUC 기준으로 95% 이상이 나올 때는 데이터셋을 만들 때 잘못된 값을 사용했을 수도 있다는 것을 염두에 두어야 합니다.

먼저 참 데이터를 구할 때는 같은 데이터가 학습셋과 검증셋에 중복으로 들어가지 않았는지 생각해 봅니다. 예를 들어서 돌연변이의 특성을 학습시킬 때, 돌연변이들이 유전체 내에 모여 있어서 같은 데이터가 참 데이터로 중복 포함된 경우가 있습니다. 교차 검증을 위해 데이터를 나눌 때에 학습과 검증셋에 같은 데이터가 나눠서 들어갈 가능성이 생기게 될 것입니다. 교과서 문제가 그대로 수능에 나오는 셈이기 때문에 학습이 잘못되어도 검증 점수가 높게 됩니다. 성능 평가를 해보면 민감성이 크고 특이성이 그보다는 낮은 경우가 많습니다.

거짓 데이터를 만들 때도 조심해야 하는데, 분류기는 참을 양성으로 학습하고 동시에 거짓 데이터를 음성으로 학습하기 때문에 거짓만 잘 골라내도 좋은 분류기가 될 수 있습니다. 거짓 데이터셋은 참이 아닌 것 중에서 임의로 고른다든가, 참 데이터를 이용해서 가상의 데이터를 만들 수도 있는데 이때 데이터에 실수가 들어가면 그 실수가 학습될 가능성이 있습니다. 데이터의 빈 곳을 '0'으로 채웠거나, 참 데이터를 섞어서 만들었는데, 원래는 모두 0만 가능한 특성에 '1'이 섞이는 실수를 한 경우도 있었습니다. 이 경우엔 민감도가 100%인 모델을 학습하게 됩니다. 수학 시험에서 답을 모를 때 '0'을 찍거나, 국어 시험이면 가장 긴 답을 찍는 식으로 점수를 올리는 것과 비슷하다고 할 수 있습니다.

성능 측정에는 **정밀도(precision)**라는 개념도 흔히 사용합니다. '정확도'와 이름이 비슷한데, 공학 등에서 쓰이는 정밀도와 다르기 때문에 자주 혼동하는 개념입니다. 특히 웹 검색을 할 때 '정밀도'로만 검색하면 정확도와 함께 나오게 되는데, 모델 성능 측정에 쓰이는 개념은 '정밀도'와 '재현율'로 찾아야 합니다. '정밀도'는 양성으로 나온 사람들 중에서 진짜로 질병에 걸린 사람의 비율을 뜻합니다. 매우 심한 독감이 유행해서 양성 판정을 받으면 격리하게 되었다고 칩시다. 격리에는 큰 비용이 들죠. 그래서 격리된 환자 중에서 몇 %가 실제 독감 환자인지 알아야 합니다. 이것이 바로 '정밀도'의 개념이죠. 주사를 100명 놓아서 몇 명이 실제 환자였는지 알아내는, 즉 '실행에 대한 성공의 비율'이라고 볼 수 있습니다. 정밀도와 같이 쌍으로 나오는 '재현율(recall)'은 민감도와 동일한 값인데 실제 환자 중에서 양성으로 맞춘 비율입니다. 수식으로 표현하면 이렇게 되죠.

정밀도 = 참 양성 / 양성으로 진단 = TP / (TP + FP)

재현율 = 참 양성 / 환자 수 = TP / (TP + FN)

약값이 아주 비싸다면 그만큼 정밀하게 대상을 선정해야 할 것입니다. 정밀도를 높이려면 확실한 경우에만 양성 판정을 내리고 약을 처방하면 되겠죠? 하지만 그러다 보면 재현율은 떨어질 수밖에 없습니다. 실제 환자인데도 비용을 아끼기 위해 음성 판정을 내리기 때문입니다.

	환자 Conditional positive	환자 아님 Conditional negative
양성 판정 격리 병동	성공 (TP)	억울 (FP)
음성 판정 귀가	전염 (FN)	다행 (TN)

결국 정밀도와 재현율 모두가 다 높은 분류기가 더 좋은 것입니다. 'F1값(F1-score)'이 바로 둘의 조화 평균을 구한 값인데, 이 값이 높을수록 분류기의 성능이 좋은 것이라 생각할 수 있습니다. 그냥 평균이 아니고 '조화 평균'인 이유는 '비율들의 평균'을 구하기 때문입니다. 통계적으로는 엄밀한 의미가 있지만, '속력(거리와 시간의 비율)의 평균'을 구할 때 조화 평균을 쓰는 것과 같은 이치라고 간단하게 이해하면 될 듯합니다. 정밀도와 재현율 중 어느 한 쪽이 더 중요할 때는 'F0.5'나 'F2'값을 구하는 식으로 조절해서 평가를 하면 됩니다. 전염성이 큰 질병의 경우에는 재현율이 더 중요할 수밖에 없고, 그 때는 F2값을 쓰는 게 좋습니다.

이 척도를 사용할 때 조심해야 할 경우는 참과 거짓 샘플의 개수에 차이가 많이 나는 것입니다. 거짓 샘플이 참 샘플보다 매우 많을 때에는 양성으로 판정된 샘플 중에서도 거짓의 비율이 높아질 수밖에 없습니다. 그러면 정밀도는 떨어지고, F1값도 떨어지게 되겠죠. 여러 모델을 평가할 때 성능 비교는 같은 샘플을 사용해서 처리해야 합니다.

3.3 | 딥 러닝 (Deep Learning)

3.3.01 인공 신경망 (Artificial Neural Network)

인공 뉴런(Artificial Neuron)이란 개념은 우리나라가 광복을 맞기도 전인 1943년에 제안되었습니다. 그 당시에 지능이 어디서 오는지를 밝히기 위해 '뉴런(Neuron, 뇌신경 세포)'을 연구해 보니 그렇게 복잡한 게 아니란 것을 알게 되었습니다. 각 뉴런들은 다른 여러 세포로부터 신호를 받아서 그 신호들의 총합이 어느 수준 이상이면 활성화가 됩니다. 그렇게 활성화된 뉴런들은 다시 다른 세포로 신호를 전달해 주게 되죠.

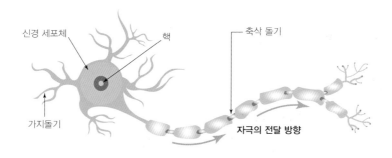

이런 구조를 따라 만든 것이 바로 인공 뉴런, '퍼셉트론(Perceptron)'입니다. 그림에서 예로 든 인공 뉴런은 입력 'x1, x2, x3'가 있을 때 각 입력에 '웨이트(weight) w1, w2, w3'를 각각 곱해서 그 셋을 더합니다. 더한 값이 정해진 값 이상이면 활성화되어 '1'을 출력하고, 그렇지 않으면 비활성화되어 '−1'을 출력합니다.

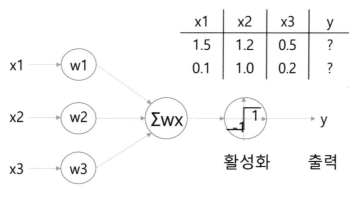

x1	x2	x3	y
1.5	1.2	0.5	?
0.1	1.0	0.2	?

x1을 '온도', x2를 '습도', x3를 '구름의 양'이라고 가정해 봅시다. 이 세 값을 이용해서 1시간 후에 비가 올지를 맞춰볼 수 있을까요? 각자의 경험을 바탕으로 웨이트를 정해서 인공 뉴런을 만들어 볼 수 있습니다. 뉴런마다 이런 식으로 미리 웨이트를 넣어 주어야 할까요? 사람은 보고 듣고 시행착오를 겪으면서 학습을 할 수 있는데, 인공 뉴런도 데이터만 주면 학습을 할 수는 없을까요?

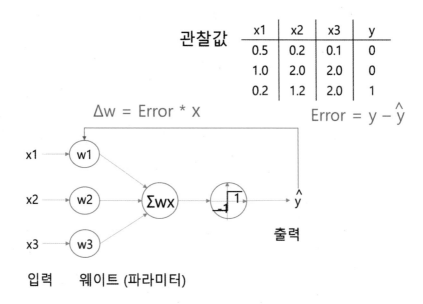

인공 뉴런을 학습시키는 방법에 대한 아이디어는 그로부터 15년 후에 나왔습니다. 입력과 정답으로 이루어진 관측 데이터를 준비한 다음 이것을 학습하는 것입니다. 데이터 입력으로부터 출력을 계산하는 것은 '퍼셉트론'과 동일한데, 그 출력과 정답의 차이로부터 오류를 계산한 다음 그 오류를 없애 줄 수 있는 방향으로 웨이트들을 조정합니다. 출력값은 '예측값'이라고도 부르고 정답인 y와 구별하기 위해서 통계학에서 쓰는 것처럼 'y_hat'이라고 합니다. 만약 y_hat은 '0'인데 y가 '1'이면 w값을 더 키워서 출력값을 키워야 하고, 반대로 정답이 '1'인데 '0'을 출력하는 경우는 '0'이 되도록 w를 줄입니다.

인공 뉴런에서는 웨이트를 사람이 직접 넣어 주지만 퍼셉트론은 데이터만 넣어 주면 웨이트가 결정됩니다. 이렇게 데이터만 가지고 학습 시키는 것을 '머신 러닝(machine learning, 기계학습)'이라 부릅니다. 우리가 흔히 '인공 지능'하면 고도의 지능을 가진 기계를 떠올리기 쉽죠. 하지만 인공 지능은 상당히 넓은 개념입니다. '머신 러닝'은 데이터만으로 학습해서 판단할 수 있는, 인공 지능 중 일부분입니다. 퍼셉트론은 데이터만 가지고 학습을 시키기 때문에 학습 기능이 없는 인공 뉴런보다는 훨씬 낫긴 하지만, 이것만으로 충분하진 않을 것임을 쉽게 눈치챌 수 있습니다.

퍼셉트론이 등장하고 10여년이 흐른 후, 그 한계를 지적하는 연구가 등장합니다. 조금 어려운 말로 퍼셉트론의 예측값 y는 '입력의 선형 함수'에 기반합니다. 그래서 '비선형' 문제를 풀 수 없죠. 퍼셉트론은 입력값에 웨이트를 곱해서 y값을 판단하는데, 입력값이 커질수록 출력값은 커지거나 작아지는 한 방향으로만 움직일 수 있습니다. 다른 입력값이 같은 경우, x1=0일때 y=0이고 x1=1일때 y=1이었는데 x1=2가 될 때 다시 y=0이 되는 것은 절대 불가능합니다.

이 한계를 극적으로 보여준 예제는 XOR 문제입니다. 입력을 x1, x2라 하고 출력을 x1과 x2의 XOR 값으로 하는 퍼셉트론을 학습하는 경우, 다음과 같은 데이터를 학습해야 합니다.

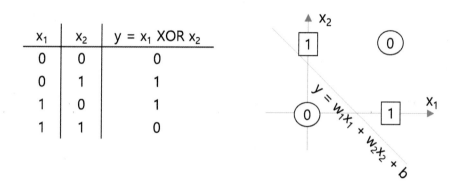

x_1	x_2	$y = x_1$ XOR x_2
0	0	0
0	1	1
1	0	1
1	1	0

선형 함수에서는 이것을 학습하는 것이 불가능합니다. 이것을 해결하려면 여러 '층(layer)'으로 구성된 퍼셉트론들의 네트워크로 구성하면 됩니다. '다층(multi-layer) 퍼셉트론'은 XOR 문제를 해결할 수 있고 더 복잡한 조합의 문제까지 가능합니다. 이때 입력과 출력 사이에 있는 여러 층을 '은닉층(hidden layer)'이라고 부릅니다. 다층 퍼셉트론은 인공 신경으로 이루어진 네트워크라는 뜻에서 **인공 신경망(neural network)**이라고도 흔히 부릅니다.

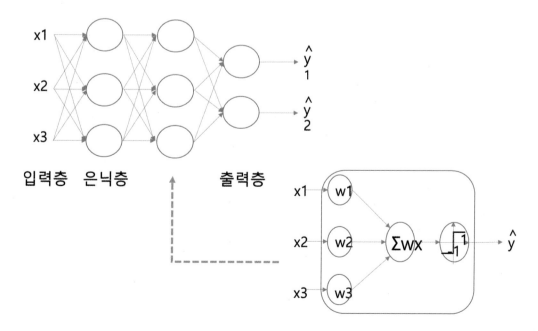

사람의 뇌는 천억 개의 뉴런으로 구성되어 있다고 알려져 있습니다. 그리고 그 뉴런들은 매우 복잡하게 연결되어 있습니다. 뉴런들의 연결은 **시냅스(synapse)**라 불리는데 우리의 뇌에는 약 100조 개가 있다고 합니다. 뉴런 하나는 단순한 계산 밖에 할 수 없지만 이것을 연결해서 복잡한 생각을 할 수 있습니다. 퍼셉트론의 개수가 많아지고 층이 깊어지면 더 복잡한 일도 할 수 있을 것입니다. 이것이 바로 '딥 러닝'에 기대를 하는 이유입니다.

다층 퍼셉트론을 사용하는데 가장 큰 걸림돌은 "학습을 어떻게 시킬까?"하는 것이죠. 단순(단층) 퍼셉트론에서는 예측값과 실제값 사이의 차이를 계산한 다음, 입력값에 맞춰서 웨이트를 조정해 주면 되었습니다. 그런데 은닉층이 있으면 은닉값을 계산하기 위한 웨이트를 조정해 주어야 하는데 이 값은 중간 계산 결과이지 진짜 값이 아니기 때문에 학습의 기준이 없는 셈입니다.

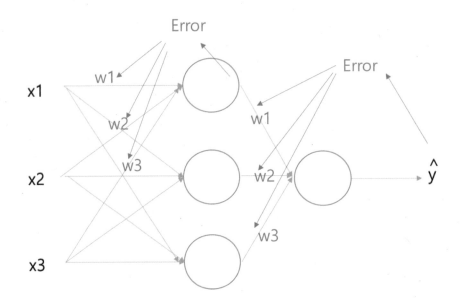

다층 퍼셉트론에서의 웨이트 조정 방법은 '오차 역전파법(backpropagation)' 알고리즘이 소개되면서 정리가 되었는데, 1986년에 신경망에서 동작함을 실험으로 확인했습니다. 역전파법은 <u>출력값과 정답값의 차이를 오류로 계산한 다음, 이 오류를 바탕으로 바로 앞 층의 은닉값의 오류를 계산</u>합니다. 그 다음 앞 층의 오류는 또 그 다음 층의 오류로부터 계산하고 이런 식으로 입력층의 웨이트를 계산하죠. 딥 러닝은 대부분이 역전파를 사용한다고 보면 됩니다. 웨이트를 조정하는 알고리즘은 다양합니다. 오류를 계산하는 방법도 다양하고, 또 오류에서부터 웨이트를 조정하는 방법도 다양하죠.

하지만 출력층의 오류를 앞 은닉층으로 전파해 가며 웨이트를 계산하는 역전파 방법은 대부분 알고리즘이 공유하고 있습니다.

딥 러닝을 위한 많은 프레임워크(framework)가 존재하는데요. 다음의 위키피디아 페이지를 참고해 보면 파이썬을 인터페이스로 하는 것만 해도 열 개가 넘습니다.

https://en.wikipedia.org/wiki/Comparison_of_deep_learning_software

이 중에서 현재 가장 널리 쓰이는 것은 단연 '텐서플로우(TensorFlow)'라 할 수 있습니다. 딥 러닝에 사용되는 많은 부분에 특화되어 있으며, 특히 GPU를 연결해 두면 성능 향상이 큽니다. 공식 홈페이지를 보면 다음과 같이 소개하고 있습니다.

TensorFlow는 데이터 흐름 그래프를 사용하는 수치 연산용 오픈 소스 소프트웨어 라이브러리인데요. 그래프의 노드는 수학적 연산을 나타내며, 그래프의 변은 노드 간에 전달되는 다차원 데이터 배열(텐서)을 나타냅니다.

https://www.tensorflow.org/

TensorFlow가 딥 러닝을 위해 가장 인기 있는 라이브러리이긴 하지만 단순히 딥 러닝을 위한 라이브러리만은 아닙니다. NumPy와 비슷한 다양한 데이터 조작 작업을 할 수 있기 때문에 범용성을 가지고 있죠. 행렬 연산과 같은 선형 대수를 다루는 데에 사용할 수도 있습니다.

필자 역시 통계 처리를 위해 TensorFlow를 종종 사용합니다. 유전 변이 수십만 개에 대해서 수만 개 유전자와의 연관성을 구한다고 하면, 최소 10억 쌍에 대한 작업을 해주어야 하는데, 그 중 가장 높은 1개만 뽑아 보고 싶을 때가 있습니다. GPU가 있으면 이 작업을 10배 이상 빨리 할 수 있는데, 그걸 위해서는 CUDA와 같은 GPU 프로그래밍이 필요하기 때문에 구현이 꽤 까다롭습니다. 이걸 TensorFlow-GPU를 써서 하면 훨씬 빠르게 결과를 뽑아 볼 수 있습니다.

물론 GPU가 없을 때는 'SciPy' 패키지에 'Pearson 상관 계수(correlation coefficient)'를 구하는 패키지를 써서 구하는 편이 훨씬 간단합니다. 지금은 단순히 두 변수 사이의 연관성을 알아보는 것이기 때문에 'r 제곱값'이라 불리는 '결정 계수(coefficient of determination)'를 구하겠습니다.

```
In [1]:  from scipy.stats import pearsonr
         import numpy as np

         def max_corr(X, Y):
             maxr2 = 0
             for x in X:
                 for y in Y:
                     r, p = pearsonr(x,y)
                     if r*r>maxr2:
                         maxr2 = r*r
             return maxr2

In [2]:  snp  = np.random.rand(1000, 100)
         expr = np.random.rand(200, 100)

In [3]:  max_corr(snp, expr)

Out[3]:  0.200233828486406
```

예제에서는 구해야 하는 상관 계수가 200*20개에 불과합니다. 이 정도 개수밖에 안 될 때에는 이런 방법을 사용해도 상관없습니다. 하지만 구해야 할 값의 개수가 많아지면 곤란하죠. 같은 코드에서 10000*2000 쌍에 대해서 시간을 계산해 보겠습니다.

Jupyter notebook의 'timeit'을 사용해서 시간을 재 보니 10분이 넘게 걸립니다. 참고로 제가 사용한 CPU는 Intel(R) Xeon(R) CPU E5-2680 v4 @ 2.40GHz 입니다.

```
In [4]:  snp  = np.random.rand(10000, 100)
         expr = np.random.rand(2000, 100)

In [5]:  timeit -r1 -n1 max_corr(snp, expr)

         11min 34s ± 0 ns per loop (mean ± std. dev. of 1 ru
         n, 1 loop each)
```

만약 50만 개의 유전 변이와 2만 개 유전자에 대해서 계산한다면 여기서 500배의 시간이 걸리겠습니다. 일주일 정도가 걸릴 수도 있겠군요.

이렇게 시간이 많이 걸리는 이유 중 하나는 총 2천만 쌍의 상관 계수를 구하는데 이 과정을 파이썬의 'for loop'로 구현했기 때문입니다. 루프와 같은 로직을 파이썬으로 구현하면 매우 느리다는 것을 꼭 염두에 두어야 합니다. 내부 구현이 C++ 등으로 구현된 NumPy를 사용해서 상관 계수를 직접 구한다면 훨씬 빨라질 수 있습니다.

```
In [6]:  def max_corr_np(X, Y):
             E_X = X.mean(axis=1, keepdims=True)
             E_Y = Y.mean(axis=1, keepdims=True)
             sigma_XY = (X - E_X) @ (Y - E_Y).T
             sumsq_X = ((X - E_X)**2).sum(axis=1, keepdims=True)
             sumsq_Y = ((Y - E_Y)**2).sum(axis=1)

             r2 = sigma_XY**2 / sumsq_X / sumsq_Y
             max_r2 = r2.max()

             return max_r2

In [7]:  timeit -r1 -n1 max_corr_np(snp, expr)

         535 ms ± 0 ns per loop (mean ± std. dev. of 1 run, 1
         loop each)
```

만약 TensorFlow를 써서 구한다면 GPU를 사용할 수 있기 때문에 더 빨라집니다.

```
In [8]:  import tensorflow as tf
         import numpy as np

         ...

In [9]:  def max_corr_tf(X, Y):
             E_X = tf.reduce_mean(X, axis=1, keepdims=True)
             E_Y = tf.reduce_mean(Y, axis=1, keepdims=True)
             sigma_XY = tf.matmul((X - E_X), (Y - E_Y), transpose_b=True)
             sumsq_X = tf.reduce_sum((X - E_X)**2, axis=1, keepdims=True)
             sumsq_Y = tf.reduce_sum((Y - E_Y)**2, axis=1)

             r2 = sigma_XY**2 / sumsq_X / sumsq_Y
             max_r2 = tf.reduce_max(r2)

             sess = tf.Session()
             return sess.run(max_r2)

In [13]:  timeit -r1 -n1 max_corr_tf(snp, expr)

          319 ms ± 0 ns per loop (mean ± std. dev. of 1 run, 1 loop each)
```

위의 코드에는 비밀이 하나 숨겨져 있는데, 'max_corr_tf'를 처음 실행시켰을 때 성능이 CPU를 사용한 NumPy 보다 나쁘게 나왔습니다. 그래서 새로 실행시켰는데, jupyter의 실행 번호가 늘어난 게 보이죠?

GPU를 쓰게 되면 처음에는 성능이 나쁘기 때문에 워밍업을 해주어야 하는 문제점이 있습니다. CUDA의 sample 코드들도 성능 측정을 하기 전, 워밍업 루프를 넣죠. 그래서 CPU로 구현해도 수 초 내에 결과를 얻을 수 있을 때는 굳이 GPU를 쓸 필요가 없겠죠. NumPy로 구현했는데 며칠 이상이 걸릴 것으로 예상될 때에만 GPU 의 사용을 고려해 보세요.

앞의 코드를 보시면 NumPy 와 TensorFlow 의 코드 형태가 거의 같은 것을 볼 수 있습니다. 이렇게 직접 구현했을 때는 제대로 인지 다시 한 번 확인하는 것이 좋습니다.

```
In [14]:  snp  = np.random.rand(1000, 100)
          expr = np.random.rand(200, 100)

In [15]:  print(max_corr(snp, expr))
          print(max_corr_np(snp, expr))
          print(max_corr_tf(snp, expr))

          0.19292253046336005
          0.19292253046336014
          0.19292253046336014
```

요즘에는 NumPy 와 같은 문법으로 직접 GPU 를 사용할 수 있도록 구현한 패키지도 있습니다. 아직까지는 성능이 충분치 않아 바로 소개하지는 않겠지만 'numpy gpu acceleration'을 키워드로 검색해 보기 바랍니다.

NOTE

GPU 프로그래밍

요즘에는 GPU 프로그래밍에 관심들이 많은데, 이를 위한 툴로는 Nvidia사의 CUDA가 대표적입니다. 요즘 갑자기 딥러닝에 대한 수요가 많아지면서 폭발적인 인기를 누리고 있죠. 2018년 7월 현재의 홈페이지를 봐도 딥러닝이 가장 상위에 올라가 있음을 알 수 있습니다.

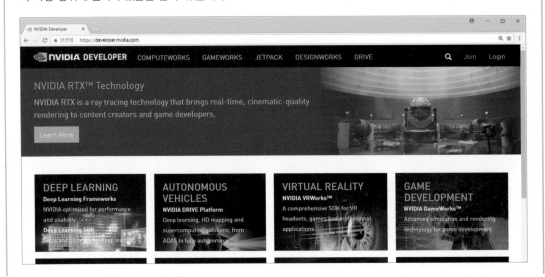

2014년에 한창 GPU를 써서 머신 러닝을 구현하고 있을 때 참고하기 위해 본 사이트는 이렇지 않았습니다. 중요한 사이트이니만큼 기록이 남아 있네요.

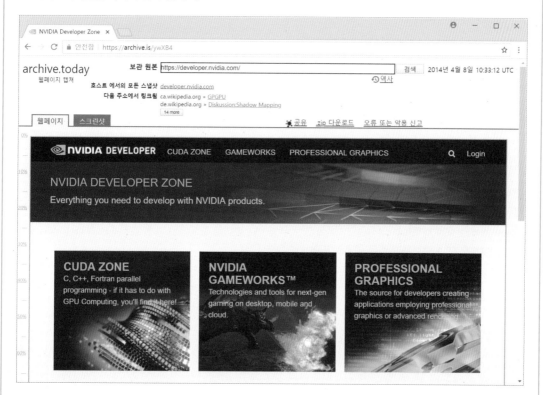

2014년 당시만 해도 C, C++, Fortran 등에서 병렬 프로그래밍을 위해 많이 사용했음을 짐작할 수 있습니다. 지금은 딥 러닝을 위해 많이 사용하며, C 등의 컴파일 언어보다는 python 등 스크립트 언어로 많이 사용되고 있습니다.

GPU는 익히 알려진 것처럼 CPU보다 연산을 더 빨리 할 수 있습니다. 요즘 나오는 CPU들은 다중 작업과 다양한 장치로의 통신, 인터넷과 같은 네트워크, 데이터 보호 같이 다양한 역할을 할 수 있도록, 즉 범용으로 발전하고 있습니다. 실제로 최신 CPU에선 연산을 위해 필요한 부분(ALU)은 그다지 크지 않습니다. 3차원 데이터를 초당 30회 이상 표현하는 것과 같은 그래픽 작업을 위해서는 엄청난 양의 단순 연산만 필요하죠. 이를 위해 CPU를 사용하는 것은 CPU의 대부분 요소가 낭비되는 셈입니다. GPU는 연산만 잘하기 위해 만들어졌다고 보면 됩니다. 일종의 하청 공장인 셈이죠.

GPU는 연산에 특화하기 위해 일단 코어의 수를 수백 개 이상으로 늘렸습니다. PC에 쓰이는 CPU가 4개의 코어를 흔히 사용하고 있는데, GPU는 1000개의 코어를 안에 품고 있죠. 그래서 한 번에 1000개의 연산을 병렬로 처리하게 됩니다.

병렬 계산은 빠르다는 장점이 있는 반면 프로그래밍하기에는 까다롭다는 단점을 가지고 있습니다. 알고리즘이 달라져야 하는 경우도 많죠. 두 개 이상의 코어가 동시에 같은 메모리 위치를 읽거나 쓸 때에도 문제가 되기 때문에 적절한 병렬 기법을 사용해야 합니다.

GPU는 빠른 연산을 위해 자신만의 메모리를 따로 가지고 있습니다. 그래서 GPU에게 일을 시키기 위해서는 먼저 CPU 메모리의 데이터를 복사하는 과정이 필요하죠. 일이 끝나고 나서 그 결과를 다시 가져오는 것 역시 메모리의 복사를 필요로 합니다.

이 복사 과정은 PCI 버스를 통해 일어나는데, 아무래도 CPU에서 메모리를 직접 읽는 것보다는 느리기 마련이죠. 그러다 보니 메모리 복사에 비해 적은 양의 연산을 GPU에게 시키게 되면 오히려 느립니다. 행렬 곱셈의 경우에 1000*1000의 2차원 행렬 2개를 GPU로 곱한다면 3백만 개의 데이터를 옮겨야 하고 대략 10억 번의 곱셈과 덧셈이 필요하죠. 이런 경우는 일에 비해 데이터의 크기가 작은 경우이므로 GPU 사용이 이득을 줍니다. 하지만 행렬 덧셈과 같은 경우에는 3백만 개의 데이터를 옮겨서 백만 번의 덧셈만 하면 됩니다. 이럴 때에는 왠만해서는 CPU가 더 빠릅니다. 어떤 연산을 하는지에 따라 옮기는 데이터의 크기와 연산양을 가늠해서 GPU 사용 여부를 결정해 주면 됩니다.

현재 유명한 딥 러닝 기법들은 모두 CPU로는 감당할 수 없을 정도의 연산량을 필요로 합니다. 딥 러닝에 GPU가 많이 쓰이는 이유도 바로 딥 러닝의 대부분이 행렬의 연산이고, 그 중에서도 행렬 곱셈이 많기 때문입니다. 딥 러닝에 필요한 값의 대부분은 GPU에만 존재하면 되므로 PCI 버스를 통해 CPU에서 옮겨다닐 필요가 없죠. 행렬 연산 대부분은 또 병렬화하기 좋은 구조로 되어 있습니다.

'케라스(Keras)'의 경우 TensorFlow와 달리 '신경망'을 위한 프레임워크를 표방하고 있는데요. TensorFlow가 연산을 구조적으로 할 수 있는 라이브러리라고 스스로를 소개하는 것과는 차이가 있죠. 홈페이지를 보면 다음과 같이 소개하고 있습니다.

https://keras.io/

Keras is a high-level neural networks API, written in Python and capable of running on top of TensorFlow, CNTK, or Theano. It was developed with a focus on enabling fast experimentation.

Keras는 단독으로 사용할 수는 없고 TensorFlow 등과 같은 라이브러리 위에서 동작하도록 되어 있습니다. 연산을 위해 다른 라이브러리를 사용하는 'high-level API'인 것이죠.

그리고 Keras는 파이썬으로만 사용할 수 있는데, 그만큼 쉽다는 장점이 있습니다. 필자의 경우, 아직 프로그래밍을 잘 하지 못하는 후배들이 딥 러닝을 해보고자 하면 가장 먼저 Keras를 추천합니다. 그럼 이제, Keras를 사용하여 256개의 입력층 데이터로부터 각각 128개, 32개의 값을 가진 2개의 은닉층을 가지고 최종적으로는 하나의 값을 출력값으로 갖는 'MLP(다층 신경망, Multilayer Perceptron)' 모델을 만드는 예제를 작성해 보겠습니다.

```
In [1]:   from keras.models import Sequential
          from keras.layers import Dense

          . . .

In [2]:   model = Sequential()

In [3]:   model.add(Dense(128, input_shape=(256,)))
          model.add(Dense(32))
          model.add(Dense(1))

In [4]:   model.summary()
```

Layer (type)	Output Shape	Param #
dense_1 (Dense)	(None, 128)	32896
dense_2 (Dense)	(None, 32)	4128
dense_3 (Dense)	(None, 1)	33

```
Total params: 37,057
Trainable params: 37,057
Non-trainable params: 0
```

딥 러닝을 잘 몰라도 쉽게 딥 러닝 모델을 만들 수 있습니다. 물론 각 층(layer)은 학습에 사용되는 파라미터를 가지고 있으며 앞 층의 값에 행렬을 곱하고 더하면서 그 결과값을 활성화 함수를 통해 가공하는 과정을 거쳐야 하는데, 이 부분은 내부적으로 TensorFlow가 계산하게 될 것입니다.

API에서 사용자에게 보이지 않는 방향에 있는 TensorFlow와 같은 부분을 '백-엔드(back-end)'라고 부르는데, 'CNTK'나 'Theano' 등으로 교체가 가능합니다.

만약 Keras로 모델을 만들었는데, 어느 날 TensorFlow에 버그가 발견되었다거나 아니면 CNTK 최신 버전의 성능이 훨씬 좋아졌다고 한다면 백엔드를 다른 것으로 교체할 수도 있는데, 이 경우에도 사용자가 짠 Keras의 코드 부분은 바뀌지 않습니다.

MLP뿐만 아니라, 'CNN(Convolutionary neural network)', 'RNN(Recurrent neural network)' 등도 레이어를 하나씩 추가하는 방식으로 쉽게 구현할 수 있는데요. 참고로 CNN에서는 'Conv2D'와 같은 컨볼루션(Convolution) 층을 추가해 주면 되고, RNN에서도 LSTM 층 등을 포함해 주면 됩니다.

1998년에 필기체 인식을 위한 'LeNet'이 발표되었는데 여기서 CNN을 이용했습니다. CNN은 우리 뇌가 눈으로 들어온 데이터를 처리하는 시각 피질의 구조에서 영향을 받았다고 합니다. 그림의 모델에서는 '가로, 세로 각각 32픽셀의 이미지'를 '입력'으로 삼고, '정답 클래스'를 '출력'으로 하게 됩니다.

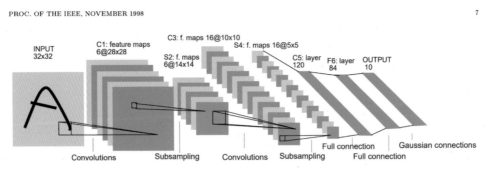

PROC. OF THE IEEE, NOVEMBER 1998

Fig. 2. Architecture of LeNet-5, a Convolutional Neural Network, here for digits recognition. Each plane is a feature map, i.e. a set of units whose weights are constrained to be identical.

중간의 CNN을 쓰지 않고, MLP로 구현했다고 가정해 봅시다. 그러면 입력값은 모두 1024개입니다. 은 닉층 없이 바로 10개로 분류한다면 출력값은 10개가 됩니다. 그러면 입력으로부터 출력을 계산하기 위해 필요한 웨이트는 모두 10240개, 바이어스까지 정확히는 10250개입니다. 이제 많은 데이터를 사용해서 이 웨이트와 바이어스를 조정해 주며 학습하면 됩니다.

퍼셉트론으로도 비슷하게 구현할 수 있는데요. 손글씨 데이터는 Keras에 포함된 'MNIST'로부터 가져올 수 있고, MNIST 데이터는 0부터 9까지의 숫자 필기체를 기록해 둔 데이터입니다.

```
from keras.datasets import mnist
(x_train, y_train), (x_test, y_test) = mnist.load_data()
```

```
x_train.shape
```

```
(60000, 28, 28)
```

```
x_train.min(), x_train.max()
```

```
(0, 255)
```

```
x_train = x_train/255
x_test  = x_test/255
```

가져와 보니 학습 데이터로 사용할 x 가 '60,000개의 28*28 크기 데이터'임을 알 수 있습니다. 가만 보니, 손글씨를 28x28짜리 이미지로 바꿔 놓은 것 같네요. 데이터의 최소값과 최대값을 살펴보면, '0에서 255' 사이의 값으로 구성되었음을 확인할 수 있습니다. 딥 러닝은 '0에서 1' 크기 정도의 데이터에서 잘 동작하기 때문에 이 데이터를 표준화시켜 주기 위해서 255로 나누어 주었습니다.

이번에는 y_train 데이터를 보겠습니다.

```
y_train.shape

(60000,)

y_train[:10]

array([5, 0, 4, 1, 9, 2, 1, 3, 1, 4], dtype=uint8)

from keras.utils import to_categorical
y_train = to_categorical(y_train, 10)
y_test  = to_categorical(y_test, 10)
```

y 는 60,000개의 데이터에 대해서, '이 데이터가 어떤 클래스인지를 적어둔 표'라는 것을 짐작할 수 있습니다. 이번에도 y값을 딥 러닝에 그대로 쓸 수는 없습니다. '0~9'의 값이 categorical(범주형) 데이터이기 때문에 클래스값을 'one-hot' 인코딩으로 바꿔야 합니다. Keras 의 'utils'에 포함된 'to_categorical'을 써서 변경하겠습니다.

이제 모델을 만들어 봅니다.

```
from keras.models import Sequential
from keras.layers import Dense, Reshape

model = Sequential()
model.add(Reshape( (28*28, ), input_shape=(28,28)))
model.add(Dense( 10, activation='softmax'))

model.compile(loss='categorical_crossentropy',
              optimizer='adam',
              metrics=['accuracy'])
```

입력값이 (28, 28)의 2차원 데이터이므로, MLP 를 할 수 있도록 1차원으로 바꿔 주는 'Reshape' 레이어가 들어가고, 이 1차원 입력을 10개로 분류하는 'Dense' 레이어가 추가되었습니다. 그리고 compile 을 통해 loss 는 어떻게 계산할지, 학습에 사용할 optimizer 알고리즘은 무엇을 쓸지, 학습 도중에 성능을 평가할 metric 은 무엇을 쓸지를 지정해 줍니다.

다음은 학습 과정입니다. Keras는 sklearn과 비슷하게 fit을 통해서 학습을 시킬 수가 있습니다.

```
model.fit(x_train, y_train,
          batch_size=128,
          epochs=10,
          verbose=1,
          validation_data=(x_test, y_test))
```

```
Train on 60000 samples, validate on 10000 samples
Epoch 1/10
60000/60000 [==============================] - 3s 54us/step - loss: 0.6824 - acc: 0.82
83 - val_loss: 0.3816 - val_acc: 0.9030
Epoch 2/10
60000/60000 [==============================] - 2s 40us/step - loss: 0.3624 - acc: 0.90
27 - val_loss: 0.3186 - val_acc: 0.9130
Epoch 3/10
60000/60000 [==============================] - 2s 41us/step - loss: 0.3195 - acc: 0.91
19 - val_loss: 0.2962 - val_acc: 0.9177



Epoch 10/10
60000/60000 [==============================] - 2s 41us/step - loss: 0.2622 - acc: 0.92
70 - val_loss: 0.2663 - val_acc: 0.9255

<keras.callbacks.History at 0x7f9dfd1b1358>
```

```
model.evaluate(x_test, y_test, verbose=0)
```

```
[0.2662949577987194, 0.9255]
```

마지막은 evaluate 결과인데 sklearn의 score와 비슷하지만, 2개의 값이 나오는 게 다르죠. 첫 번째는 loss, 두 번째는 accuracy(정확도)인데요. 첫 번째에는 compile 할 때 넣어준 loss가 나오고, 두 번째부터는 compile 할 때 넣어준 metric이 순서대로 나오는 것으로, 정확도가 '92.6%' 정도군요.

조금 더 좋은 학습을 할 수 있도록 100개씩의 은닉값을 가진 은닉층을 2층 넣어서 MLP로 구성하면 어떨 까요? 다음을 봐 주세요.

```
model = Sequential()
model.add(Reshape( (28*28, ), input_shape=(28,28)))
model.add(Dense( 100, activation='relu'))
model.add(Dense( 100, activation='relu'))
model.add(Dense( 10, activation='softmax'))
```

```
model.compile(loss='categorical_crossentropy',
              optimizer='adam',
              metrics=['accuracy'])
```

```
model.fit(x_train, y_train,
```

```
model.fit(x_train, y_train,
          batch_size=128,
          epochs=10,
          verbose=1,
          validation_data=(x_test, y_test))
```
```
Train on 60000 samples, validate on 10000 samples
Epoch 1/10
60000/60000 [==============================] - 4s 61us/step - loss: 0.3410 - acc: 0.90
38 - val_loss: 0.1591 - val_acc: 0.9519
Epoch 2/10
60000/60000 [==============================] - 3s 43us/step - loss: 0.1342 - acc: 0.96
04 - val_loss: 0.1195 - val_acc: 0.9632



Epoch 10/10
60000/60000 [==============================] - 3s 50us/step - loss: 0.0243 - acc: 0.99
20 - val_loss: 0.0756 - val_acc: 0.9784

<keras.callbacks.History at 0x7f9dfc416048>
```
```
model.evaluate(x_test, y_test, verbose=0)
```
```
[0.07555450038359558, 0.9784]
```

정확도가 '97.8%'로 성능이 꽤 좋아지는 것을 확인할 수 있습니다. 더 많은 레이어를 추가하거나 더 오래 학습을 계속하면 성능이 더 좋아질까요?

직접 해보는 것도 한 가지 방법이긴 한데, 로그의 10번째 Epoch를 보면 힌트가 있습니다. 학습 데이터에 대한 정확도(acc)가 '0.992'로 나오고 있습니다. 그 말은 '학습은 충분한데 학습된 것 외에는 제대로 맞추지 못하는', 즉 '과학습(Over Fitting)'을 의미합니다.

이런 경우에 CNN을 쓰면 이 부분이 개선되는데요. 우선 CNN이 MLP와 어떻게 다르길래 좋아질 수 있는지를 알아보겠습니다.

MLP에서의 은닉층은 앞층의 퍼셉트론과 모두 연결되어 있었습니다. 그래서 'Fully Connected(FC) layer', 또는 촘촘하게 연결되어 있기 때문에 'Dense Layer'라고도 부르죠. 그런데 CNN에서는 은닉층에 Convolution Layer를 사용합니다.

은닉층의 노드 하나는 앞 층의 모든 노드와 연결되지 않고 일부만 연결됩니다. 다음 그림으로 좀더 쉽게 이해를 해보죠.

Fully connected layer

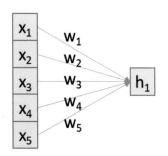

하나의 출력값은 앞 층의 모든
입력값과 연결되어 있으며,
각 연결은 각자의 웨이트를 가짐

Convolutional layer

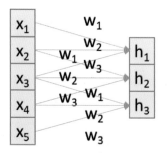

하나의 출력값은 앞층의 일부와만
연결되어 있으며, 각 연결은 웨이트를
공유함

LeNet 구조를 보면 각 컨볼루션 층 다음에 subsampling 층을 확인할 수 있는데, 요즘에는 이를 가리켜 '풀링 (pooling) 층'이라고 부릅니다. 컨볼루션 층의 출력값 수는 대략 입력값의 수와 같습니다. 이걸 줄여 주기 위해 몇 개의 값을 합쳐서 하나로 줄이는 과정을 거치는데 이것이 바로 '풀링'이죠. 가장 널리 쓰이는 것은 근처 여러 개의 값 중 가장 큰 값을 취하는 'max pooling'입니다. 물론 경우에 따라서는 여러 값의 평균을 대표 값으로 하는 'average pooling'을 쓰기도 합니다.

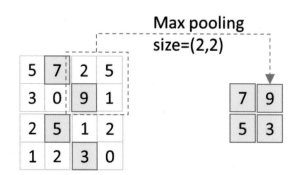

FC 와 비교해 보면 컨볼루션 레이어의 가장 큰 특징은 웨이트의 개수가 확 줄어들었다는 것입니다. 대신 은닉층의 크기는 늘어나죠. 웨이트 개수가 적기 때문에 학습이 빠르고, 그만큼 과학습도 적게 일어날 가능성이 큽니다. 현재의 이미지 인식은 거의 CNN 을 사용한다고 보면 되는데요. X 선 촬영이나 MRI 결과 등 이미지를 많이 가지고 있고 그 이미지에 대해서 환자 여부를 미리 정답으로 가지고 있다면 CNN 을 쓰면 됩니다.

이번에는 Keras 로 구현해 보겠습니다. 먼저 수행할 작업은 필요한 것들을 import 하는 것인데요. 또 하나가 있는데, Keras 의 CNN 은 컬러 이미지를 염두에 두고 구현되었습니다. 그래서 'Conv2D, MaxPooling2D' 등은 '4차원 배열'을 입력으로 받으므로 흑백 이미지로 구성된 MNIST 데이터의 차원을 억지로 하나 늘려 주어야 합니다. 이제 NumPy 의 reshape 를 써서 규격을 맞춰주면 되죠.

```
from keras.layers import Conv2D, MaxPooling2D, Flatten

x_train = x_train.reshape(-1,28,28,1)
x_test  = x_test.reshape(-1,28,28,1)
```

다음은 모델을 만들어 줍니다. 'Conv2D+MaxPooling2D'를 2세트 넣어 주고, 또 Dense 레이어를 2개 넣어 주었습니다.

```
model = Sequential()

model.add(Conv2D(
    32, kernel_size=3, padding='same', input_shape=(28, 28, 1),
    activation='relu'
))
model.add(MaxPooling2D(pool_size=(2,2)))

model.add(Conv2D(
    15, kernel_size=3, padding='same', activation='relu'))
model.add(MaxPooling2D(pool_size=(2,2)))

model.add(Flatten())
model.add(Dense(64, activation='relu'))
model.add(Dense(10, activation='softmax'))

model.compile(loss='categorical_crossentropy',
              optimizer='adam',
              metrics=['accuracy'])
```

이제 학습을 시작하겠습니다.

```
model.fit(x_train, y_train,
          batch_size=128,
          epochs=10,
          verbose=1,
          validation_data=(x_test, y_test))

Train on 60000 samples, validate on 10000 samples
Epoch 1/10
60000/60000 [==============================] - 12s 208us/step - loss: 0.2827 - acc: 0.
9208 - val_loss: 0.0866 - val_acc: 0.9724
```

```
         Epoch 2/10
         60000/60000 [==============================] - 12s 193us/step - loss: 0.0762 - acc: 0.
         9768 - val_loss: 0.0519 - val_acc: 0.9817
         Epoch 3/10
         60000/60000 [==============================] - 12s 195us/step - loss: 0.0543 - acc: 0.
         9832 - val_loss: 0.0511 - val_acc: 0.9819


         Epoch 10/10
         60000/60000 [==============================] - 12s 198us/step - loss: 0.0176 - acc: 0.
         9944 - val_loss: 0.0283 - val_acc: 0.9906

         <keras.callbacks.History at 0x7fedec7139b0>
```

```
model.evaluate(x_test, y_test, verbose=0)
```

```
[0.02831613415951251, 0.9906]
```

보이는 바와 같이, '99% 이상'의 정확도를 보여 줍니다. 로그 중 'Epoch 10'에 학습 데이터에 대한 정확도가 '99.4%'인 것을 보니, 약간의 과학습(Over Fitting, 오버 피팅)이 일어났음을 알 수 있습니다. 오버 피팅을 막는 몇 가지 기법 중, Keras에도 구현되어 있는 'dropout' 레이어를 한두 개 넣어 주기만 해도 약간의 성능 증가가 있습니다. 그리고 요즘의 이미지 인식에서 거의 필수로 사용하고 있는 '데이터 Augmentation(증강)'을 통해서도 정확도를 높일 여력이 충분합니다.

CNN은 2차원 이미지뿐만 아니라 'DNA 시퀀스'와 같은 1차원 이미지, 또는 동영상과 같은 다차원 이미지에도 적용이 가능합니다. 여러 종류의 단백질에 바인딩되는 DNA 시퀀스를 모두 모아 모델을 학습시키면, 시퀀스에 바인딩될 단백질을 예측할 수 있죠. 실제로 'Deep Bind'라고 소개되고 있습니다.

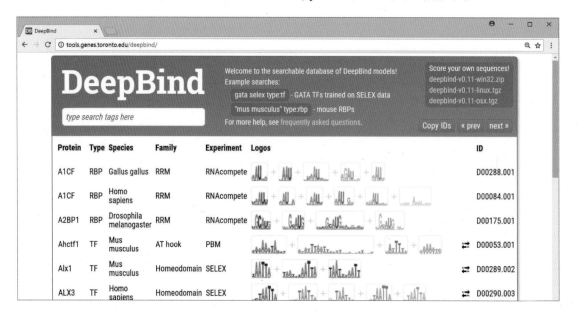

이 모델을 소개한 논문은 [Predicting the sequence specificities of DNA- and RNA-binding proteins by deep learning, Nature Biotechnology volume33, pages831-838 (2015)]이고, 이미지 검색을 통해 'deepbind'를 찾아보면 모델을 확인할 수 있으며 CNN을 사용했음을 알 수 있습니다.

NOTE

지도학습과 비지도학습

인공 지능 중에서도 근래 들어 가장 많이 사용되는 딥 러닝에 대해 알아보고 있는데, 상상했던 것과는 다른 현실에 실망할 수도 있습니다. 영화에서 묘사되는 인공 지능은 어느 날 갑자기 지구의 환경을 위협하는 인류를 없애자는 결심을 하고 기계를 조직해서 가공할 위력을 보여 주는데 반해, 지금 우리가 다루는 인공 지능은 고양이와 자동차 그림 만 장을 보여 주면서 겨우 학습을 시키는 수준이기 때문이죠. 영화 속 인공 지능은 '강 인공지능(strong AI)'에 속하고 그 중에서 스스로 문제를 인식해서 해결하는 '인공 의식' 수준까지 갖고 있습니다. CNN 같은 '약 인공 지능(Weak AI)'은 인간이 학습시킨 대로 판단할 뿐이죠. CNN에 이미지 인식을 시킬 때, 수십만 장의 정답 꼬리표(라벨)를 붙인 이미지가 필요했음을 상기해 봅시다.

SVM과는 달리, CNN의 딥 러닝은 인간이 직접 학습을 위해 특성값을 뽑을 필요가 없습니다. 그런데도 CNN과 같은 '지도학습(Supervised Learning)'은 여전히 정답을 필요로 합니다. 웹에 수억 장 이상의 이미지가 있고, 유튜브에서 제공하는 동영상에서도 초당 수십 장의 이미지를 추출할 수 있죠.

이렇게 데이터는 널려 있지만, 일일이 라벨을 붙이지 않으면 학습에 사용할 수가 없습니다. 해서 사람들은 "라벨이 없는 무작위 이미지로 학습을 시킬 수 없을까?"하는 고민을 계속 하고 있는데요. 우리가 기대하는 대로라면, 인공 지능이라면 데이터에서 특성을 자동으로 뽑아내야 하겠죠. 사람은 처음 보는 동물도 구별할 수 있는데 사람의 뇌를 흉내낸 딥 러닝 또한 해내지 못할 이유가 이론적으로는 없습니다.

실제로 이미 2012년에 구글이 유튜브 영상에서 무작위 이미지를 추출해서 '비지도학습(Unsupervised Learning)'을 통해 고양이가 학습되는 것을 밝힌 연구 결과가 있습니다. 라벨이 붙은 고양이 사진 몇 개와 라벨 없는 사진 수십억 장을 혼용해서 학습하는 방식은 또 어떨까요? '준지도학습(Semi-Supervised Learning)'이라 불리는 이런 방식도 이미 오래 전에 제안되었고 효과가 있음이 확인되었습니다.

정답을 정하지 않고 학습하는 방법은 또 존재하는데요. '강화학습(Reinforcement Learning)'이라는 '행동 심리학'에 기반한 방법입니다. 버튼을 누르면 먹이가 나오는 상자에 생쥐를 집어넣고 학습시키는 실험을 인공 지능에 적용한 것이죠.

인공 지능은 상황을 판단해서 어떤 행동을 취하게 되는데, 그 행동에 보상을 준다던가 해서 특정 상황과 행동을 연결시키도록 학습하는 것입니다. '정답이 정해져 있지 않은 상황'과 '행동에 따른 보상'을 준다는 점에서 지도학습과는 차이가 있고, 그렇다고 완전한 비지도학습도 아니라서 새로운 범주로 취급받죠.

이 역시 인공 지능이 스스로 판단해서 행동하도록 하는 방식으로, 생물정보학에서는 아직 가시적인 성과가 없지만 '알파고'와 같은 최신 인공 지능이 사용하는 방식이 바로 이 분야입니다. 여하튼 지도학습은 이미 좋은 성과를 내어 검증이 되면서 다양한 분야에서 응용되고 있고, 비지도학습과 강화학습 분야 역시 연구자들이 많이 노력하고 있습니다.

'딥뉴럴네트워크(DNN)'로 구현한 대표적인 비지도학습 방법을 **오토인코더(Autoencoder, 자기부호화기)**라고 합니다. 비지도학습 역시 '학습 기준'이 있어야 하는데, 손실을 최소화하는 방향으로 뉴런들의 파라미터를 변경하면서 이 파라미터들을 정의합니다. '오토인코더'에서 출력과 입력의 차이가 바로 '손실'입니다. 입력층(Input layer)의 값을 은닉층(hidden layer)에서 '인코딩(encoding, 부호화)'한 뒤에, 이것을 다시 디코딩해서 출력한 값과 원본의 차이가 바로 손실이 됩니다. MNIST 손글씨 데이터를 64개의 값으로 '코드화(encode)'했다가 다시 원래 값으로 '복원(decode)'하는 오토인코더를 예로 들어 살펴보겠습니다.

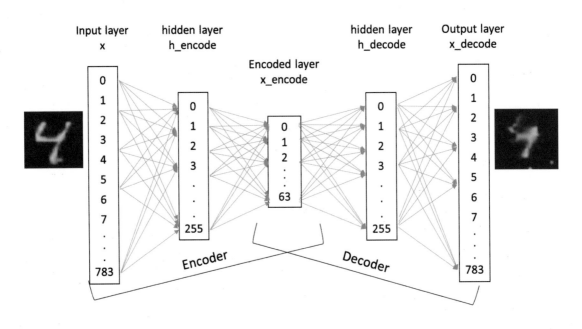

이 구조에서는 '인코더(encoder)'에서 입력한 값이 784개인데, 두 층을 거치며 64개의 값으로 인코딩하고 있습니다. 그리고 '디코더(decoder)'에서는 인코딩된 64개의 값을 2개의 단을 거치며 다시 784개로 복원하죠.

이렇게 오토인코더는 '입력'과 '출력'의 갯수가 같아야 합니다. 그리고 정확히 같은 값으로 복원해야 손실이 적죠. 아무리 잘 인코딩을 한다 해도 정보의 손실이 발생할 수밖에 없을 것입니다. JPEG과 같은 이미지 손실 압축과 비슷하죠. 그럼에도 최대한 좋은 압축 방법을 찾아서 원상태로 복구할 수 있는 방법을 학습시켜야 합니다.

위 그림을 Keras 모델로 만들면 다음과 같습니다.

```
from keras.datasets import mnist
(x_train, y_train), (x_test, y_test) = mnist.load_data()

x_train = x_train/255
x_test = x_test/255

x_train = x_train.reshape(-1,28*28)
x_test = x_test.reshape(-1,28*28)

from keras.models import Sequential
from keras.layers import Dense

model = Sequential()
model.add(Dense( 256, activation='relu', input_shape=(28*28,)))
model.add(Dense( 64, activation='relu'))
model.add(Dense( 256, activation='relu'))
model.add(Dense( 28*28, activation='hard_sigmoid'))

model.compile(loss='mean_squared_error',
              optimizer='adam')
```

학습을 위한 'x_train'은 데이터 준비 과정에서 미리 reshape를 해서 60,000개의 1차원 데이터로 바꿔 두었습니다. 이 코드는 MLP와 비슷해 보이지만, layer의 넓이가 '768 〉 256 〉 64'로 점점 작아졌다가, 다시 '256 〉 768'로 커진다는 점이 다른 점입니다.

그리고 'loss' 값도 바뀌었네요. 여러 개로 분류할 때는 정답이 one-hot 인코딩으로 되어 있기 때문에 모델이 내놓는 결과 벡터와 비교하기 위해서는 'categorical_crossentropy'를 썼어야 했는데, 지금은 원본과의 차이가 loss 값만큼이기 때문에 'mean_squared_error'를 써야 합니다.

이제 학습을 시켜보겠습니다. 모델이 지향하는 것은 적은 데이터를 사용해서 원본을 그대로 복원하는 것입니다. 그래서 학습의 정답은 학습 데이터 그 자체입니다. 다음 코드를 봐 주세요.

```
model.fit(x_train, x_train,
          batch_size=128,
          epochs=10,
          verbose=1,
          validation_data=(x_test, x_test))

Train on 60000 samples, validate on 10000 samples
Epoch 1/10
60000/60000 [==============================] - 7s 117us/step - loss: 0.0445 - val_los
s: 0.0284
Epoch 2/10
60000/60000 [==============================] - 6s 101us/step - loss: 0.0271 - val_los
s: 0.0254
```

```
s: 0.0254
Epoch 3/10
60000/60000 [==============================] - 6s 100us/step - loss: 0.0252 - val_los
s: 0.0242
Epoch 4/10
60000/60000 [==============================] - 6s 99us/step - loss: 0.0241 - val_loss:
0.0234
Epoch 5/10
60000/60000 [==============================] - 6s 101us/step - loss: 0.0236 - val_los
s: 0.0230
```

'입력값'과 '정답'이 모두 'x'로 같은 것이 사용되었다는 것을 볼 수 있습니다. 오차가 상당히 적죠. 의미인 즉, "64개의 값으로 784개의 값을 거의 비슷하게 복원할 수 있다"는 뜻입니다.

오토인코더는 여러 가지로 응용될 수 있는데, 가장 중요한 것은 "인코딩된 값을 이용할 수 있다"는 점입니다. 큰 데이터를 몇 개의 값만으로 표현하는 게 가능하다면, 그 데이터들을 몇 개의 특성으로 표현할 수 있다는 것을 의미하죠. 그래서 잘 학습된 인코더는 '특성 추출기(feature extractor)'로 사용할 수 있고, 다차원의 데이터를 작은 차원으로 '축소(dimension reduction)'하는 것 역시 가능합니다. 데이터마다 공유하는 중요한 정보는 최대한 보존할 것이고, 데이터 사이에 차이가 거의 없는 정보는 '손실' 처리합니다.

이런 특성은 또 '출력층의 값이 입력값에서 중요하지 않은 정보를 손실시킨 것임'을 암시합니다. 이미지에서 노이즈와 같은 값은 '중요하지 않은 정보'로 인식되고, 오토인코더의 출력층은 '노이즈 제거' 용도로 사용할 수 있는데, 이것을 '잡음제어용 오토인코더(Denoising Autoencoder)'라고 부릅니다. 이 때는 손실을 정의하는 방식이 조금 다른데요. 노이즈 제거를 얼마나 잘하는지를 측정해야 하기 때문에 원본 이미지에 노이즈를 추가한 뒤 '입력값'으로 하고, '출력값과 원본이 일치하지 않는 정도'를 '손실'로 계산하는 방식을 사용합니다. 이는 주로 이미지 프로세싱에서 쓰는 방식입니다.

오토인코더를 써서 차원을 축소하는 것은 'PCA(주성분 분석)'와 유사한 사용법입니다. PCA는 데이터를 한 개의 축으로 매핑(mapping)할 때 분산이 가장 커지는 축을 'PC1(첫 번째 주성분)'으로 합니다. PC1을 찾는 과정은 '선형 결합'에 바탕을 두고 있기 때문에 계산이 빠른 대신 '비선형 결합에 의한 특성 추출'은 못한다는 한계가 있습니다. 오토인코더는 인코딩 과정에서 2개 이상의 은닉층을 사용할 수 있기 때문에 비선형 매핑이 가능한데, 복잡한 데이터일수록 PCA보다 좋은 성능을 낼 가능성이 있죠. PCA는 같은 데이터에 대해서는 같은 PC가 만들어집니다. 그리고 여러 개의 주성분을 뽑는 경우, PC1은 PC2나 PC3에 비해서 더 많은 정보를 가질 수밖에 없습니다. PC2는 PC1이 설명하지 못하는 부분을 가장 잘 설명할 수 있는 주성분이기 때문이죠. 반면 오토인코더는 같은 데이터라고 해도 다른 인코딩 결과를 보이고, 코딩된 값 사이의 중요도 차이를 명시할 수도 없습니다. 주어진 데이터를 가장 잘 설명하는 몇 개의 값 조합 정도를 추출해 낸다고 볼 수 있습니다. 결론을 얘기하면, 딥 러닝에서는 아무래도 오토인코더가 더 좋은 성능을 보일 수밖에 없습니다.

MNIST 데이터는 한 이미지당 784개 데이터를 가지는데, 이를 2차원의 데이터로 축소하는 작업을 해보죠. 먼저 데이터부터 준비하는데, 데이터를 다 쓰진 않고 숫자 '0, 1, 2'의 데이터만 뽑아 오는 코드입니다.

```
from keras.datasets import mnist
(x_train, y_train), (x_test, y_test) = mnist.load_data()
```

```
x_tr = x_train[y_train<3]
y_tr = y_train[y_train<3]
```

```
x_tr = x_tr/255
x_tr = x_tr.reshape(-1,28,28,1)
```

오토인코더의 경우, MNIST 데이터 같은 이미지 데이터는 컨볼루션 층을 사용해 축소하는 것이 가능합니다. 그래서 위 마지막 줄에서는 Conv2D를 사용할 수 있도록 차원 변환을 해주었죠. 이제 모델을 만들어 보겠습니다. 두 세트의 Conv2D와 MaxPooling2D 레이어를 거친 다음, 마지막은 Dense 레이어를 거쳐서 2개의 값만 나오도록 구성했는데요. 다음 예제를 보면 Keras를 쓰는 문법이 좀 바뀌었습니다. 이전 문법에서는 Sequential(순차) 모델을 사용하고, 거기에 하나씩 추가하는 식이라면 이런 방식에서는 레이어를 하나 만든 뒤 예전 입력을 대응시켜 주는 식으로 코드를 만들었으므로 Tensorflow의 방식과도 비슷하죠. 이런 문법으로 만드는 이유는 오토인코더의 학습 모델과 차원 축소를 위한 변환 모델이 동시에 필요하기 때문입니다. 즉, 학습 모델은 원본 복원을 얼마나 잘하는가를 바탕으로 학습하기 때문에 입력과 출력이 같아야 합니다. 반면 차원 축소 모델은 학습된 모델에서 가장 축소된 레이어에서 값을 추출해야 하죠. 그래서 다음과 같이 두 개의 모델을 만들게 됩니다.

```
from keras.models import Model
from keras.layers import Input, Dense, Conv2D, Reshape
```

```
input1 = Input(shape=(28,28,1))

x = Conv2D(4, (3,3), activation='relu', padding='same')(input1)
x = MaxPooling2D((2, 2), padding='same')(x)
x = Conv2D(1, (3,3), activation='relu', padding='same')(x)
x = MaxPooling2D((2, 2), padding='same')(x)
x = Flatten()(x)
enc = Dense(2,   activation='relu')(x)

x = Dense(50,  activation='relu')(enc)
x = Dense(100, activation='relu')(x)
x = Dense(200, activation='relu')(x)
x = Dense(28*28, activation='hard_sigmoid')(x)
dec = Reshape((28,28,1))(x)

model_train   = Model(input1, dec)
model_encoder = Model(input1, enc)
```

차원 축소 부분만 따로 '인코더'라고도 부릅니다. 이 모델이 어떻게 생성되었는지 보려면 'model_encoder. summary()'를 해보면 되죠. 이제 학습용 모델에 입력 데이터를 입력과 정답으로 모두 넣고 학습시킵니다.

```
model_train.compile(loss='mean_squared_error',
                    optimizer='adam')
```

```
model_train.fit(x_tr, x_tr,
                batch_size=128,
                epochs=50,
                verbose=1)
```

```
Epoch 1/50
18623/18623 [==============================] - 6s 326us/step - loss: 0.1055
Epoch 2/50
18623/18623 [==============================] - 5s 243us/step - loss: 0.0687
Epoch 3/50
18623/18623 [==============================] - 5s 243us/step - loss: 0.0563
```

오토인코더와 같은 비지도학습에서는 오버 피팅을 별로 신경쓰지 않습니다. 진짜 정답을 알려주지 않고 데이터만 보고 컴퓨터가 알아서 잘 나눠 보라는 것이기 때문에 그렇죠. 필자는 Epochs를 충분히 길게 넣어 보았는데요. 이제 차원을 축소해서 그 결과를 봅니다. 모델에서 'predict()'를 사용하면 입력값에 대한 예상 출력값을 나타내는데, 이미지마다 2개의 값이 나옵니다. 다음은 이것을 2차원 평면에 그려 보는 코드입니다. 숫자 '0, 1, 2'의 이미지를 '빨간색, 파란색, 녹색'으로 나타냅니다.

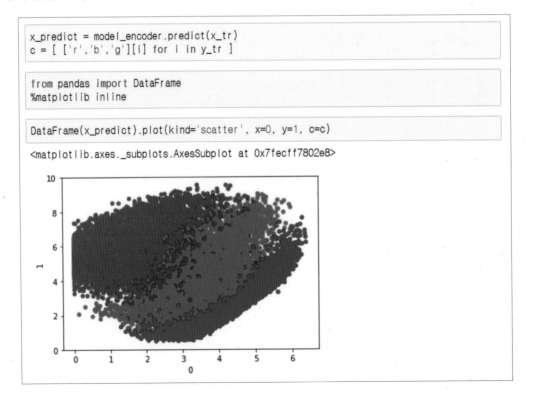

```
x_predict = model_encoder.predict(x_tr)
c = [ ['r','b','g'][i] for i in y_tr ]
```

```
from pandas import DataFrame
%matplotlib inline
```

```
DataFrame(x_predict).plot(kind='scatter', x=0, y=1, c=c)
```

```
<matplotlib.axes._subplots.AxesSubplot at 0x7fecff7802e8>
```

'0, 1, 2'의 이미지 수만 장을 주고 특징을 뽑아내는 모델을 만든 결과가 앞의 그래프입니다. 정답을 알려 주지 않고 나누었는데도 같은 숫자끼리 어느 정도 '클러스터(cluster)'를 만들고 있습니다.

참고로 같은 일을 하기 위한 PCA 코드는 다음과 같습니다. PCA는 1차원 벡터를 입력으로 사용하기 때문에 데이터 차원을 변환해 준 다음 분석하게 했습니다.

```
from sklearn.decomposition import PCA

pca = PCA(n_components=2)

x_tr = x_tr.reshape(-1, 28*28)

pca.fit(x_tr)

PCA(copy=True, iterated_power='auto', n_components=2, random_state=None,
    svd_solver='auto', tol=0.0, whiten=False)
```

2개의 PC를 만드는 PCA를 수행했으니, 데이터를 변환한 결과 역시 이미지 하나마다 2개의 값이 될 것입니다. sklearn에서 비지도학습으로 데이터 변환을 할 때는 다음과 같이 'transform()'을 사용합니다. 오토인코더와 같은 방식으로 그림을 그려봤는데, 직접 확인해 보세요.

```
x_pca = pca.transform(x_tr)
c = [ ['r','b','g'][i] for i in y_tr ]

DataFrame(x_pca).plot(kind='scatter', x=0, y=1, c=c)

<matplotlib.axes._subplots.AxesSubplot at 0x7fecff79e2b0>
```

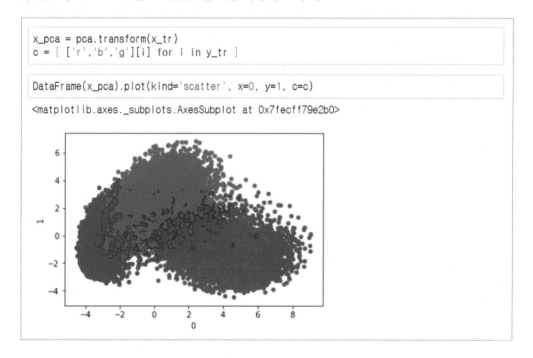

숫자 '0, 1, 2'를 보면 어느 숫자끼리 더 닮았나요? 곡선 여부로 보나, 글자가 차지하는 공간을 보나 '0'과 '2'

가 닮았고 '1'은 조금 멀다고 판단될 것입니다. 대략 '1 〉〉〉 2 〉 0' 정도의 느낌이죠. 추출된 특성 역시 그 점을 반영하고 있습니다.

3.3.05 RNN (Recurrent Neural Network)

CNN은 고정된 이미지에는 적합하지만, 가변 길이를 가진 데이터에는 약한 모습을 보입니다. 음성 인식이 좋은 예가 될 듯한데요. 사람들마다 '말투'도 다르고 '말하는 속도'도 다르기 때문에 CNN으로 학습하게 되면 너무 다양한 패턴을 학습해야 할 가능성이 큽니다. 음성 데이터처럼 시간에 따라 변하는 데이터를 '시계열(time-series) 데이터'라고 부르는데, 이런 데이터는 **RNN(Recurrent Neural Network, 순환 신경망)**이 더 좋은 성능을 보여줍니다.

'RNN'은 '은닉층'과 '현재 입력'을 바탕으로 '출력값'을 정하고, 이 출력값과 다음 입력값을 비교해서 '오류'를 계산하죠. 그 후, 오류를 바탕으로 '현재의 결과를 잘 설명하는 웨이트'를 학습하게 되며 그 다음 데이터를 현재까지의 데이터로 예측해 가며 학습을 계속합니다. 현재의 데이터만 보는 기본 RNN은 성능이 그렇게 좋지 않았는데요. 이전 데이터가 무엇인지를 잊어버리는 현상이 생기기 때문에 문맥에 따라 판단해야 할 경우에는 예측력이 약했던 거죠.

그래서 '이전 몇 개의 데이터를 기억해 두고 현재 데이터에 더해서 다음 출력을 예측하는' 아이디어를 더했습니다. 이 아이디어는 말 그대로 'LSTM(long-short term memory, 장단기 메모리)'이라 부릅니다. 현재 많은 음성 인식이나 번역, 단어 자동 완성 기능 등은 모두 LSTM을 사용하고 있는데, 단어를 치면 그 다음 알파벳을 예측해서 단어를 완성해 주는 것이 바로 RNN이 가진 능력입니다. RNN에게 소설을 학습시킨 후 문장을 주면 자동으로 생성하는 모델도 있습니다. 만약 RNN에게 논문을 학습시킨 다음 새로운 문장을 하나 주면 자동으로 논문을 써 주는 모델도 만들 수 있을까요?

3.3.06 여러 가지 Optimizer의 최적화

머신 러닝은 데이터를 학습시켜서 최적의 파라미터를 얻어내는 과정입니다. 이 때 최적을 정의하기 위해 사용되는 것이 바로 '손실(loss)'입니다. 지도학습이라면 정답이 주어지는 훈련 데이터가 있는데, '어떤 파라미터로 계산한 답과 정답과의 차이'가 바로 '그 파라미터의 손실'이 됩니다.

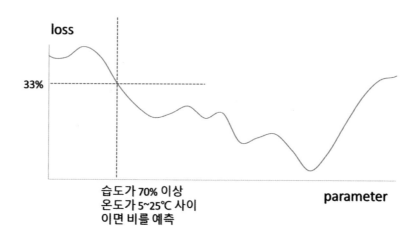

손실을 계산하는 방법은 여러 가지가 있는데, 그 중 가장 일반적인 것이 '평균 제곱 오차(MSE, Mean Squared Error)'입니다. 통계학을 공부하다 보면 많은 오류 계산이 이 방법을 쓰고 있음을 알 수 있습니다. 수식으로 표현하면 이렇습니다.

$$MSE = \frac{1}{n} \sum_{i=1}^{n} (y_i - \hat{y}_i)^2$$

이 방법은 오차 계산에 제곱을 사용하기 때문에 '예상값(y hat)'과 '정답(y)'의 차이가 2배가 되면 '손실'은 4배가 됩니다. 정답과 너무 많이 동떨어진 것들을 줄이는 방향으로 학습을 시켜야 할 때 사용하죠.

가장 흔하게 사용할 수 있지만, 데이터에 따라 정답과 너무 많이 동떨어진 것에 가중치를 두지 않고 싶을 때에는 제곱을 하지 않도록 '평균 절대값 오차(Mean Absolute Error)'를 사용하기도 합니다.

아파트 넓이로 관리비를 예측하는 경우와 같이, 정답이 커질수록 예측값과 오차 모두가 따라서 커지는 경우가 많습니다. 이렇게 하다 보면 손실을 계산할 때 정답이 큰 쪽의 오차가 더 많은 비중을 차지하게 됩니다. 이럴 때는 오차를 '퍼센트'로 계산하는 편이 더 정확하기 때문에 '평균 퍼센트오차(Mean Percentage Error)'를 사용하게 됩니다.

또 하나 중요한 손실 계산 함수로는 '교차 엔트로피(Cross Entropy)'가 있습니다. 이미지 인식과 같이 여러 '카테고리'로 나누진 데이터를 학습하는 경우에 'Categorical Cross Entropy'를 흔히 사용하게 됩니다.

엔트로피는 흔히 '무질서도'로 표현되는데 정답과 예상값이 일치하는 경우 '0'이 됩니다.

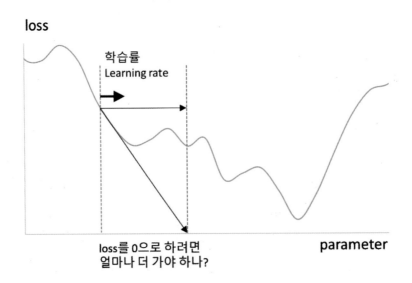

loss

학습률
Learning rate

loss를 0으로 하려면
얼마나 더 가야 하나?

parameter

'손실 계산 함수'를 결정한 후에는 이 손실을 최소화하는 파라미터를 찾아야 합니다. 모든 파라미터 조합에 대해서 손실을 계산할 수 있다면 그래프와 같은 곡선을 그릴 수 있지만, 이것은 불가능합니다. 현재 파라미터에서 손실이 얼마인지를 계산할 수 있고, 조금 변경하는 경우 손실이 얼마나 줄어드는지를 미분으로 계산할 수 있는데, 이 값을 이용하면 loss 를 '0'으로 하기 위해 얼마나 파라미터를 변경해야 할지를 계산할 수 있고, 이것을 보통 '델타'라고 부릅니다.

이 델타만큼 파라미터를 바꾸면 실제로 손실이 '0'인 점을 찾을 수 있을까요?

그래프에서 보이는 것처럼, 그렇지 않습니다. 델타만큼 파라미터를 변경하게 되면 대부분 너무 많이 가게 되죠. 그래서 '학습률'을 사용합니다.

'1만큼 파라미터를 변경해야 한다는 계산(델타=1)'이 나왔을때 실제 얼마나 파라미터를 변경할지를 결정하는 것이 바로 '학습률'의 개념입니다.

학습률을 너무 크게 하면 최적값을 찾지 못하고 발산하는 경우가 있습니다. 한편 학습률을 너무 작게 하면 학습에 걸리는 시간이 너무 길기도 하고 가장 손실이 낮은 곳을 찾지 못하고 지역 최적값에 빠져 버리기도 하죠.

많은 알고리즘에서는 기본 학습률로 '0.001~0.01' 정도를 사용하고 있습니다. 물론 데이터마다 최적의 학습률은 달라지기 때문에 좋은 모델을 학습하기 위해서는 여러 개를 시도해 볼 수 밖에 없습니다.

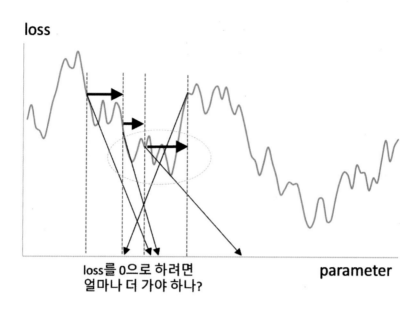

loss

loss를 0으로 하려면
얼마나 더 가야 하나?

parameter

그림에는 파라미터가 1개라고 가정하고 그렸습니다만 실제로 한 모델에 필요한 파라미터는 매우 많은데, 이미지 인식 모델로 유명한 'VGG19' 같은 경우 천만 개가 넘기도 합니다. 좋은 모델은 이 천만개의 파라미터의 조합 중 가장 손실이 낮은 것입니다. 그래서 손실을 그래프처럼 표현하기는 불가능 하고 매우 복잡할 것이므로 손실을 최소화하는 좋은 파라미터 조합을 찾기는 매우 어렵습니다.

위의 그래프에서는 오른쪽 계곡 모양의 손실이 더 적은데도 만약 처음에 왼쪽 산위에서 학습을 시작해서 한걸음씩 옆으로 옮긴다면 왼쪽 계곡 어딘가에서 학습이 끝나버릴 가능성이 큽니다. 왼쪽 계곡과 같이 전체적으로 좋은 곳은 아니지만 그 부근에서 최적의 위치를 '지역 최적(local optimum)'이라고 부르고, 모든 파라미터 중에서 가장 손실을 낮출 수 있는 곳(그래프의 오른쪽 계곡의 가장 낮은 곳)은 '전역 최적(global optimum)'이라 부르죠.

우리가 지향하는 곳은 전역 최적이긴 한데, 손실이 '0'인 지역을 찾거나, 모든 지역을 다 뒤져보기 전에는 확답할 수 없습니다. 그래서 대부분의 인공 지능 알고리즘은 아주 좋은 지역의 최적값을 찾는 것을 목표로 합니다.

딥 러닝으로 이미지 분류를 하는 경우를 살펴보면, 한 스텝의 학습에 학습 데이터를 한꺼번에 넣지 않고 수백 개씩 '미니 배치(Mini Batch)'로 넣어서 학습을 시키는 것을 볼 수 있습니다. 큰 학습 데이터를 미니 배치로 쪼개서 학습시키는 것은 단순히 성능뿐만 아니라 지역 최적화의 문제를 푸는 데에도 도움이 됩니다. 적은 수의 샘플을 넣으면 예측값과 정답의 개수가 적죠. 그래서 파라미터에 따른 손실의 모양 역시 조금 더 단순해집니다. 샘플을 어떻게 넣는가에 따라 중간에 산이 없거나 왼쪽 계곡이 없는 손실 그래프가 그려질 수도 있습니다.

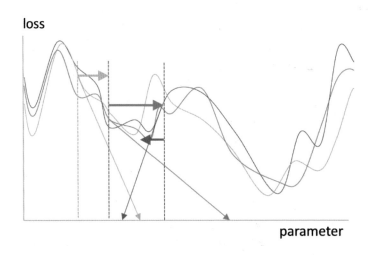

위 그래프에서는 학습 데이터를 3개의 미니 배치로 나누어 3번 스텝을 옮기는 것을 보여 줍니다. 각각의 미니 배치마다 다른 모양의 손실 그래프가 그려지고, 그래디언트(기울기) 계산 역시 바뀌게 되죠. 우연히 중간에 산이 없는 손실 그래프가 만들어진다면, 또는 왼쪽에 계곡 대신 고원이 만들어진다면 그래디언트가 오른쪽 방향으로 계산될 것입니다. 그러면 오른쪽 계곡으로 파라미터가 옮겨서 학습될 가능성도 있습니다. 이런 식으로 학습의 각 스텝에서 그래디언트의 계산 때마다 서로 다른 미니 배치를 사용하는 것을 '확률적 경사 내려가기(SGD, Stochastic Gradient Decent)'라고 합니다. 요즘 머신 러닝에서는 대부분 미니 배치를 사용하기 때문에 가장 기본적인 방법이 바로 'SGD'입니다.

지역 최적화를 피하는 또 다른 유명한 방법으로는 '모멘텀(momentum)'을 이용하는 것입니다. 물리학에서 '운동량'을 뜻하는 말인데, 쉽게 말해 언덕에서 공이 굴러가는 것을 상상해 보면 됩니다. 내리막길을 굴러 내려가다가 작은 오르막을 만나도 바로 멈추지 않고 일정 기간 그 경향성을 유지하는 것이죠. GD 방식은 매 스텝마다 내리막 방향을 계산해서 그 쪽으로 움직입니다. 그러다 보니 작은 언덕이 나타나면 그 너머에 계곡이 있을 수 있음에도 그쪽으로 갈 수 없을 수도 있죠. 반면 모멘텀 방식에서는 각 스텝에서 계산된 내리막 방향과 기존의 관성을 모두 고려해서 파라미터 변경 방향을 정합니다. 관성을 어떻게 정의할 것인지와 새 기울기와는 어떻게 잘 조화시킬 것인지에 따라서 여러 구현 방법이 있습니다.

파라미터의 변경값을 계산할 때, 그래디언트값과 학습률을 그대로 사용하는 것보다 더 좋은 방법은 없을까요? 학습률이 너무 크면 좋은 최적점을 건너뛰어 가 버릴 가능성이 있고, 너무 작으면 작은 계곡에 빠져 버릴 수 있다고 했는데 적절하게 맞출 방법은 없을까, 학습이 진행될수록 학습률이 적은 게 더 좋은 건 아닐까, 아니면 각 파라미터마다 다른 학습률을 적용하는 것은 어떨까? 하는 생각도 들 수 있습니다. 데이터나 상황, 파라미터마다의 특성, 현재까지의 진행 정도에 따라 학습 속도가 맞춤식으로 바뀌는 것을 '적응형(Adaptive) 알고리즘'이라고 부를 수 있습니다.

최적화 알고리즘 중 Adagrad 나 Adam 등 'Ada-'로 시작하는 optimizer 들이 바로 '적응형'입니다. RNN 에서 좋은 성능을 보인다고 알려진 'RMSprop' 역시 같은 부류죠. 맞춤식이라고는 해도 학습률을 정해 주는 과정은 필요합니다. 하지만 학습이 진행 될수록 설정해 준 학습률이 미치는 영향이 점점 줄어들고 상황에 맞게 적응해 가기 때문에, 학습률을 대충 정해도 SGD 등에 비해서 상대적으로 잘 작동하죠. Keras 의 optimizer 설명을 보면 대부분의 적응형 optimizer 에는 디폴트 값을 그대로 쓸 것을 추천한다고 적혀 있는 것을 확인할 수 있으며, 실제로도 잘 동작합니다.

Adam optimizer 는 '모멘텀' 방식과 '적응형' 방식을 합친 것이므로, 여러 종류의 데이터에서 대체로 잘 동작하고 학습도 빠른 편입니다. 어떤 알고리즘을 써야할지 잘 모르겠으면 이것을 먼저 시도해 보세요. 학습률도 기본값을 그대로 사용하거나 '0.001, 0.01, 0.1' 등 대략적으로 몇 가지만 해 보면 됩니다.

지금까지 좋은 딥 러닝 모델을 찾기 위해 사용하는 여러 방법들을 살펴보았습니다.

딥 러닝의 최적 파라미터를 찾는 것을 '학습'이라고 하고, 학습이 잘 되도록 최적의 하이퍼 파라미터를 찾는 것을 '그리드 서치(grid search)'라고 부르는데요. 이미 sklearn 에 구현되어 있기 때문에 파이썬으로 딥 러닝을 한다면 써볼 만합니다. 데이터마다 최적의 optimizer 는 달라질 수밖에 없고 그 optimizer 의 동작 특성을 결정하는 하이퍼 파라미터 역시 달라집니다. 강의 중에 "이런 경우는 어떤 알고리즘을 써야 할까요?" 또는 "배치 크기는 얼마가 적당할까요?" 같은 질문을 받곤 하는데, 실제로 딥 러닝 모델을 만들고 시험해 보기 전에는 답을 알 수 없습니다. 딥 러닝 경험이 많은 사람들에게도 쉽지 않은 일이기 때문에 좋은 딥 러닝 모델을 만들기 위해서는 여러 가지의 하이퍼 파라미터 조합을 시도해 볼 수밖에 없습니다.

이제는 딥 러닝이 너무나 보편화되어 초보자들도 쓸 수 있는 좋은 도구가 많습니다. 그리고 책도 많이 출간되었죠. 당장이라도 3D 게임이 잘 돌아가는 PC 만 있으면 딥 러닝을 해 볼 수 있습니다. 아직 분석하지 못한 데이터가 있다면 한 번 시도해 보세요!

부록

찾 · 아 · 보 · 기

M·E·M·O

M·E·M·O

M·E·M·O